Charlotte Perkins Gilman

Die gelbe Tapete
Herland

Charlotte Perkins Gilman

Die gelbe Tapete

Aus dem Englischen neu übersetzt von
Vanessa Chodor, Rebecca Gruttmann,
Anna Sophie Lindner, Ken Patrick Seidel
und Sarah Zuchowski

Herland

Aus dem Englischen von Sabine Wilhelm

Anaconda

»The Yellow Wallpaper« erschien erstmals 1892 in der fünften Nummer des *New England Magazine*. Die Erzählung wurde für diese Ausgabe von fünf Studierenden der Universität Bielefeld im Rahmen eines Übersetzungsseminars unter der Leitung von Alexandra Berlina neu übersetzt. »Herland« erschien 1915 in *The Forerunner*, einem von Gilman selbst herausgegebenen Magazin. Die deutsche Übersetzung von Sabine Wilhelm erschien erstmals 1980 bei Rowohlt in Hamburg.

Penguin Random House Verlagsgruppe FSC® N001967

Die Deutsche Nationalbibliothek verzeichnet diese Publikation in der Deutschen Nationalbibliografie; detaillierte bibliografische Daten sind im Internet unter http://dnb.d-nb.de abrufbar.

Umschlagmotiv: Shutterstock / Roberto Castillo, Croisy; dingbats / Eyes
Umschlaggestaltung: www.katjaholst.de
Satz und Layout: Intermedia – Lemke e. K., Heiligenhaus
Druck und Bindung: GGP Media GmbH, Pößneck
Printed in Germany
ISBN 978-3-7306-1236-1
www.anacondaverlag.de

Inhalt

Die gelbe Tapete

Nur sehr selten erhalten ganz gewöhnliche Leute wie John und ich die Gelegenheit, den Sommer auf einem alten Herrensitz zu verbringen.

Eine Villa aus Kolonialzeiten, ein über Generationen vererbtes Anwesen, fast möchte ich sagen ein Spukhaus und damit den Gipfel romantischer Glückseligkeit erreichen – aber das hieße, zu viel vom Schicksal zu fordern!

Dennoch will ich stolz verkünden, dass das Haus etwas Seltsames an sich hat.

Warum sonst sollte es so günstig zu pachten sein? Und warum so lange leer gestanden haben?

Natürlich lacht John über mich, aber das erwartet man ja in einer Ehe.

John ist extrem praktisch veranlagt. Glauben schätzt er gering, Aberglauben verabscheut er und verspottet unverhohlen alles Gerede von Dingen, die sich nicht anfassen und sehen und in Zahlen ausdrücken lassen.

John ist Arzt, und *möglicherweise* – (ich würde es natürlich keiner Menschenseele anvertrauen, aber dies ist stummes Papier und eine große Erleichterung für mich) – *möglicherweise* ist das ein Grund, warum ich nicht schneller genese.

Er glaubt nämlich nicht, dass ich überhaupt krank bin!

Und was kann man da machen?

Wenn ein hoch angesehener Arzt, der eigene Ehemann, Freunden und Verwandten versichert, alles sei mit einem doch in bester Ordnung, abgesehen von einer vorübergehenden nervösen Niedergeschlagenheit, einer geringfügigen hysterischen Neigung – was soll man da machen?

Mein Bruder ist ebenfalls Arzt, ebenfalls hoch angesehen, und er sagt dasselbe.

Also nehme ich meine Phosphate ein oder Phosphite – was auch immer – und Tonika, und mache Ausflüge, und bewege mich an der frischen Luft, und es ist mir strengstens verboten, zu »arbeiten«, bis ich wieder bei Kräften bin.

Ich selbst bin nicht ihrer Meinung.

Ich selbst glaube, dass angemessene Arbeit, aufregend und abwechslungsreich, mir gut tun würde.

Doch was soll man machen?

Eine Zeit lang habe ich dennoch versucht zu schreiben, den beiden zum Trotz; aber tatsächlich ist es äußerst anstrengend für mich – so verschlagen sein zu müssen, will ich nicht auf heftigen Widerstand stoßen.

Manchmal bilde ich mir ein, dass vielleicht, wenn ich in meinem Zustand auf weniger Widerstand träfe, auf mehr Gesellschaft und Anregungen – doch John sagt, über meinen Zustand nachzudenken sei das Allerschlimmste, das ich tun könne; und ich muss gestehen, dass ich mich jedes Mal unwohl fühle.

Ich will es deshalb dabei belassen und über das Haus sprechen.

Ein wunderschöner Ort! Es steht ganz allein, ein gutes Stück von der Straße entfernt, beinah drei Meilen vom Dorf. Es erinnert mich an englische Häuser, wie man sie aus Büchern kennt, mit Hecken und Mauern und verschließbaren Toren, und vielen einzelnen kleinen Häusern für Gärtner und andere Bedienstete.

Es gibt einen *hinreißenden* Garten! Noch nie habe ich solch einen Garten gesehen – weit und schattig, voll buchsbaumbestandener Wege und durchzogen von langen, rebenbedeckten Laubengängen, unter die man sich setzen kann.

Früher hat es auch Gewächshäuser gegeben, aber sie sind heute verfallen.

Es soll wohl rechtliche Unstimmigkeiten gegeben haben, irgendetwas zwischen den Erben und Miterben; jedenfalls ist seit Jahren niemand hier gewesen.

So viel also wohl leider zu meiner Idee vom Spukhaus; aber ich bleibe dabei: Da ist etwas Seltsames an diesem Haus – ich kann es fühlen.

Eines Abends bei Mondschein habe ich John sogar von meinem Gefühl erzählt, aber er sagte, es sei der Durchzug, und schloss das Fenster.

Manchmal werde ich über die Maßen wütend auf John. Ich bin mir sicher, dass ich früher nie so empfindlich gewesen bin. Ich denke, es liegt an diesem nervösen Zustand.

Doch John sagt, wenn ich solchen Gefühlen nachgebe, werde ich in meiner Selbstbeherrschung nachlassen. Also versuche ich nach Kräften, die Fassung zu bewahren (wenigstens in seiner Gegenwart), was sehr ermüdend ist.

Unser Zimmer gefällt mir ganz und gar nicht. Ich wollte eines im Erdgeschoss mit einer Verbindung zur Terrasse, einem Meer von Rosen vor dem Fenster und hübschen, altmodischen Chintz-Vorhängen! Aber für John kam das nicht in Frage.

Er sagte, es gebe nur ein Fenster und keinen Platz für zwei Betten und es sei kein Zimmer für ihn in der Nähe, falls er ein anderes nähme.

Er ist sehr besorgt und liebevoll und lässt mich ohne seine ausdrückliche Anweisung kaum einen Finger rühren.

Jede Stunde meines Tages folgt einem strengen Zeitplan; John erspart mir so jegliche Mühe, weshalb ich mir schrecklich undankbar vorkomme, es nicht mehr wertzuschätzen.

Er sagte, wir seien nur meinetwegen hergekommen, dass ich vollkommene Ruhe bräuchte und so viel Luft wie möglich. »Wie viel du dich bewegst, hängt von deiner Kraft ab, mein Schatz«, sagte er, »und wie viel du isst, teilweise von deinem Appetit; aber frische Luft tut dir immer gut.« So haben wir uns für das Kinderzimmer entschieden, im obersten Teil des Hauses.

Es ist ein großer, luftiger Raum, der fast das ganze Stockwerk einnimmt, mit Fenstern rundherum, voller Luft und Sonnenlicht. Es muss wohl zuerst ein Kinderzimmer gewesen sein, danach eine Mischung aus Spielzimmer und Turnhalle, denn die Fenster sind für kleine Kinder mit Gittern versperrt und an den Wänden befinden sich Ringe und Spuren anderer Geräte.

Farbe und Stoff der Tapete sehen aus, als stammten sie aus einer Jungenschule. Die Tapete ist rund um das Kopfende meines Bettes in großen Fetzen abgerissen, etwa so weit ich greifen kann, ebenso an einer großen Stelle auf der anderen Seite des Raums nahe dem Boden. Eine scheußlichere Tapete habe ich in meinem Leben noch nicht gesehen.

Eins dieser maßlosen, wuchernden Muster, die keine stilistische Sünde auslassen.

Es ist so stumpfsinnig, dass ihm das Auge nicht ohne Verwirrung folgen kann, so aufdringlich, dass es einen unablässig reizt und Interesse provoziert, und folgt man dann den lahmen, ziellosen Kurven ein kleines Stück, begehen sie urplötzlich Selbstmord – stürzen herab unter unfassbaren Winkeln, zerstören sich selbst in beispiellosen Widersprüchen.

Die Farbe ist abstoßend, beinah ekelerregend; ein schwelendes, unreines Gelb, seltsam verblichen durch das langsam wandernde Sonnenlicht.

Ein stumpfes, dennoch grelles Orange an manchen Stellen, ein kränklicher Schwefelton an anderen.

Kein Wunder, dass die Kinder es gehasst haben! Ich würde es sicher auch hassen, müsste ich lange in diesem Zimmer bleiben.

Da kommt John, und ich muss das hier weglegen – es ärgert ihn sehr, wenn ich einmal ein paar Worte schreibe.

Wir sind seit zwei Wochen hier, und nach dem ersten Tag war mir nicht wieder nach Schreiben zumute.

Jetzt sitze ich am Fenster, oben in diesem scheußlichen Kinderzimmer, und es hindert mich nichts daran, so viel zu schreiben, wie ich möchte – außer Erschöpfung.

John ist den ganzen Tag weg, manchmal sogar nachts, wenn seine Fälle ernst sind.

Ich bin froh, dass mein Fall nicht ernst ist!

Allerdings sind diese nervösen Zustände furchtbar deprimierend.

John weiß nicht, wie sehr ich wirklich leide. Er weiß, dass es keinen *Grund* zum Leiden gibt, und das reicht ihm.

Natürlich ist es bloß Nervosität. Tatsächlich lastet es sehr auf mir, meinen Pflichten nicht nachzukommen!

Ich wollte John eine Hilfe sein, ihm Erholung und Zerstreuung bieten, und hier bin ich nun – bereits eher eine Last!

Niemand würde glauben, was es für eine Anstrengung verlangt, das bisschen zu tun, was ich kann – sich anzukleiden und zu unterhalten, und das Personal anzuweisen.

Es ist ein Glück, dass Mary sich so gut um das Baby sorgt. So ein liebes Baby!

Und dennoch *kann* ich nicht bei ihm sein, es macht mich so nervös.

John war vermutlich niemals im Leben nervös. Er lacht so über mich wegen der Tapete!

Zuerst wollte er das Zimmer neu tapezieren lassen, doch dann sagte er, man dürfe solchen Launen nicht nachgeben, es gäbe nichts Schlimmeres für eine Nervenkranke.

Er sagte, dass es nach der Tapete das schwere Bettgestell sein würde, und dann die Gitter an den Fenstern, dann jenes am Treppenabsatz, und immer so weiter.

»Du weißt, dass der Ort dir guttut«, sagte er. »Und wirklich, Liebes, ich habe nicht vor, ein Haus zu renovieren, das wir für nur drei Monate mieten.«

»Dann lass uns doch unten schlafen«, sagte ich. »Dort gibt es so schöne Zimmer.«

Dann nahm er mich in die Arme und nannte mich seine liebe kleine Gans, und er sagte, er würde im Keller schlafen und ihn obendrein tünchen lassen, wenn ich es wünschte.

Aber er hat schon recht mit den Betten und Fenstern und solchen Dingen.

Es ist ein luftiges und gemütliches Zimmer, so wie man es sich nur wünschen kann, und natürlich würde ich nicht so albern sein und ihm bloß aus einer Laune heraus Unannehmlichkeiten bereiten.

Ich fange wirklich an, das große Zimmer zu mögen – alles außer dieser schrecklichen Tapete.

Aus einem der Fenster kann ich den Garten sehen, diese mysteriösen schattigen Lauben, die wuchernden altmodischen Blumen, und die Büsche und knorrigen Bäume.

Aus einem anderen habe ich einen reizenden Blick auf die Bucht und einen kleinen privaten Anlegeplatz, welcher zum Anwesen gehört. Es gibt einen wunderschönen schattigen Weg, der vom Haus hinunterführt. Ich stelle mir immer vor, Leute auf diesen vielen Wegen und Lauben zu sehen, aber John warnte mich, diesen Launen nicht nachzugeben.

Er sagt, eine nervöse Schwäche wie meine, gepaart mit meiner Vorstellungskraft und meinem ständiges Geschichtenerfinden führe zu allen möglichen Einbildungen, und ich solle mit meinem Willen und gesundem Menschenverstand diese Tendenz in Zaum halten. Also versuche ich es.

Manchmal denke ich, dass es den Ideenansturm besänftigen und mir Erholung verschaffen würde, wenn ich doch nur in der Verfassung wäre, ein wenig zu schreiben.

Aber ich merke, dass ich ziemlich müde werde, wenn ich es versuche.

Es ist so entmutigend, dass ich keinen Rat und keine Gesellschaft für meine Arbeit habe. John sagt, dass wir Cousin Henry und Julia zu einem langen Besuch einladen werden, wenn es mir wieder viel besser gehe, aber er würde mir eher Feuerwerkskörper ins Kopfkissen legen als jetzt schon diese stimulierende Gesellschaft zu erlauben.

Ich wünschte, ich könnte schneller gesund werden.

Aber ich darf nicht darüber nachdenken. Diese Tapete sieht aus, als ob sie *wüsste*, was für einen bösartigen Einfluss sie hat!

Es gibt einen wiederkehrenden Punkt, an dem das Muster wie mit gebrochenem Genick baumelt und dich zwei hervorquellende Augen von unten her anstarren.

Es macht mich richtig wütend, wie unverschämt es ist und wie es nie aufhört. Hoch und runter kriechen sie, und seitwärts, und überall diese absurden, starren

Augen. Es gibt eine Stelle, an der zwei Bahnen nicht aneinanderpassen, und diese Augen laufen die ganze Linie entlang, nach oben und unten, eines ein wenig höher als das andere.

Ich habe noch nie so viel Ausdruck in einem unbelebten Ding gesehen, und jeder weiß ja, wie viel Ausdruck in ihnen steckt!

Als kleines Mädchen lag ich oft wach und habe mich an kahlen Wänden und schlichten Möbeln mehr amüsiert und gegruselt, als die meisten Kinder in einem Spielzeugladen.

Ich erinnere mich an das nette Blinzeln der Griffe an unserem großen alten Sekretär, und da war ein Stuhl, der schien immer wie ein starker Freund.

Sobald einer der anderen Gegenstände mir zu grimmig erschien, konnte ich immer auf diesen Stuhl springen und mich dort beschützt fühlen.

Die Möbel in diesem Zimmer sind lediglich unharmonisch, schließlich mussten wir es alles von unten hinauf holen. Ich nehme an, dass alle Babymöbel herausgetragen wurden, als das Zimmer zu einem Spielzimmer wurde, und kein Wunder! Ich habe noch nie eine solche Verwüstung gesehen, wie die Kinder sie hier veranstaltet haben.

Die Tapete, wie ich bereits sagte, ist an Stellen abgerissen, und wie sie verhaftet an den Wänden klebt – diese Kinder mussten Ausdauer ebenso wie Hass besessen haben.

Dann ist der Fußboden zerkratzt und ausgemeißelt und zersplittert, selbst der Verputz ist hier und dort ausgehöhlt, und dieses große schwere Bett, welches wir als einziges im Zimmer gefunden haben, hat offenbar Schlimmes erlebt.

Aber es stört mich alles nicht im Geringsten – bloß die Tapete.

Hier kommt Johns Schwester. Was ein liebes Mädchen sie ist, so umsichtig mit mir! Ich darf mich von ihr nicht beim Schreiben erwischen lassen.

Sie ist eine perfekte und enthusiastische Haushälterin und hofft auf keine bessere Berufung.

Wahrlich glaube ich, dass sie denkt, das Schreiben habe mich krank gemacht!

Aber ich kann schreiben, wenn sie außer Haus ist; und durch diese Fenster schon von Weitem sehen, wann sie zurückkommt.

Es gibt ein Fenster, welches auf die Straße geht, eine bezaubernde, gewundene Straße, und eines, das über die Landschaft blickt. Eine bezaubernde Landschaft, voller großer Ulmen und samtiger Wiesen.

Diese Tapete hat eine Art Untermuster in einer anderen Farbe, ein besonders irritierendes, welches du bloß in einem bestimmten Licht sehen kannst, und selbst dann nicht ganz klar.

Doch an den Stellen, an denen es nicht verblasst ist und wenn die Sonne auf eine ganz bestimmt Art hereinscheint, kann ich eine seltsame, provozierende, formlose Figur erkennen, die hinter diesem albernen und auffälligen Vordergrund zu lauern scheint.

Oh, die Schwester ist auf der Treppe!

Nun, der 4.Juli ist vorbei! Die Leute sind weg und ich bin vollkommen erschöpft. John dachte, ein wenig Gesellschaft würde mir vielleicht guttun, darum hatten wir Mutter und Nellie und die Kinder für eine Woche bei uns.

Natürlich habe ich keinen Finger gerührt.

Jennie kümmert sich jetzt um alles.

Dennoch hat es mich erschöpft.

John sagt, wenn ich mich nicht schneller erhole, schickt er mich im Herbst zu Weir Mitchell.

Aber da will ich auf keinen Fall hin. Ich hatte eine Freundin, die einmal bei ihm in Behandlung war, und sie sagt, dass er wie John und mein Bruder ist, nur schlimmer!

Außerdem ist es ein viel zu großer Aufwand, so weit zu fahren.

Ich habe nicht das Gefühl, dass es die Mühe wert ist, überhaupt irgendetwas zu tun, und ich werde langsam schrecklich unruhig und quengelig.

Ich weine wegen nichts, und weine die meiste Zeit.

Natürlich nicht, wenn John hier ist oder irgendwer anderes, nur wenn ich allein bin.

Und zurzeit bin ich oft allein. John wird sehr oft von ernsten Fällen in der Stadt gehalten, und Jennie ist so gut und lässt mich allein, wenn ich sie darum bitte.

Also spaziere ich ein bisschen im Garten oder die schöne Straße entlang, sitze auf der Veranda unter den Rosen und lege mich oft hier oben hin.

Das Zimmer gefällt mir inzwischen immer mehr, trotz der Tapete. Vielleicht gerade *wegen* der Tapete.

Sie geht mir einfach nicht aus dem Kopf!

Ich liege hier auf diesem großen, unbeweglichen Bett – es ist festgenagelt, glaube ich – und folge diesem Muster Stunde um Stunde. Es ist so gut wie Gymnastik, das kann ich versichern. Ich beginne, sagen wir, ganz unten in der Ecke, dort, wo es nicht beschädigt wurde, und ich beschließe zum tausendsten Mal, in diesem Muster zu irgendeiner Art von Abschluss zu finden.

Ich kenne mich ein wenig mit den Grundlagen der Gestaltung aus, und ich weiß, dass dieses Ding nicht nach irgendwelchen Radial- oder Abwechslungs- oder Wiederholungs- oder Symmetrieprinzipien oder irgendetwas anderem angeordnet wurde, von dem ich je gehört habe.

Es wird natürlich durch die Bahnen wiederholt, aber sonst nicht.

Betrachtet man sie auf eine bestimmte Weise, steht jede Bahn für sich allein: die aufgedunsenen Kurven und Schnörkel – eine Art verkommene Romanik mit *delirium tremens* – watscheln ohne Sinn und Zweck jede Spalte hoch und runter.

Aber andererseits sind sie diagonal miteinander verbunden und die räkelnden Linien zerfließen in großen schrägen Wellen von Scheußlichkeit wie ein waberndes, wogendes Algengewucher.

Außerdem verläuft das Ganze auch horizontal, zumindest scheint es so, und der Versuch, das System hinter dieser Anordnung zu begreifen, erschöpft mich.

Statt eines Frieses haben sie oben eine horizontale Bahn verwendet, und diese macht die Verwirrung komplett.

Es gibt eine Ecke des Zimmers, wo die Tapete fast intakt ist, und dort kann ich mir, wenn das Licht nicht mehr schräg einfällt und die tief stehende Sonne direkt darauf scheint, dann doch beinahe ein Radialprinzip vorstellen – die endlosen grotesken Figuren scheinen sich um ein gemeinsames Zentrum zu formieren und dann alle auf einmal kopfüber davon zu stürzen.

Es macht mich müde, dies zu verfolgen. Ich denke, ich werde ein Schläfchen halten.

Ich weiß nicht, warum ich das überhaupt schreibe.

Ich will es nicht.

Ich kann nicht.

Und ich weiß, John würde es für lächerlich halten. Aber ich muss auf irgendeine Weise sagen, was ich empfinde und denke – es ist so eine Erleichterung!

Doch die Anstrengung fängt an größer zu werden als die Erleichterung.

Die Hälfte der Zeit bin ich jetzt unglaublich träge und liege meistens nur herum.

John sagt, ich muss bei Kräften bleiben, deshalb lässt er mich Lebertran und viele Toniken und so weiter einnehmen, ganz zu schweigen von Bier und Wein und blutigem Steak.

Mein guter John! Er liebt mich so sehr und hasst es, mich so krank zu sehen. Ich habe neulich versucht, ein echtes, ernsthaftes, vernünftiges Gespräch mit ihm zu führen, und ihm zu sagen, wie sehr ich mir wünsche, er würde mich Cousin Henry und Julia besuchen lassen.

Aber er sagte, ich sei weder imstande zu reisen noch in der Lage, es dort durchzustehen; ich konnte ihn schlecht vom Gegenteil überzeugen, denn ich weinte, ehe ich fertig war.

Langsam wird es sehr anstrengend für mich, klar zu denken. Das muss an der Nervenschwäche liegen, nehme ich an.

Und der gute John hob mich in seine Arme und trug mich einfach die Treppen hoch und legte mich ins Bett, und setzte sich zu mir und las mir vor, bis es mich müde machte.

Er sagte, ich sei sein Liebling und sein Trost und alles, was er habe, und dass ich um seinetwillen auf mich aufpassen und gesund bleiben müsse.

Er sagt, dass niemand außer ich selbst mir daraus helfen kann; ich müsse meinen Willen und meine Selbstbeherrschung nutzen und dürfe keine albernen Fantasien mit mir durchgehen lassen.

Der einzige Trost ist: Das Baby ist gesund und munter und muss nicht in dem Kinderzimmer mit der scheußlichen Tapete schlafen.

Hätten wir das Zimmer nicht bezogen, dann hätte es das liebe Kind! Was für ein glückliches Entkommen! Ich würde kein Kind von mir, ein beeinflussbares kleines Wesen, in so einem Zimmer leben lassen, nicht um alles in der Welt.

Ich habe nie zuvor daran gedacht, aber es ist ein Glück, dass John mich nach alledem hierbehalten hat. Ich kann es ja viel eher ertragen als ein Baby.

Natürlich erwähne ich in ihrem Beisein die Tapete nicht mehr – dafür bin ich zu klug – aber ich behalte sie trotzdem im Auge.

Es gibt Dinge in dieser Tapete, die niemand außer mir kennt oder jemals kennen wird.

Hinter diesem äußeren Muster werden die düsteren Formen von Tag zu Tag deutlicher.

Es ist immer die gleiche Form, nur sehr zahlreich.

Und sie sieht aus wie eine Frau, die sich niederbeugt und hinter dem Muster herumkriecht. Das gefällt mir kein bisschen. Ich frage mich – ich fange an zu denken – ich wünschte, John würde mich von hier wegbringen!

Es fällt mir so schwer, mit John über meinen Fall zu sprechen, weil er sich mit allem so gut auskennt und mich so sehr liebt.

Doch letzte Nacht habe ich es versucht.

Der Mond schien. Sein Licht kommt von überall ins Zimmer, ganz wie das der Sonne.

Manchmal hasse ich den Anblick. Es kriecht so langsam und findet immer durch eins der Fenster herein.

John schlief und ich wollte ihn keinesfalls wecken. Also verhielt ich mich still und beobachtete das Mondlicht auf der welligen Tapete bis es mir unheimlich wurde.

Die schemenhafte Gestalt dahinter schien am Muster zu rütteln, als wollte sie ausbrechen.

Vorsichtig stand ich auf und betastete die Tapete, um zu sehen, ob sie sich tatsächlich bewegte, und als ich zurückkam, war John wach.

»Was ist denn, Kleines?«, fragte er. »Du darfst hier nicht so herumlaufen – du wirst dich noch erkälten.«

Es schien mir ein guter Zeitpunkt für ein Gespräch zu sein, deshalb sagte ich ihm, der Ort täte mir wirklich nicht gut und bat ihn, mich von hier wegzubringen.

»Aber Liebling!«, sagte er, »die Pacht läuft in drei Wochen ab und ich sehe nicht, wie wir vorher abreisen könnten.

Die Renovierung zu Hause ist noch nicht erledigt und gerade jetzt kann ich die Stadt wohl kaum verlassen. Natürlich könnte und würde ich es tun, wenn du in irgendeiner Gefahr wärst, mein Schatz, aber es geht dir ja wirklich besser, ob du es nun sehen kannst oder nicht. Ich bin Arzt, Schatz, und ich weiß es. Du legst an Gewicht zu und gewinnst Farbe, dein Appetit hat zugenommen. Ich mache mir schon viel weniger Sorgen um dich.«

»Ich habe kein Gramm zugenommen«, sagte ich, »ich wiege nicht einmal genau so viel; und ich habe ja vielleicht abends, wenn du da bist, mehr Appetit, aber dafür morgens, wenn du weg bist, weniger.«

»Mein kleines Mädchen!«, sagte er und umarmte mich fest. »Sie darf so krank sein, wie sie möchte! Aber jetzt lass uns schlafen, damit wir den Tag besser genießen können. Wir sprechen morgen früh darüber.«

»Und du wirst nicht abreisen?«, fragte ich bedrückt.

»Wie könnte ich denn, Liebes? Nur noch drei Wochen, und dann wollen wir für ein paar Tage eine schöne kleine Reise machen, während Jennie das Haus vorbereitet. Wirklich, Schatz, es geht dir besser!«

»Körperlich vielleicht« – begann ich und unterbrach mich sofort, denn er hatte sich aufgesetzt und sah mich so ernst und vorwurfsvoll an, dass ich kein Wort mehr sagen konnte.

»Mein Schatz«, sagte er, »ich bitte dich für mich und unser Kind und um deiner selbst willen, diesem Gedanken niemals auch nur einen Moment nachzuhängen! Nichts sonst ist so gefährlich, so faszinierend, für ein Temperament wie deines. Es ist eine törichte und falsche Einbildung. Kannst du mir nicht glauben, wenn ich als Arzt es dir sage?«

Somit sagte ich diesbezüglich natürlich nichts mehr, und wir legten uns bald darauf schlafen. Er dachte, ich sei als Erste eingeschlafen, doch so war es nicht – stundenlang lag ich da und versuchte zu entscheiden, ob sich die Muster im Vorder- und Hintergrund tatsächlich zusammen oder getrennt voneinander bewegten.

Ein derartiges Muster zeigt bei Tageslicht einen Mangel an Ordnung, eine absichtliche Regelwidrigkeit, die jeden normalen Verstand unablässig provoziert.

Die Farbe ist bereits scheußlich genug, und trügerisch genug, und empörend genug, aber das Muster ist eine Qual.

Du glaubst, es gemeistert zu haben, aber gerade als du beginnst, ihm mit einiger Sicherheit zu folgen, macht es einen Rückwärtssalto, und da stehst du dann. Es ohrfeigt dich, schlägt dich nieder und trampelt auf dir herum. Es ist wie ein böser Traum.

Das äußere Muster besteht aus verschlungenen Arabesken, die an einen Schimmelpilz erinnern. Wenn du dir ein Pilzgeflecht vorstellen kannst, eine endlose Reihe von Giftpilzen, die in immer neuen Windungen sprießen und keimen – das kommt der Sache nahe.

Das heißt, manchmal!

Die Tapete hat eine besonders seltsame Eigenschaft, etwas, das niemand außer mir wahrzunehmen scheint: sie verändert sich mit dem Licht.

Wenn das Sonnenlicht morgens zum Ostfenster hereinfällt – ich warte stets auf diesen ersten langen, geraden Strahl –, verändert sie sich derart schnell, dass es mich jedes Mal aufs Neue überrascht.

Deshalb beobachte ich sie immerzu.

Bei Mondlicht – ist der Mond zu sehen, scheint er die ganze Nacht lang ins Zimmer – erkenne ich die Tapete kaum wieder.

Nachts, unabhängig von der Art des Lichts, im Zwielicht, bei Kerzen- oder Lampenlicht, und am allerschlimmsten bei Mondlicht, werden Gitterstäbe daraus! Aus dem äußeren Muster, meine ich, und die Frau dahinter wird so deutlich wie es überhaupt möglich ist.

Mir ist lange Zeit nicht klar gewesen, was sich im Hintergrund abzeichnete – jenes unscharfe zweite Muster –, doch jetzt bin ich mir sehr sicher, dass es eine Frau ist.

Bei Tageslicht ist sie unterdrückt, ruhig. Ich bilde mir ein, dass das Muster sie zurückhält. Es ist so rätselhaft. Es hält mich stundenlang in seinem Bann.

Mittlerweile lege ich mich sehr oft hin. John sagt, es tue mir gut und ich solle so viel schlafen wie möglich.

Seinetwegen habe ich überhaupt damit angefangen, mich nach jeder Mahlzeit für eine Stunde hinzulegen.

Ich bin überzeugt, dass das eine sehr schlechte Angewohnheit ist, denn in Wirklichkeit schlafe ich gar nicht!

Und das begünstigt Unaufrichtigkeit, denn selbstverständlich sage ich ihnen nicht, dass ich wach bin!

Tatsächlich fange ich an, mich ein bisschen vor John zu fürchten.

Er scheint mir manchmal sehr sonderbar, und sogar Jennie hat so einen unerklärlichen Ausdruck.

Zuweilen kommt mir der Gedanke, bloß als wissenschaftliche Hypothese, dass es an der Tapete liegen könnte!

Ich habe John ohne sein Wissen beobachtet und bin dann plötzlich mit irgendeiner ganz harmlosen Ausrede in den Raum gekommen – und mehrmals betrachtete er gerade die Tapete! Ebenso Jennie. Einmal habe ich Jennie mit der Hand darauf erwischt.

Sie wusste nicht, dass ich im Raum war und als ich sie mit ruhiger, mit sehr ruhiger Stimme, auf die allerzurückhaltendste Weise fragte, was sie da mit der Tapete mache, drehte sie sich um als wäre sie beim Stehlen erwischt worden und sah geradezu verärgert aus – wollte wissen, warum ich ihr denn einen solchen Schrecken einjagen müsse!

Dann sagte sie, dass die Tapete alles beschmutzt, was sie berührt, und dass sie gelbe Schmierflecken auf all meiner Kleidung und auf Johns gefunden hätte, und sie wünschte, wir wären vorsichtiger!

Klingt das nicht unschuldig? Aber ich wusste, sie studierte das Muster, und ich bin entschlossen, dass niemand außer mir dahinterkommt!

Das Leben ist jetzt viel aufregender als früher. Ich kann mich auf so viel mehr freuen, so viel mehr erwarten, beobachten. Ich esse wirklich besser, und ich bin viel ruhiger.

John ist so froh zu sehen, dass es mir besser geht! Neulich lachte er auf und sagte, ich scheine trotz meiner Tapete aufzublühen.

Ich tat es mit einem Lachen ab. Ich hatte nicht vor, ihm zu erzählen, dass es *wegen* der Tapete war – er würde sich über mich lustig machen. Er könnte mich sogar wegbringen wollen.

Ich möchte so jetzt nicht gehen. Mir bleibt noch eine Woche, und ich denke, das wird reichen.

Ich fühle mich so viel besser! Nachts schlafe ich nicht viel, weil es so interessant ist, die Entwicklungen zu beobachten, aber tagsüber schlafe ich die meiste Zeit.

Tagsüber ist es ermüdend und verwirrend.

Der Pilz sprießt immer fort, in immer neuen Gelbtönen. Ich kann sie gar nicht mitzählen, obwohl ich es gewissenhaft versucht habe.

Diese Tapete hat das merkwürdigste Gelb! Es lässt mich an alle gelben Sachen denken, die ich jemals gesehen habe – nicht die schönen wie Butterblumen, sondern alte, faule, schlechte gelbe Sachen.

Aber da ist noch etwas anderes mit der Tapete – der Geruch! In dem Moment, als wir den Raum betraten, ist er mir aufgefallen, aber wegen der vielen Luft und Sonne war es nicht schlimm. Jetzt hatten wir eine Woche lang Nebel und Regen, und ob die Fenster geöffnet sind oder nicht, der Geruch ist da.

Er kriecht durchs ganze Haus.

Ich finde ihn, wie er im Esszimmer schwebt, im Wohnzimmer umherschleicht, sich in der Halle versteckt und mir auflauert auf der Treppe.

Er zieht in meine Haare.

Selbst wenn ich ausreite und meinen Kopf plötzlich drehe, überrasche ich ihn – da ist dieser Geruch!

So ein eigentümlicher Geruch! Stunden habe ich mit dem Versuch verbracht, ihn zu analysieren, herauszufinden, wonach es riecht.

Er ist nicht schlecht – zuerst, und sehr zart, aber der unterschwelligste, beständigste Geruch, der mir je begegnet ist.

Bei diesem dunstigen Wetter ist es schrecklich. Ich wache in der Nacht auf, und er hängt über mir.

Anfangs hat es mich gestört. Ich habe ernsthaft darüber nachgedacht, das Haus abzubrennen, um den Geruch loszuwerden.

Aber jetzt habe ich mich daran gewöhnt. Ich kann ihn nur auf eine Weise beschreiben: er ist, wie die *Farbe* der Tapete ist! Ein gelber Geruch.

An dieser Wand ist eine komische Stelle, tief unten, in der Nähe der Sockelleiste. Ein Streifen, der durch den ganzen Raum verläuft. Er geht hinter jedes Möbelstück, außer dem Bett, ein langer, gleichmäßig verschmierter Fleck, als wäre wieder und wieder darüber gerieben worden.

Ich frage mich, wie das passiert ist und wer es getan hat, und wofür. Immer im Kreis herum – herum und herum und herum – mir wird schwindelig!

Schließlich habe ich wirklich etwas entdeckt.

Durch nächtelanges Beobachten, wenn es sich so sehr verändert, bin ich endlich dahintergekommen.

Das vordere Muster bewegt sich tatsächlich – und kein Wunder! Die Frau dahinter rüttelt daran!

Manchmal denke ich, es sind eine Menge Frauen dahinter, und manchmal nur eine, und die krabbelt schnell herum, und ihr Krabbeln schüttelt alles.

In den hellsten Stellen hält sie still und in den schattigsten ergreift sie die Gitterstäbe und rüttelt fest daran.

Und die ganze Zeit versucht sie hindurchzuklettern. Aber niemand kann durch dieses Muster klettern – es würgt so, ich glaube, das ist der Grund für die vielen Köpfe.

Sie kommen durch und dann schnürt das Muster sie ab und dreht sie kopfüber und macht ihre Augen weiß!

Wenn diese Köpfe abgedeckt oder weggenommen würden, wäre es nicht halb so schlimm.

Ich denke, die Frau kommt tagsüber raus!

Und ich verrate auch warum – ganz im Vertrauen – ich habe sie gesehen!

Ich kann sie aus jedem meiner Fenster sehen!

Es ist dieselbe Frau, ich weiß es, denn sie kriecht immer, und die meisten Frauen kriechen nicht bei Tageslicht.

Ich sehe sie auf dem langen schattigen Weg hinauf- und hinunterkriechen. Ich sehe sie unter diesen dunklen rebenbewachsenen Lauben, wie sie durch den ganzen Garten kriecht.

Ich sehe sie auf der langen Straße unter den Bäumen entlangkriechen, und wenn eine Kutsche kommt, versteckt sie sich unter den Brombeerranken.

Ich werfe ihr nichts vor. Es muss sehr demütigend sein, bei Tageslicht kriechend erwischt zu werden!

Wenn ich bei Tageslicht krieche, verschließe ich immer die Tür. Nachts kann ich das nicht machen, denn ich weiß, John würde es verdächtig finden.

Und John ist jetzt so seltsam, dass ich ihn nicht reizen möchte. Ich wünschte, er würde ein anderes Zimmer nehmen. Im Übrigen will ich nicht, dass jemand anders sie des Nachts herauslässt als ich.

Oft frage ich mich, ob ich sie aus allen Fenstern gleichzeitig sehen kann.

Aber, wie schnell ich mich auch drehe, ich kann nur aus einem zur selben Zeit schauen.

Und obwohl ich sie immer sehe, könnte es ja sein, dass sie schneller kriechen kann als ich mich drehen!

Ich habe sie manchmal weiter weg in der offenen Landschaft gesehen, so schnell wie der Schatten einer Wolke bei starkem Wind.

Wenn sich doch bloß das obere Muster von dem unteren lösen ließe! Ich werde es versuchen, Stück für Stück.

Ich habe noch eine andere komische Sache herausgefunden, aber dieses Mal verrate ich sie nicht! Man hat nichts davon, Menschen zu sehr zu vertrauen.

Mir bleiben nur noch zwei Tage, um die Tapete zu entfernen, und ich glaube, John merkt langsam etwas. Ich mag den Ausdruck in seinen Augen nicht.

Und ich habe gehört, wie er Jennie eine Menge Fachfragen über mich gestellt hat. Sie konnte einen sehr guten Bericht erstatten.

Sie sagte, ich schliefe viel am Tag.

John weiß, dass ich nachts nicht besonders gut schlafe, und dabei bin ich so leise!

Er fragte auch mich allerlei Dinge, und gab vor, sehr liebevoll und freundlich zu sein.

Als könnte ich ihn nicht durchschauen!

Trotzdem, es wundert mich nicht, dass er sich so verhält. Immerhin hat er drei Monate lang unter dieser Tapete geschlafen.

Das ist meine Angelegenheit, aber ich bin mir sicher, dass John und Jennie insgeheim auch von ihr beeinflusst werden.

Hurra! Heute ist der letzte Tag, aber es ist genug. John musste über Nacht in der Stadt bleiben und wird es nicht vor heute Abend zurückschaffen.

Jennie wollte bei mir schlafen – das listige Biest! Aber ich sagte ihr, dass mir eine Nacht allein zweifellos besser täte.

Das war clever, in Wirklichkeit war ich kein bisschen allein. Sobald der Mond aufging, und das arme Ding zu kriechen und die Muster zu schütteln begann, stand ich auf und eilte ihr zur Hilfe.

Ich zog und sie rüttelte, ich rüttelte und sie zog, und bevor die Sonne aufging, hatten wir meterweise Tapete abgezogen.

Einen Streifen, der mir bis zum Kopf geht und einmal um das halbe Zimmer herum.

Und als dann die Sonne kam und mich dieses schreckliche Muster auszulachen begann, da verkündete ich, dass ich es heute beenden würde!

Wir reisen morgen ab, und sie bringen bereits mein ganzes Mobiliar nach unten, um alles so zu hinterlassen, wie wir es vorgefunden hatten.

Jennie schaute die Wand ziemlich erstaunt an, aber ich erzählte ihr heiter, ich hätte es nur aus Trotz getan, um es diesem scheußlichen Ding heimzuzahlen.

Sie lachte und sagte, das hätte sie auch gern getan, aber ich sollte mich nicht überanstrengen.

Dieses Mal hat sie sich wirklich selbst verraten!

Aber ich bin hier, und niemand außer mir berührt dieses Papier – jedenfalls nicht *lebend*!

Sie versuchte, mich aus dem Raum zu locken – es war zu offensichtlich! Aber ich sagte, es wäre jetzt so ruhig und leer und rein, dass ich glaubte, ich würde mich wieder hinlegen und so viel ich konnte schlafen; und sie solle mich nicht einmal für das Abendessen wecken – ich würde sie rufen, wenn ich aufwache.

Sie ist also endlich fort, und die Bediensteten sind fort, und die Sachen sind fort, und es ist nichts anderes übrig als das festgenagelte Bett mit der leinenbezogenen Matratze, die wir darauf vorgefunden hatten.

Wir werden heute Nacht unten schlafen und morgen das Schiff nach Hause nehmen.

Irgendwie genieße ich den Raum, jetzt da er wieder leer steht.

Wie haben sich diese Kinder hier bloß ausgetobt!

Dieses Bettgestell ist ziemlich angenagt.

Aber ich muss mich an die Arbeit machen.

Ich habe die Tür abgeschlossen und den Schlüssel hinunter auf die Zufahrt geworfen.

Ich will nicht hinausgehen und ich will auch nicht, dass irgendwer hereinkommt, bis John da ist.

Er soll Augen machen.

Ich habe ein Seil hier oben, das sogar Jennie nicht gefunden hat. Wenn diese Frau es wirklich herausschafft und versucht zu flüchten, kann ich sie festbinden!

Aber ich habe vergessen, dass ich ohne etwas zum Draufstehen nicht weit greifen kann.

Dieses Bett will sich nicht bewegen lassen!

Ich habe versucht, es zu heben und zu verschieben bis ich nicht mehr konnte, und dann bin ich so wütend geworden, dass ich ein kleines Stück von der einen Ecke abbiss – aber das hat mir an den Zähnen wehgetan.

Dann habe ich all die Tapete, die ich vom Boden aus greifen konnte, abgezogen. Sie klebt widerlich fest, und das Muster hat Spaß daran! All die strangulierten Köpfe und geschwollenen Augen und wabernden Pilzgeflechte kreischen bloß höhnisch!

Ich werde langsam wütend genug, um etwas Verzweifeltes zu tun. Aus dem Fenster zu springen wäre eine wunderbare physische Betätigung, aber die Stäbe sind zu stabil, um es auch nur zu versuchen.

Außerdem würde ich es nicht tun. Natürlich nicht. Ich weiß genau, dass so ein Schritt unangemessen ist und falsch gedeutet werden könnte.

Ich mag es nicht einmal, aus den Fenstern zu *schauen* – da sind so viele von diesen kriechenden Frauen, und sie kriechen so schnell.

Ich frage mich, ob sie alle aus der Tapete kommen, so wie ich.

Aber ich bin jetzt sicher festgebunden mit meinem gut-versteckten Seil – *mich* bekommt niemand nach draußen auf die Straße!

Ich schätze, ich muss wieder zurück hinter das Muster gehen, wenn die Nacht kommt, und das fällt mir schwer!

Es ist so angenehm, draußen in diesem großen Raum zu sein und herumzukriechen, wie es mir gefällt!

Ich will das Haus nicht verlassen. Ich tue es nicht, nicht einmal, wenn Jennie mich darum bittet.

Draußen muss man nämlich auf der Erde umherkriechen, und alles ist grün anstatt gelb.

Aber hier kann ich geschmeidig auf dem Boden kriechen, und meine Schulter passt genau auf diesen langen, verschmierten Fleck an der Wand, sodass ich nicht vom Weg abkommen kann.

Oh, John ist an der Tür!

Es bringt nichts, junger Mann, du kannst sie nicht öffnen!

Wie er ruft und hämmert!

Jetzt schreit er nach einer Axt.

Es wäre eine Schande, diese wunderschöne Tür zu zerstören!

»John, Liebes!«, sagte ich mit meiner sanftesten Stimme, »der Schlüssel liegt draußen bei den Stufen, unter einem Wegerichblatt!«

Das ließ ihn einige Momente schweigen.

Dann sagte er – wirklich sehr behutsam: »Öffne die Tür, mein Schatz!«

»Ich kann nicht«, sagte ich. »Der Schlüssel ist unten bei der Eingangstür unter einem Wegerichblatt!«

Und dann sagte ich es noch einmal, noch mehrere Male, sehr sanft und langsam, so oft, dass er nachsehen gehen musste, und er fand ihn, selbstverständlich, und kam herein. Im Türrahmen blieb er abrupt stehen.

»Was ist passiert?«, schrie er. »Um Gottes Willen, was tust du da?!«

Unbeirrt kroch ich weiter, schaute aber über die Schulter zu ihm.

»Ich bin endlich ausgebrochen«, sagte ich, »trotz dir und Jennie! Und ich habe die meiste Tapete abgerissen, also kannst du mich nicht wieder einsperren!«

Warum sollte dieser Mann denn jetzt in Ohnmacht fallen?

Aber er tat es, und das genau in meinem Weg bei der Wand, sodass ich jedes Mal über ihn kriechen muss!

Warum ich *Die gelbe Tapete* geschrieben habe?

Jede Menge Leserinnen und Leser haben mich das gefragt. Als die Geschichte veröffentlicht wurde, circa 1891 im *New England Magazine*, protestierte ein britischer Arzt in *The Transkript* dagegen. Solch eine Geschichte dürfte nicht geschrieben werden, sagte er, das Lesen könne einen in den Wahnsinn treiben.

Ein anderer Arzt, aus Kansas, glaube ich, schrieb, sie sei die beste Beschreibung einer beginnenden Geisteskrankheit, die er je gelesen hatte, und fragte – höflich um Verzeihung bittend – ob ich den Zustand denn aus eigener Erfahrung kenne?

Nun, die Geschichte der Geschichte ist folgende:

Ich litt jahrelang an schwerwiegender und andauernder Melancholie, manchmal bis zum Nervenzusammenbruch – und darüber hinaus. Etwa im dritten Jahr dieser Beschwerden ging ich voller frommen Glaubens, und mit einem leichten Hoffnungsschimmer, zu einem Spezialisten für Nervenkrankheiten, dem bekanntesten im ganzen Land. Dieser weise Mann verwies mich ins Bett und verschrieb mir die Ruhekur. Meine noch recht robuste Konstitution reagierte so zügig darauf, dass er daraus schloss, alles wäre im Grunde in Ordnung mit mir und schickte mich nach Hause mit der ernsten Anweisung »ein so häusliches Leben zu führen wie nur möglich«, »mit höchstens zwei Stunden intellektueller Betätigung am

Tag«, und »niemals Feder, Pinsel oder Stift zu berühren«. Das war im Jahr 1887.

Ich ging nach Hause, befolgte die Anweisungen etwa drei Monate lang und kam so nah an die Grenze vollkommenen mentalen Ruins, dass ich schon auf die andere Seite schauen konnte.

Dann schaffte ich es dank der letzten Überbleibsel meiner Intelligenz und der Hilfe eines klugen Freundes, die Anweisungen des Spezialisten über Bord zu werfen, und kehrte zu meiner Arbeit zurück – Arbeit, das normale Leben eines jeden Menschen; Arbeit, also Freude, Wachstum und Dienst; Arbeit, ohne die man zum armseligen Parasitismus verdammt ist, und so gewann ich ein wenig Selbstbestimmung zurück.

Aus lauter Erleichterung und Freude, so knapp entkommen zu sein, schrieb ich *Die gelbe Tapete* – mit einigen Ausschmückungen und Zusätzen, um den Gipfel dieses Zustands zu veranschaulichen (ich hatte nie Halluzinationen oder Einwände gegen das Wanddekor) – und schickte ein Exemplar an den Arzt, der mich beinahe in den Wahnsinn getrieben hatte. Er hat es nie zugegeben.

Mein Büchlein ist in der Nervenheilung wertgeschätzt und als gutes Exemplar seiner Art in der Literatur. Meines Wissens hat es eine Frau vor einem ähnlichen Schicksal bewahrt – die Geschichte erschreckte ihre Familie so sehr, dass sie zu einem normalen Leben zurückkehren durfte und sich erholte.

Aber das beste Ergebnis ist dies. Viele Jahre später erzählte man mir, der große Spezialist von damals habe seinen Freunden gegenüber zugegeben, dass er nach dem Lesen *Der gelben Tapete* seine Behandlungsweise von Neurasthenie geändert hatte.

Die Geschichte sollte niemanden in den Wahnsinn treiben, sondern vielmehr Menschen vor dem Wahnsinn retten, und das tat sie auch.

Herland

I

Ein keineswegs ungewöhnliches Unternehmen

Ich schreibe dies aus dem Gedächtnis nieder. Leider, denn hätte ich das so sorgfältig gesammelte Material mitbringen können, sähe diese Geschichte ganz anders aus. Es fehlen die Bücher voller Notizen, die sorgsam kopierten Dokumente, die Beschreibungen aus erster Hand und die Bilder – und das ist der schlimmste Verlust. Wir hatten Aufnahmen aus der Vogelperspektive, von Städten, Parks und Straßen, prächtige Innen- und Außenansichten von Gebäuden, Bilder von den herrlichen Gärten und, am allerwichtigsten, von den Frauen selbst.

Niemand wird je glauben, wie sie aussahen. Beschreibungen taugen nie viel, wenn es um Frauen geht, und meine Stärke waren Beschreibungen sowieso nie. Aber irgendwie muss es getan werden, die übrige Welt muss von diesem Land erfahren.

Ich verrate nicht, wo es liegt, weil ich Angst habe, ein paar selbst ernannte Missionare, Landhungrige oder Händler könnten auf die Idee kommen, dort einzufallen. Sie sind dort wahrlich nicht erwünscht, das kann ich ihnen versichern, und wenn sie es fänden, würde es ihnen übler ergehen als uns.

Und so hat alles angefangen: Wir waren drei, Studienkameraden und Freunde – Terry O. Nicholson (aus gutem Grund nannten wir ihn meist den Teufel), Jeff Margrave und ich, Vandyck Jennings.

Wir kannten uns schon seit Jahren, und bei aller Verschiedenheit hatten wir doch eine Menge gemeinsam. Alle drei waren wir wissenschaftlich interessiert.

Terry war reich genug, um zu tun, was ihm Spaß machte. Forschungsreisen waren seine große Leidenschaft. Er konnte sich richtig aufregen, weil es, wie er oft sagte, heutzutage nichts mehr zu erforschen gäbe, nur noch Kleinkram und Füllsel. Dabei war er im Füllen ganz gut – er hatte eine Menge Talente – und großartig in Mechanik und Elektrizität. Er besaß alle möglichen Boote und Fahrzeuge und gehörte zu den besten Piloten im Land. Ohne Terry hätten wir die Sache niemals machen können.

Jeff Margrave war der geborene Poet oder Botaniker – oder auch beides – aber seine Familie überredete ihn, stattdessen Arzt zu werden. Für sein Alter war er ein guter Arzt, aber sein wirkliches Interesse lag in dem, was er liebevoll »die Wunder der Wissenschaft« nannte.

Was mich angeht: Soziologie ist mein Hauptfach. Man muss das natürlich durch eine Menge anderer Wissenschaften ergänzen. Ich interessiere mich für alle.

Terrys Stärke war Sachwissen – Geografie und Meteorologie und solche Sachen; in Biologie konnte ihn Jeff jederzeit schlagen, und solange es irgendwie mit dem menschlichen Leben zu tun hatte, fand ich es immer spannend, was sie redeten. Es gibt wenige Sachen, die nichts damit zu tun haben.

Wir drei hatten die Gelegenheit, uns einer großen wissenschaftlichen Expedition anzuschließen. Sie brauchten einen Arzt, und das gab Jeff die Entschuldigung, seine gerade eröffnete Praxis wieder zu schließen; sie brauchten Terrys Erfahrung, seine Maschine und sein Geld; und was mich angeht, ich kam durch Terrys Beziehungen rein.

Die Expedition ging zu den tausend Nebenflüssen und dem riesigen Hinterland eines großen Flusses, dorthin, wo noch die Karten zu zeichnen waren, die Sprache der Wilden studiert werden musste und wo man viele Arten einer fremdartigen Flora und Fauna erwarten konnte.

Aber von dieser Expedition handelt meine Geschichte nicht. Die war nur gerade der Anlass für unsere eigentliche Expedition.

Mein Interesse wurde zuerst durch ein Gespräch zwischen unseren Führern geweckt. Ich bin ziemlich begabt für Sprachen, kann eine ganze Menge und lerne sie schnell. Dadurch und auch mithilfe eines wirklich guten Dolmetschers, den wir bei uns hatten, bekam ich schon einige Legenden und Mythen dieser verstreuten Stämme heraus.

Und als wir immer weiter stromaufwärts zogen, wo in einem dunklen Gewirr von Flüssen, Seen, Sümpfen und dichten Wäldern ab und zu ein unerwartet langer Gebirgsausläufer zu finden war, fiel mir auf, dass immer mehr dieser Wilden Geschichten über ein fremdes und schreckliches Frauenland zu erzählen wussten, das weit oben in der Ferne liegen sollte.

»Da drüben«, »dahinter«, »ganz da oben« – genauer konnten sie die Richtung nicht angeben, aber im wichtigsten Punkt stimmten alle ihre Legenden überein: Dass dort dieses fremde Land sei, wo keine Männer lebten, nur Frauen und weibliche Kinder.

Keiner von ihnen hatte es jemals gesehen. Es sei gefährlich, ja tödlich für jeden Mann, sagten sie, dorthin zu gehen. Aber es gab Geschichten aus längst vergangener Zeit, als ein tapferer Forscher es gesehen hatte: Ein großes Land, große Häuser, viele Leute – alles Frauen.

Ist sonst niemand dorthin gegangen? Ja, eine ganze Menge, aber sie sind nie zurückgekommen. Das war kein Ort für Männer, dessen schienen sie sicher zu sein.

Ich erzählte den Jungs von diesen Geschichten und sie lachten darüber. Das tat ich natürlich auch. Ich kannte das Zeug, aus dem die Träume der Wilden gemacht sind.

Aber als wir den entferntesten Punkt erreicht hatten, genau an dem Tag, an dem wir alle umkehren und die Heimreise antreten mussten, was schließlich auch der besten Expedition nicht erspart bleibt, da machten wir drei eine Entdeckung.

Unser Hauptlager lag auf. einer Landzunge, die in den Hauptstrom, oder was wir zumindest dafür hielten, hineinragte. Er hatte dieselbe schlammige Farbe, die wir die ganzen Wochen zuvor gesehen hatten, auch denselben Geschmack.

Zufälligerweise sprach ich über diesen Fluss mit unserem letzten Führer, ein überlegener Bursche mit beweglichen, hellen Augen.

Er erzählte mir, dass da noch ein anderer Fluss sei – »da drüben, kurzer Fluss, gutes Wasser, rot und blau.«

Ich war daran sehr interessiert und besorgt, ob ich auch alles richtig verstanden hatte, und so zeigte ich ihm einen roten und einen blauen Stift, die ich bei mir hatte und fragte noch einmal.

Ja, er zeigte auf den Fluss, dann in südwestliche Richtung. »Fluss – gutes Wasser – rot und blau«.

Terry stand ganz in der Nähe und verfolgte interessiert die Zeichen des Burschen.

»Was sagt er, Van?«

Ich sagte es ihm.

Terry war sofort Feuer und Flamme.

»Frag ihn, wie weit es ist.«

Der Mann bedeutete uns eine kurze Reise, ich schätzte ungefähr zwei Stunden, vielleicht drei.

»Lasst uns gehen«, drängte Terry. »Nur wir drei. Vielleicht können wir wirklich was finden. Vielleicht ist Zinnober drin.«

»Vielleicht auch Indigo«, meinte Jeff mit seinem müden Lächeln.

Es war noch früh, wir hatten gerade gefrühstückt. Wir hinterließen eine Nachricht, dass wir vor Einbruch der Nacht wieder zurück sein würden und machten uns unauffällig davon, weil wir vermeiden wollten, als leichtgläubig zu gelten, falls wir keinen Erfolg hätten, und hofften doch im Geheimen, eine nette, kleine Entdeckung ganz für uns alleine zu machen.

Es wurden lange zwei Stunden, eher schon drei. Vermutlich hätte der Wilde es allein wesentlich schneller geschafft. Da war ein schlimmes Gewirr von Wald und Wasser und eine sumpfige Stelle, durch die wir niemals alleine gefunden hätten. Aber es gab schon einen Weg, und ich beobachtete, dass Terry mit Kompass und Notizbuch unsere Route festhielt und versuchte, Markierungen zu setzen.

Nach einer Weile kamen wir zu einer Art sumpfigem See, so groß, dass der ihn umgebende Wald auf der anderen Seite ziemlich niedrig und undeutlich aussah. Unser Führer sagte uns, dass man von dort aus zu Boot unser Camp erreichen konnte, aber »langer Weg – den ganzen Tag«.

Dieses Wasser war etwas klarer als das, was wir hinter uns gelassen hatten, aber wir konnten es vom Rand aus schlecht beurteilen. Wir gingen noch ungefähr eine weitere halbe Stunde am Ufer entlang, der Boden wurde mit der Zeit immer fester, und dann kamen wir um die Biegung eines bewaldeten Gebirgsvorsprungs und sahen ein ganz anderes Land: Ein plötzlicher Blick auf Berge, steil und kahl.

»Einer dieser langen östlichen Vorsprünge«, sagte Terry abschätzend. »Kann Hunderte von Meilen von der eigentlichen Gebirgskette entfernt sein. Die tauchen hier oft so plötzlich auf.«

Unvermittelt verließen wir den See und gingen direkt auf die Kliffs zu. Schon bevor wir sie erreichten, hörten wir fließendes Wasser, und der Führer zeigte stolz auf seinen Fluss.

Er war kurz. Wir konnten sehen, dass er in einem steilen Wasserfall aus einer Öffnung in der Wand des Kliffs herausströmte. Es war Süßwasser. Der Führer trank begierig davon, und das taten wir auch.

»Das ist Schmelzwasser«, gab Terry bekannt. »Muss von hoch oben in den Bergen kommen.«

Aber was das Rote und Blaue betraf – es hatte eine grünliche Färbung. Den Führer schien das gar nicht zu überraschen. Er suchte ein bisschen umher und zeigte uns einen ruhigen, abseits liegenden Tümpel, an dessen Rand rote Schmierflecken waren, ja, und auch blaue.

Terry holte sein Vergrößerungsglas hervor, hockte sich hin und untersuchte die Stellen.

»Irgendwelche Chemikalien, was Genaues kann ich auf der Stelle nicht sagen. Sehen aus wie Färbemittel. Lasst uns näher ran gehen«, drängte er, »da oben rauf zum Wasserfall.«

Wir kletterten mühsam an dem steilen Ufer entlang bis zu dem Teich, der unter dem hinunterstürzenden Wasser schäumte und sprudelte. Hier untersuchten wir die Ränder und fanden zweifelsfrei Spuren von Farbe. Mehr noch – Jeff hielt plötzlich eine unerwartete Trophäe hoch.

Es war nur ein Fetzen, ein langes, ausgefranstes Stoffstück, aber gut gewebt, mit einem Muster und von klarer, scharlachroter Färbung, die das Wasser nicht ausgebleicht hatte. Kein Eingeborenenstamm, den wir kannten, stellte solche Stoffe her.

Der Führer stand gelassen am Ufer und war über unsere Aufregung sehr zufrieden.

»Einen Tag blau – einen Tag rot – einen Tag grün«, erzählte er uns und zog aus seinem Beutel einen anderen Streifen leuchtend eingefärbten Stoffs.

»Kommt runter«, sagte er und zeigte auf den Wasserfall. »Frauenland – da oben.«

Das interessierte uns. An Ort und Stelle machten wir eine Pause, aßen eine Kleinigkeit und versuchten, weitere Informationen aus dem Mann herauszuholen. Er konnte uns nur dasselbe sagen wie die anderen auch: Ein Land von Frauen – keine Männer – Babys, aber alles Mädchen. Kein Ort für Männer – gefährlich. Manche wollten es finden – keiner ist zurückgekommen.

Ich sah, wie Terrys Kiefer sich bewegten. Kein Ort für Männer? Gefährlich? Er sah aus, als wolle er auf der Stelle den Wasserfall hinaufklettern. Aber der Führer wollte von einem Aufstieg nichts wissen, selbst wenn es eine Möglichkeit gegeben hätte, die steile Felswand zu überwinden, und wir mussten vor Einbruch der Nacht zu unserer Gruppe zurück.

»Sie bleiben vielleicht hier, wenn wir ihnen davon erzählen«, schlug ich vor.

Aber Terry blieb wie angewurzelt stehen. »Hört mal, Leute«, sagte er. »Das ist *unsere* Entdeckung. Diesen eingebildeten alten Professoren erzählen wir nichts davon. Wir reisen mit denen nach Hause, und dann kommen wir zurück, nur wir, und machen unsere eigene kleine Expedition.«

Wir guckten ihn ziemlich beeindruckt an. Es war schon eine anziehende Vorstellung, dass ein paar ungebundene junge Männer ein unbekanntes Amazonenland entdecken würden.

Natürlich glaubten wir nicht an die Geschichte – aber trotzdem!

»Keiner der hier ansässigen Stämme macht so einen Stoff«, erklärte ich, nachdem ich die Fetzen sehr sorgfältig untersucht hatte. »Irgendwo da oben spinnen, weben und färben sie genauso gut wie wir.«

»Das würde für eine beachtliche Zivilisation sprechen, Van. Solch ein Land kann es nicht geben, ohne dass man davon weiß.«

»Oh, ich weiß nicht. Wie heißt noch mal diese alte Republik irgendwo da oben in den Pyrenäen – Andorra? Ganz schön wenige Leute wissen irgendwas darüber, und seit tausend Jahren kümmert es sich nur um seine eigenen Sachen. Dann gibt's noch Montenegro, herrlicher kleiner Staat. Hier in diesen Weiten können sich ein Dutzend Montenegros verstecken.«

Wir diskutierten hitzig darüber den ganzen Weg zurück zum Camp. Wir diskutierten vorsichtig und heimlich darüber auf der Heimreise. Danach diskutierten wir darüber, immer noch nur unter uns dreien, während Terry seine Vorbereitungen traf.

Er war verrückt danach. Ein Glück, dass er so viel Geld hatte. Sonst hätten wir jahrelang betteln und Reklame machen müssen, um die Sache ins Rollen zu bringen, und dann wäre sie ein Gegenstand öffentlicher Belustigung geworden, gefundenes Fressen für die Zeitungen.

Aber T. O. Nicholson konnte seine große Dampfyacht herrichten, sein extra angefertigtes, großes Motorboot und einen auseinandergenommenen Doppeldecker einladen lassen, ohne mehr Aufsehen zu erregen als eine Notiz in der Gesellschaftsspalte.

Wir hatten Vorräte, Medikamente und alle Sorten von Proviant. Seine Erfahrung kam ihm hier zugute. Es war eine absolut vollständige kleine Ausrüstung.

Wir wollten die Yacht am nächstgelegenen, sicheren Hafen verlassen und diesen endlosen Fluss in unserem Motorboot hinauffahren, nur wir drei und ein Lotse. Wenn wir den letzten Halteplatz der damaligen Gruppe erreicht hatten, wollten wir den Lotsen absetzen und dem klaren Strom alleine folgen.

Das Motorboot wollten wir in dem weiten, flachen See ankern. Es war eigens mit einer Armierung versehen worden, dünn aber stark, die es einschloss wie in eine Muschelschale.

»Diese Eingeborenen können es weder betreten noch beschädigen, noch bewegen«, erklärte Terry stolz. »Wir starten unser Flugzeug vom See aus und benutzen das Boot als Basis, zu der wir zurückkommen.«

»*Wenn* wir zurückkommen«, bemerkte ich fröhlich.

»Angst, dass die Damen dich verspeisen werden?«, spottete er.

»Weißt du, was diese Damen betrifft, da sind wir nicht so sicher«, sagte Jeff gedehnt. »Vielleicht haben sie da einen Trupp Herren mit vergifteten Pfeilen oder ähnlichem Zeug.«

»Du brauchst ja nicht mitzukommen, wenn du nicht willst«, bemerkte Terry trocken.

»Nicht wollen? Da musst du mich schon verhaften lassen, um mich aufzuhalten!« Dessen waren Jeff und ich uns sicher.

Aber wir hatten Meinungsverschiedenheiten während der ganzen langen Fahrt.

Eine Seereise ist eine ausgezeichnete Zeit für Diskussionen. Jetzt hatten wir keine Zuhörer, wir konnten uns auf Deck in den Liegestühlen rekeln, faulenzen und reden und reden – etwas anderes konnte man sowieso nicht tun. Da uns nicht die geringsten Fakten vorlagen, waren der Spekulation keine Grenzen gesetzt.

»Wir hinterlassen bei unserem Konsul Papiere, in denen steht, wo die Yacht vor Anker liegt«, plante Terry. »Wenn wir in – sagen wir einmal – einem Monat nicht zurück sind, können sie uns einen Suchtrupp hinterherschicken.«

»Eine Strafexpedition«, drängte ich. »Wenn die Damen uns tatsächlich verspeisen, müssen wir Vergeltungsmaßnahmen treffen.«

»Den letzten Haltepunkt können sie leicht genug ausmachen, und von See, Kliff und Wasserfall habe ich eine Art Karte gemacht.«

»Ja, aber wie kommen sie da rauf?«, fragte Jeff.

»Natürlich auf demselben Weg wie wir. Wenn drei wertvolle amerikanische Staatsbürger da oben verloren gehen, werden sie schon irgendwie folgen, ganz zu schweigen von den glänzenden Attraktionen dieses lieblichen Landes, nennen wir es doch ›Feminisia‹ «, meinte er noch!

»Du hast recht, Terry. Wenn die Geschichte erst einmal bekannt ist, wird der Fluss von Expeditionen wimmeln und die Flugzeuge starten wie ein Schwarm Moskitos.« Ich lachte bei dem Gedanken. »Wir haben einen großen Fehler gemacht, die Sensationspresse nicht mitzunehmen. Himmel! Was für Schlagzeilen!«

»Kaum!«, meinte Terry grimmig. »Das hier ist unsere Expedition. Wir finden diesen Ort alleine.«

»Was willst du denn tun, wenn du ihn findest, wenn …?«, fragte Jeff milde.

Jeff war eine zarte Seele. Ich glaube, er dachte, dass dieses Land – wenn es existierte – nur so blühte von Rosen und Babys und Kanarienvögeln und edlen Schönheiten und derlei.

Und Terry, ganz im Geheimen, hatte Visionen von einer Art feinerem Badeort: Nur Mädchen und Mädchen und Mädchen, und dass er … Also, Terry war auch beliebt bei Frauen, wenn andere Männer anwesend waren, und deshalb ist es nicht verwunderlich, dass er angenehme Träume von dem hatte, was da uns bevorstand. Das konnte ich ihm von den Augen ablesen, als er so dort lag, in die vorbeirauschenden blauen Wellen blickte und mit seinem eindrucksvollen Schnauzbart spielte.

Aber ich dachte – damals –, dass ich eine wesentlich klarere Vorstellung hatte von dem, was vor uns lag, als die beiden.

»Ihr liegt alle schief, Jungs«, behauptete ich. »Wenn es solch einen Ort gibt, und in der Tat scheint es gewisse Gründe zu geben, daran zu glauben, werdet ihr sehen, dass er auf eine Art matriarchalischem Prinzip aufgebaut ist, das ist alles. Die Männer haben einen eigenen Kult, sind sozial weniger entwickelt als die Frauen und machen ihnen einmal im Jahr ihre Aufwartung, eine Art Hochzeitsbesuch. Solche Systeme hat es früher einmal gegeben, das weiß man, und hier haben sie eben überlebt. Sie haben da oben irgendein eigenartig isoliertes Tal oder eine Hochebene, und ihre ursprünglichen Sitten haben überlebt. Mehr ist nicht daran.«

»Und was ist mit den Jungen?«, fragte Jeff.

»Oh, verstehst du, die Männer nehmen sie ihnen weg, sobald sie fünf oder sechs sind.«

»Und was ist mit dieser Gefahr-Theorie, über die sich alle unsere Führer so sicher waren?«

»Gefahren gibt es genug, Terry, und wir müssen ganz schön vorsichtig sein. Frauen auf dieser Kulturstufe sind bestens in der Lage, sich selbst zu verteidigen und werden unpassende Besucher nicht mit offenen Armen empfangen.«

Wir redeten und redeten.

Und ich mit meiner ganzen soziologischen Weisheit war der Wahrheit nicht näher als die anderen auch.

Angesichts dessen, was wir dann tatsächlich vorfanden, waren sie schon komisch, unsere genauen Vorstellungen, wie ein Land von Frauen aussehen würde. Aber noch hatte es keinen Sinn, uns selbst und den anderen zu sagen, all dies sei müßige Spekulation. Wir waren eben müßig und natürlich spekulierten wir, sowohl während der Seereise als auch auf der Fahrt den Fluss hinauf.

»Eingestandenermaßen ist es unwahrscheinlich …« begannen wir feierlich und ließen dann doch wieder einen Wortschwall los.

»Sie bekämpfen sich untereinander«, behauptete Terry. »Das tun Frauen immer. Wir brauchen nicht nach irgendeiner Art von Ordnung oder Organisation zu suchen.«

»Da liegst du völlig falsch«, erklärte ihm Jeff. »Es wird wie ein Nonnenkloster unter einer Äbtissin sein, eine friedvolle, harmonische Schwesternschaft.«

Ich schnaubte aus Spott über diesen Einfall.

»Nonnen! Deine friedvollen Schwestern wären alle unverheiratet, Jeff, und unter dem Gehorsamseid. Das sind einfach Frauen und Mütter, und wo Mutterschaft ist, da findest du bestimmt nicht viel Schwesternschaft.«

»Nein, mein Herr, die werden sich in den Haaren liegen«, bestärkte mich Terry. »Wir brauchen auch nicht nach Erfindungen und Fortschritt zu suchen, es wird dort grauenhaft primitiv sein.«

»Und was ist dann mit dieser Tuchweberei?«, warf Jeff ein.

»Ach, Stoffe! Frauen sind doch schon immer Spinnerinnen gewesen. Aber da hört es auch schon auf, das wirst du sehen.«

Wir machten uns über Terrys bescheidene Vorstellung lustig, dass er auf das Wärmste empfangen würde, aber er blieb dabei.

»Ihr werdet sehen«, sagte er. »Ich werde zu allen ein gutes Verhältnis haben – und eine Gruppe gegen die andere ausspielen. In kürzester Zeit lasse ich mich zum König wählen, jawohl! Salomon wird in der zweiten Reihe Platz nehmen müssen!«

»Und wo bleiben wir bei der ganzen Sache?«, fragte ich. » Sind wir deine Wesire oder so etwas?«

»Das kann ich nicht riskieren«, erklärte er feierlich. »Ihr könntet eine Revolution starten, würdet ihr sogar wahrscheinlich tun. Nein, ihr müsstet enthauptet oder erdrosselt werden, oder was auch immer die gängige Exekutionsmethode ist.«

Denk daran, dass du es selbst tun müsstest«, grinste Jeff. »Keine kräftigen schwarzen Sklaven und Mamelucken! Und wir sind zwei, du aber nur einer, nicht, Van?«

Jeffs und Terrys Vorstellungen lagen so weit auseinander, dass ich manchmal nichts anderes tun konnte, als Frieden zwischen ihnen zu halten. Jeff idealisierte Frauen im besten südländischen Stil. Er war voller Ritterlichkeit und Gefühl und all diesen Sachen. Und er war ein guter Junge, er wurde seinen Idealen gerecht.

Man könnte sagen, Terry tat das ebenfalls, wenn man seine Ansichten über Frauen mit einem so höflichen Wort wie Ideale beschreiben kann. Ich habe Terry immer gemocht. Er war ein durch und durch »männlicher« Mann, stark, mutig und klug, aber ich glaube, in unseren Collegetagen ließ ihn keiner von uns sonderlich gern mit unseren Schwestern allein. Wir waren auch keine Engel, beileibe nicht! Aber Terry war »an der Grenze«. Später – nun ja, jeder Mann hat ein Recht auf sein eigenes Leben, daran hielten wir uns und stellten keine Fragen.

Aber mit der möglichen Ausnahme einer zukünftigen Ehefrau, seiner Mutter und natürlich der hübschen Verwandten seiner Freunde schien Terry davon auszugehen, dass gut aussehende Frauen tatkräftig hofiert sein wollten und die biederen nicht der Beachtung wert waren.

Manchmal wirkten sie ganz schön unerfreulich, seine Ansichten.

Aber auch mit Jeff verlor ich gelegentlich die Geduld. Er sah die Frauen von rosaroten Heiligenscheinen umgeben. Ich vertrat die mittlere Position, höchst wissenschaftlich natürlich und pflegte gelehrt über die physiologischen Beschränktheiten des weiblichen Geschlechts zu dozieren.

Keiner von uns war damals auch nur im Geringsten »progressiv«, was die Frauenfrage anging.

Wir scherzten und diskutierten und spekulierten, und nach einer unendlich langen Reise kamen wir schließlich an unserem alten Lagerplatz an.

Es kostete uns nicht viel Mühe, den Fluss zu finden, und er war schiffbar bis zu dem See.

Als wir diesen erreichten und in seine weite, glitzernde Fläche glitten, der hohe, graue Felsvorsprung sich uns entgegenstreckte und der gerade, weiße Wasserfall deutlich sichtbar wurde, da begann es wirklich aufregend zu werden.

Noch zu diesem Zeitpunkt war davon die Rede, ob wir nicht die Felswand entlang gehen und einen Fußweg hinauf suchen sollten, aber der sumpfige Dschungel ließ dies nicht nur schwierig, sondern gefährlich erscheinen.

Terry sprach sich entschieden dagegen aus.

»Unsinn, Leute! Das ist doch beschlossen. Es könnte Monate dauern, dafür haben wir nicht die Vorräte.

Nein, Leute, wir müssen unser Glück versuchen. Wenn wir sicher zurückkommen, in Ordnung. Wenn nicht, nun ja, wir wären nicht die ersten Forscher, die in Ausübung ihrer Pflicht umgekommen sind. Und nicht die letzten.«

So setzten wir denn gemeinsam den großen Doppeldecker zusammen und beluden ihn mit unserem ausgetüftelt knappen Gepäck: Natürlich die Kamera, die Ferngläser, einen Vorrat an konzentrierten Nahrungsmitteln. Die Taschen unserer Kleidung bargen kleine Gebrauchsgegenstände, und wir nahmen natürlich unsere Gewehre mit – man konnte ja nicht wissen, was geschehen würde.

Höher und höher und höher flogen wir, nur nach oben zu Anfang, um einen Eindruck von der Lage des Landes zu gewinnen und Aufzeichnungen davon zu machen.

Aus dem dunkelgrünen Meer aus dichtem Wald ragte steil der hohe Gebirgsvorläufer heraus. Anscheinend reichte er bis zu den weit entfernten, weißgekrönten Gipfeln, die wahrscheinlich selbst unzugänglich waren.

»Lasst uns den ersten Flug unter geografischen Gesichtspunkten machen«, schlug ich vor. »Das Land auskundschaften, dann zum Auftanken hierher zurückkehren. Bei deiner ungeheuren Geschwindigkeit können wir die Entfernung hin und zurück gut schaffen. Dann können wir an Bord des Schiffs eine Karte hinterlassen, für den Suchtrupp.«

»Klingt vernünftig«, stimmte Terry mir zu. »Ich kann es noch einen Tag aufschieben, König von Damenland zu werden.«

Also unternahmen wir einen langen Erkundungsflug, wendeten an der Spitze des Vorgebirges, mit hoher Geschwindigkeit, flogen an einer Seite des Dreiecks entlang, überquerten seine Basis, wo es an die höheren Berge angrenzte, und kamen so bei Mondlicht wieder zu unserem See.

»Gar kein schlechtes kleines Königreich«, darin stimmten wir überein, als wir es grob skizziert und vermessen hatten. Wir konnten die Größe recht gut anhand unserer Geschwindigkeit bestimmen. Und nach dem, was man so von den Grenzen erkennen konnte – und von diesem vereisten Gebirgszug in der Ferne – »muss schon ein ganz schön unternehmungslustiges Kerlchen sein, der sich da rein wagt«, sagte Jeff.

Natürlich hatten wir uns auch das Land selbst angeguckt – eifrig sogar, aber wir flogen zu hoch und zu schnell, um viel sehen zu können. Die äußeren Gebiete schienen aus gepflegten Wäldern zu bestehen, aber im Inneren waren weite freie Flächen und überall parkähnliche Wiesen und offene Plätze.

Ich bestand darauf, dass es auch Städte gab. Es sah aus – nun ja, es sah aus wie jedes andere Land eben auch – wie jedes zivilisierte, meine ich.

Nach diesem langen Flug mussten wir erst einmal schlafen, aber wir standen am nächsten Tag schon ziemlich früh auf und stiegen wieder sanft in die Höhe, bis wir weit über den höchsten Bäumen waren und das weite, liebliche Land nach Gutdünken betrachten konnten.

»Subtropisch. Offenbar ein erstklassiges Klima. Es ist wunderbar, was bei der Temperatur so ein bisschen

Höhe ausmacht.« Terry untersuchte den Wuchs des Waldes.

»Ein bisschen Höhe! Nennst du so was ein bisschen?«, fragte ich. Unsere Instrumente maßen das genau. Wir hatten uns vielleicht den langen, sanften Anstieg von der Küste aus nicht bewusst gemacht.

»Feines Fleckchen Erde, würde ich sagen«, fuhr Terry fort. »Aber jetzt zu den Leuten – von der Landschaft habe ich erst einmal genug.«

Wir flogen dann tief, kreuzten hin und her und untersuchten das Land, indem wir es in Planquadrate aufteilten. Wir sahen – ich weiß heute nicht mehr, wie viel wir damals tatsächlich bemerkten und wie viel durch unsere späteren Erkenntnisse ergänzt ist, aber dies ließ sich selbst an diesem aufregenden Tag gar nicht übersehen – ein Land im Zustand vollkommener Kultivierung, wo sogar die Bäume aussahen, als würden sie gepflegt. Es war ein Land, das wie ein einziger großer Park wirkte, nur erwies es sich dann als ein einziger großer Garten.

»Ich sehe überhaupt kein Vieh«, stellte ich fest, aber Terry war still. Wir näherten uns einem Dorf.

Ich gebe zu, dass wir den sauberen, gut gebauten Straßen, der schönen Architektur und überhaupt der geordneten Schönheit dieser kleinen Stadt wenig Beachtung geschenkt haben. Wir hatten unsere Gläser herausgeholt, und selbst Terry, der zu einem spiralenförmigen Gleitflug ansetzte, nahm das Fernglas vor die Augen.

Sie hörten das Surren unseres Propellers. Sie liefen aus den Häusern, sie kamen von den Feldern und versammelten sich, Scharen von leichtfüßigen, zierlichen Gestalten. Wir starrten und starrten, bis es beinahe zu spät war, die Maschine wieder hochzuziehen, und dann, während eines langen Aufwärtsfluges, blieben wir erst einmal stumm.

»Wahnsinn!«, meinte Terry nach einer Weile.

»Da sind nur Frauen – und Kinder«, brachte Jeff aufgeregt hervor.

»Aber die sehen doch aus – Mensch, das ist ein *zivilisiertes* Land!«, protestierte ich. »Da müssen Männer sein.«

»Natürlich sind da Männer«, sagte Terry. »Kommt, die finden wir schon.«

Er wollte überhaupt nichts von Jeffs Vorschlag hören, das Land erst einmal weiter zu untersuchen, bevor wir das Risiko auf uns nahmen, unsere Maschine zu verlassen.

»Direkt da hinten, wo wir eben hergeflogen sind, da ist ein feiner Landeplatz«, meinte er, und er war auch wirklich ganz vorzüglich – ein weiter, flacher Felsen, von dem aus man den See überblicken konnte, der aber vom Landesinnern her so gut wie nicht einsehbar war.

»Den werden die so schnell nicht finden«, behauptete er, als wir unter größten Schwierigkeiten in sicherere Gefilde hinunterkletterten. »Los, kommt schon, da waren ein paar, die sahen gar nicht mal so übel aus.«

Natürlich war das unklug von uns.

Hinterher kamen wir schnell zu der Erkenntnis, dass es das Beste gewesen wäre, das Land erst gründlicher zu studieren, bevor wir unser schönes Flugzeug verließen und dann lediglich der Kraft unserer Füße vertrauten. Aber wir waren eben drei junge Männer. Schon seit über einem Jahr hatten wir fast nur über dieses Land geredet, konnten kaum annehmen, dass es solch einen Ort überhaupt geben würde, und plötzlich standen wir mittendrin.

Es sah erstaunlich sicher und zivilisiert aus, und in dieser Menge aufwärtsgerichteter Gesichter konnte man, wenn manche auch ziemlich erschrocken aussahen, schon einiges an Schönheit entdecken. Darüber waren wir uns einig.

»Nun macht schon!«, rief Terry und lief voran. »Los, beeilt euch! Hier geht's nach Frauenland!«

2

Schnelle Fortschritte

Wir schätzten, dass es nicht mehr als fünfzehn Meilen waren von unserem Landeplatz bis zu diesem Dorf, das wir zuletzt gesehen hatten. Trotz unserer Ungeduld hielten wir es für klüger, im Wald zu bleiben und umsichtig vorzugehen.

Selbst Terrys Begeisterung wurde durch die Überzeugung im Zaune gehalten, dass wir auf Männer treffen würden, und wir sahen zu, dass jeder von uns einen reichlichen Vorrat an Patronen hatte.

»Mag sein, dass sie wenige sind und sich irgendwo verstecken – eine Art Matriarchat, wie Jeff gesagt hat. Es könnte ja sein, dass sie irgendwo da oben in den Bergen leben und die Frauen hier in diesem Teil des Landes lassen – so eine Art nationaler Harem! Aber irgendwo hier gibt es Männer – habt ihr nicht die Babys gesehen?«

Wir alle hatten Babys gesehen, kleine und große Kinder, überall dort, wo wir nahe genug waren, um die Leute unterscheiden zu können. Und wenn man auch bei den Erwachsenen ihrer Kleidung wegen nicht immer eindeutig auf das Geschlecht schließen konnte, so hatten wir doch keinen einzigen Mann wirklich ausmachen können.

»Ich mochte schon immer das arabische Sprichwort: ›Erst binde dein Kamel fest und dann vertraue auf

Gott‹«, murmelte Jeff. So hatten wir alle unsere Waffe in der Hand und schlichen vorsichtig weiter. Dabei studierte Terry den Wald.

»Das ist Zivilisation«, stieß er in verhaltenem Enthusiasmus hervor. »Ich habe noch nie einen so gepflegten Wald gesehen, nicht einmal in Deutschland. Guckt euch das mal an, kein einziger toter Zweig – und der Wein ist tatsächlich am Spalier aufgezogen! Und sieh mal hier« – er blieb stehen, sah sich um und lenkte Jeffs Aufmerksamkeit auf die Baumarten.

Ich blieb als Orientierungspunkt stehen, und sie machten eine kleine Exkursion, jeder nach einer anderen Richtung.

»Fast alle tragen Früchte«, gaben sie bekannt, als sie zurückkamen. »Der Rest ist herrliches Hartholz. Das ist kein Wald, das ist ein Obstgarten!«

»Fein, wenn man einen Botaniker zur Hand hat«, meinte ich. »Seid ihr sicher, dass keine für medizinische Zwecke dabei sind? Oder einfach nur zur Verschönerung?«

Sie hatten wirklich recht. Diese mächtigen Bäume waren genauso sorgfältig gepflegt wie ein Beet Kohlköpfe. Unter anderen Umständen hätten wir diese Wälder voll fröhlicher Förster und Früchtesammler vorgefunden, aber ein Flugzeug ist ein auffälliger Gegenstand, vor allem nicht gerade leise – und Frauen sind vorsichtig.

Das Einzige, was sich in diesen Wäldern bewegte, als wir hindurchgingen, waren Vögel, manche prachtvoll, manche Singvögel und so zahm, dass sie unsere Kultivierungstheorie fast zu widerlegen schienen. Zumindest so lange, bis wir hier und da auf Lichtungen stießen, wo im Schatten neben klaren Quellen gemeißelte Steinsitze und -tische standen, und wo jeweils ein flaches Vogelbad zu finden war.

»Sie töten keine Vögel, aber offensichtlich töten sie Katzen«, sagte Terry. »Hier *müssen* Männer sein. Hört mal!«

Wir hatten etwas gehört: Etwas, das nicht im Entferntesten einem Vogelgesang ähnelte, dafür aber sehr stark einem unterdrückten Lachen – ein kurzer, fröhlicher Laut, der augenblicklich unterdrückt wurde. Wir blieben stehen wie Jagdhunde und nahmen dann schnell und vorsichtig unsere Gläser zur Hand.

»Es kann nicht weit weg gewesen sein«, sagte Terry aufgeregt. »Ob es aus diesem großen Baum da kam?«

In der Lichtung, in die wir gerade hineingegangen waren, stand ein großer, schöner Baum mit fächerartig ausladenden Ästen, wie bei einer Buche oder Tanne. Unten war er bis in eine Höhe von ungefähr zwanzig Fuß beschnitten, sodass er dastand wie ein hoher Schirm mit runden Sitzen darunter.

»Seht her«, rief er. »Die haben kurze Aststümpfe stehen lassen, an denen man hochklettern kann. Ich glaube, da oben auf dem Baum ist jemand.«

Wir schlichen uns vorsichtig näher.

»Pass auf, dass du keinen vergifteten Pfeil in die Augen kriegst«, warnte ich Terry, doch der ging eilig weiter vorwärts, sprang auf die Sitzfläche der Bank und fasste nach dem Baumstamm. »Wahrscheinlich eher ins Herz«, meinte er. »Ich werd verrückt, seht euch das an, Jungs!«

Wir liefen hin und sahen hinauf. Da oben in den Ästen war irgendetwas – mehr als ein irgendetwas –, das sich zuerst bewegungslos an den großen Stamm klammerte und dann, als wir wie auf Kommando alle auf den Baum sprangen, aufteilte in drei äußerst bewegliche Gestalten, die den Baum hinaufflohen. Als wir hinaufstiegen, sahen wir manchmal kurz, wie sie sich über uns verteilten. Und als wir uns so weit vorgewagt hatten, wie das für drei Männer zugleich überhaupt möglich war, da hatten sie den Hauptstamm schon verlassen und waren nach außen geklettert. Jede von ihnen balancierte auf einem langen Ast, der sich unter ihrem Gewicht bog und schwankte.

Unsicher machten wir Halt. Wenn wir weiter kletterten, würden die Äste unter dem doppelten Gewicht brechen. Wir hätten sie vielleicht herunterschütteln können, aber niemand von uns hatte Lust dazu. In dem weichen, gebrochenen Licht in dieser Höhe ruhten wir uns einen Augenblick lang aus, atemlos von unserem raschen Aufstieg, und beobachteten neugierig, was wir da verfolgten, wohingegen diese mit nicht mehr Angst als ein paar verspielte Kinder beim Fangenspielen auf ihren schwankenden Plätzen saßen wie große, bunte Vögel, und uns freimütig und neugierig anschauten.

»Mädchen!«, flüsterte Jeff ganz vorsichtig, als ob sie geflohen wären, wenn er laut gesprochen hätte.

»Wie Pfirsiche!«, bemerkte Terry, kaum lauter. »Süße kleine Pfirsiche – Aprikosen und Nektarinen! Entzückend!«

Natürlich waren es Mädchen, kein Junge hätte jemals solch eine strahlende Schönheit gehabt, und doch waren wir zu Anfang recht unsicher gewesen.

Sie hatten kurzes Haar, das locker fiel und leuchtete, trugen aber keine Hüte. Ihre Kleider waren aus einem leichten, aber festen Stoff: eine ziemlich enge Tunika, Kniehosen und sehr saubere Schuhe. So leuchtend und sanft wie Papageien und mit ebenso wenig Gedanken an eine Gefahr schwangen sie dort vor uns auf und ab, völlig ruhig, und starrten auf uns genauso wie wir sie anstarrten, bis erst eine und dann alle zusammen in schallendes Gelächter ausbrachen.

Dann ging ein weich klingender Wortschwall hin und her, kein Singsang wie bei den Wilden, sondern eine klare und flüssige, musikalische Sprache.

Wir erwiderten ihr Lachen sehr herzlich und zogen unsere Hüte, worauf sie wieder sehr amüsiert lachten.

Dann hielt Terry, der voll in seinem Element war, eine höfliche Rede mit erklärenden Handbewegungen und versuchte, uns vorzustellen. »Mr. Jeff Margrave«, sagte er deutlich. Jeff verbeugte sich so anmutig, wie es ein Mann, der in einer großen Astgabel steht, eben fertig bringt. »Mr. Vandyck Jennings« – und ich versuchte ebenfalls, eine wirkungsvolle Begrüßung darzubringen, verlor dabei aber fast das Gleichgewicht.

Dann legte Terry die Hand auf seine Brust – schon beeindruckend übrigens, sein Brustkorb – und stellte sich vor. Er hatte sich speziell dazu sorgfältig abgestützt und schaffte auch eine ganz vorzügliche Verbeugung.

Wieder lachten sie amüsiert, und diejenige, die mir am nächsten saß, folgte seinem Beispiel.

»Celis«, sagte sie sehr deutlich und zeigte auf das Mädchen in Blau. »Alima«, das war die in Rosa; und dann, in einer lebhaften Imitation von Terrys eindrucksvollem Gehabe, legte sie ihre feste, aber zarte Hand auf ihr goldgrünes Hemd – »Ellador.« Das war zwar ganz schön, aber näher kamen wir deshalb nicht.

»Wir können doch nicht hier sitzen bleiben, bis wir die Sprache gelernt haben«, protestierte Terry. Auf gewinnende Art verbeugte er sich und wollte ihnen so zeigen, dass sie näher kommen sollten, aber sie schüttelten nur fröhlich ihren Kopf. Durch Zeichen schlug er vor, dass wir doch alle zusammen hinunterklettern sollten, aber sie schüttelten wieder die Köpfe, noch immer recht ausgelassen. Dann machte Ellador uns auf unmissverständliche Weise klar, dass wir hinuntergehen sollten, indem sie mit eindeutiger Entschlossenheit auf jeden von uns zeigte, und mit einer schwungvollen Bewegung ihres biegsamen Armes schien sie anzudeuten, dass wir nicht nur hinuntersteigen, sondern überhaupt völlig weggehen sollten – worauf wir dann unsererseits die Köpfe schüttelten.

»Dann müssen wir es eben mit einem Köder versuchen«, grinste Terry. »Ich weiß zwar nicht, wie es mit euch steht, meine Lieben, aber ich bin nicht unvorbereitet gekommen.« Aus einer Innentasche zog er ein kleines Kästchen aus rotem Samt, das sich mit einem Schnappen öffnete und aus dem er einen langen, glitzernden Gegenstand zog, eine Halskette aus großen, vielfarbigen Steinen, die, wenn echt, eine Million wert gewesen wären. Er hielt die in der Sonne funkelnde Kette hoch und schwang sie hin und her, dann bot er sie erst einer, dann den anderen an und streckte sich dem ihm am nächsten sitzenden Mädchen so weit entgegen, wie er nur konnte. Er stand sicher in der Astgabel, hielt sich mit einer Hand fest und streckte die andere, in der die leuchtende Verlockung schwang, weit aus, aber nicht ganz so weit, wie er wirklich konnte.

Ich bemerkte, wie das Mädchen sichtbar unruhig wurde, zögerte und dann mit den anderen sprach. Sie unterhielten sich leise, wobei die eine sie offensichtlich warnte, die andere sie aber ermutigte. Dann kam sie vorsichtig näher. Es war Alima, ein großes Mädchen mit langen Gliedern, gut gebaut und offensichtlich stark und lebhaft. Ihre Augen waren glänzend, weit und furchtlos, frei von Misstrauen wie die eines Kindes, das niemals zurückgestoßen worden war. Ihr Verhalten war mehr das eines entschlossenen Jungen bei einem aufregenden Spiel als das eines Mädchens, das von einem Schmuckstück angezogen wird.

Jeff und ich beugten uns ein wenig weiter vor, hielten uns aber gut fest und beobachteten das Ganze. Gegen Terrys Lächeln konnte man nichts sagen, aber der Ausdruck seiner Augen gefiel mir gar nicht, er sah aus wie ein Tier kurz vor dem Sprung. Ich sah es schon bildlich vor mir: das fallen gelassene Halsband, die plötzlich zupackende Hand und den lauten Schrei des Mädchens, wenn er sie ergreifen und zu sich ziehen würde. Aber so geschah es jedenfalls nicht. Mit der rechten Hand griff sie scheu nach dem fröhlich schaukelnden Gegenstand – er hielt ihn dann etwas näher worauf sie die Kette blitzschnell mit der Linken an sich riss und sich augenblicklich einen Ast tiefer fallen ließ.

Er packte zu, allerdings ins Leere und verlor fast das Gleichgewicht, als er in die Luft griff. Und auf einmal waren unsere drei Freundinnen mit unvorstellbarer Geschwindigkeit verschwunden. Sie hangelten sich von den Enden der dicken Äste zu den jeweils darunterliegenden und ließen sich so regelrecht hinunterfallen, wohingegen wir hinabkletterten, so schnell wir konnten. Wir hörten ihr Lachen immer leiser werden, sahen sie in der Weite des Waldes verschwinden und verfolgten sie dann sofort, aber wir hätten genauso gut wilde Antilopen jagen können. Nach einer Weile blieben wir deshalb einigermaßen atemlos stehen.

»Hat keinen Zweck«, keuchte Terry. »Sie sind damit abgehauen. Aber eines kann ich euch sagen! Die Männer hier müssen gute Läufer sein.«

»Bewohner augenscheinlich auf Bäumen lebend«, bemerkte ich wütend. »Zivilisiert, aber noch auf Bäumen lebend – seltsames Volk.«

»Du hättest das auf keinen Fall so machen dürfen«, protestierte Jeff. »Sie waren absolut freundlich, jetzt haben wir sie geängstigt.«

Aber Nörgeln hatte keinen Zweck, und Terry weigerte sich auch, irgendeinen Fehler zuzugeben. »Quatsch«, sagte er. »Das haben die doch erwartet. Frauen wollen, dass man ihnen nachläuft. Kommt schon, wir gehen zu dieser Stadt, vielleicht finden wir sie dort. Mal sehen, es war in dieser Richtung und, wenn ich mich recht erinnere, nicht weit vom Wald entfernt.«

Als wir die offene Fläche erreichten, erkundeten wir sie erst einmal mit unseren Feldstechern. Ungefähr vier

Meilen entfernt sahen wir sie, dieselbe Stadt, es sei denn, wie Jeff vorsichtig bemerkte, dass sie überall rosa Häuser hatten. Auf einem sanft abfallenden Hang waren weite grüne Felder angelegt und sorgfältig bearbeitete Gärten, dazwischen gab es hier und dort gut ausgebaute Straßen, daneben engere Pfade.

»Seht her!«, brüllte Jeff plötzlich. »Da hinten gehen sie!«

Ganz klar, da hinten, nahe der Stadt liefen drei hellfarbige Gestalten schnell über eine weite Wiese.

»Wie können die in der kurzen Zeit so weit gekommen sein? Das können nicht dieselben sein«, brachte ich hervor. Aber durch die Ferngläser konnten wir unsere drei hübschen Kletterkünstlerinnen recht genau erkennen, allein schon an ihrer Kleidung.

Wir beobachteten sie, bis sie zwischen den Häusern verschwunden waren. Dann senkte Terry sein Fernglas, drehte sich zu uns um und atmete einmal tief durch. »Ich werde wahnsinnig, Jungs, was für unheimliche Mädchen! Wie die klettern! Wie die rennen! Und haben vor nichts Angst. Ich glaube, hier gefällt es mir. Los, kommt schnell weiter.«

»Wie gewonnen, so zerronnen«, meinte ich, aber Terry fand »Wer nichts wagt, der gewinnt niemals das Herz der hübschen Damen« viel besser.

Wir gingen ziemlich schnell in das offene Land hinein. »Für den Fall, dass es doch Männer gibt, sollten wir lieber ein bisschen vorsichtig sein«, schlug ich vor, aber Jeff hatte sich schon längst in wunderschönen Träumen verloren und Terry sich in überaus praktischen Plänen.

»Was für eine makellose Straße! Ein himmlisches Land! Guckt euch doch mal die Blumen an!«

Das war Jeff, immer Enthusiast, aber hier konnten wir ihm voll zustimmen.

Die Straße war aus einem intensiv bearbeiteten Material, leicht geneigt, sodass der Regen abfließen konnte, und jede Kurve, jede Biegung und jeder Rinnstein waren so perfekt, als wäre europäische Gründlichkeit am Werk gewesen. »Ach nee, keine Männer?«, schnaubte Terry. Auf jeder Seite waren die Fußwege von einer doppelten Baumreihe gesäumt. Zwischen den Bäumen waren Büsche oder Reben, die alle Früchte trugen, ab und zu sah man Sitzgelegenheiten und kleine Springbrunnen am Straßenrand, und überall waren Blumen.

»Wir sollten am besten ein paar von den Damen importieren, damit sie aus den Vereinigten Staaten einen netten Park machen«, schlug ich vor. »Die wohnen hier doch ganz nett.« Wir machten an einem der Springbrunnen eine kurze Pause, probierten von den Früchten, die reif aussahen, gingen weiter und waren trotz unserer fröhlichen Übermütigkeit von dieser Atmosphäre unaufdringlicher Perfektion, die überall um uns herum spürbar war, recht beeindruckt.

Offensichtlich hatten wir es hier mit einem sehr geschickten und leistungsfähigen Volk zu tun, das sich um sein Land kümmerte wie ein Blumenzüchter sich um seine kostbaren Orchideen kümmert. Wir gingen völlig unbehelligt unter dem sanft leuchtenden Blau des klaren Himmels und im angenehmen Schatten dieser endlosen Baumreihen, die Stille wurde lediglich von Vögeln unterbrochen.

Plötzlich lag am Fuße eines langen Hügels die Stadt vor uns, die unser Ziel war. Wir blieben stehen und sahen sie uns genauer an.

Jeff holte tief Atem. »Ich hätte nicht gedacht, dass eine Ansammlung von ein paar Häusern so hübsch aussehen könnte«, sagte er.

»Architekten und Landschaftsgärtner haben sie genügend, so viel ist klar«, meinte auch Terry.

Ich selbst war auch erstaunt. Sehen Sie, ich komme aus Kalifornien, und es gibt kein lieblicheres Land, aber die Städte –! Ich habe zu Hause oft über dieses widerliche Durcheinander gestöhnt, das die Menschen mitten in die Natur gesetzt haben, obwohl ich noch nicht mal so Ästhet bin wie Jeff. Aber dieser Ort hier! Er war hauptsächlich aus einem altrosafarbenen Stein gebaut, aber vereinzelt leuchteten weiße Häuser hervor. Er lag weit ausgebreitet zwischen grünen Wäldchen und Gärten wie ein gerissener Rosenkranz aus rosa Korallen.

»Die großen, weißen Häuser sind ja wohl eindeutig öffentliche Gebäude«, stellte Terry fest. »Das ist alles andere als ein wildes Land, liebe Freunde. Aber keine Männer? Jungs, wir werden gut daran tun, uns fürderhin äußerst freundlich zu benehmen.«

Der seltsame Ort wurde immer eindrucksvoller, je näher wir kamen. »Wie eine Ausstellung.« – »Viel zu schön, um wahr zu sein.« – »Eine Menge Paläste, aber wo sind die Häuser?« – »Ach, da sind schon einige recht kleine, aber …« Auf jeden Fall sah sie anders aus als alle Städte, die wir zuvor gesehen hatten.

»Es gibt überhaupt keinen Schmutz«, sagte Jeff plötzlich. Und nach einer Weile meinte er dann: »Es gibt auch gar keinen Rauch.«

»Und keinerlei Lärm«, fügte ich noch hinzu, doch Terry bemerkte ziemlich scharf: »Die halten sich wegen uns zurück, wir sollten uns überlegen, wie wir am vorsichtigsten da rein kommen.«

Jedenfalls konnte ihn nichts davon abhalten, in die Stadt hineinzugehen, und so setzten wir unseren Marsch fort.

Alles war schön, ordentlich und absolut sauber, und über allem lag eine höchst angenehme Atmosphäre von heimatlicher Geborgenheit. Als wir uns der Stadtmitte näherten, standen die Häuser dichter, gingen ineinander über und wurden zu verschlungenen Palästen, die zwischen Parks und offenen Plätzen angeordnet waren und an Collegegebäude erinnerten, wie sie so inmitten von ruhigen Grünflächen standen.

Als wir um eine Ecke bogen, stießen wir auf einen weitläufigen, gepflasterten Platz und sahen vor uns eine Gruppe von Frauen, die in gleichmäßigen Reihen dicht nebeneinander standen und ganz offensichtlich auf uns warteten.

Wir blieben einen Moment stehen und sahen uns um. Hinter uns war die Straße durch eine andere Gruppe abgeriegelt, die gleichmäßig Schulter an Schulter näher kam. Wir gingen weiter geradeaus – sonst schien es keinen anderen Weg zu geben – und waren bald von dieser dicht gedrängten Menge umgeben. Alles Frauen, aber –

Sie waren weder jung noch alt. Sie waren auch nicht schön, jedenfalls nicht mädchenhaft schön. Sie waren nicht im Geringsten aggressiv. Und doch hatte ich, als ich von einem Gesicht zum anderen blickte, die alle ruhig, ernst, weise und völlig furchtlos aussahen, ganz sicher und entschlossen, ein komisches Gefühl – ein Gefühl aus meiner Jugendzeit – ein Gefühl, das ich in meiner Erinnerung immer weiter zurückverfolgte, bis ich es zum Schluss wiedererkannte. Es war jenes Gefühl, hoffnungslos in der Klemme zu sein, das ich in meiner frühen Jugend so oft erfahren hatte, wenn meine kurzen Beine trotz größter Anstrengung nichts dagegen auszurichten vermochten, dass ich zu spät zur Schule kommen würde.

Jeff empfand dasselbe, das sah ich. Wir kamen uns vor wie kleine Jungen, sehr kleine Jungen, die dabei ertappt wurden, wie sie im Haus einer wohlmeinenden Dame irgendein Unheil anrichteten. Aber Terry zeigte nichts dergleichen. Ich sah seine Augen schnell hin und her wandern, die Anzahl der Personen abschätzen, Entfernungen ausmessen und Fluchtchancen erwägen. Er betrachtete die dichten Reihen um uns herum und flüsterte mir zu: »So wahr, wie ich nicht der liebe Gott bin, jede von denen ist über vierzig.«

Und trotzdem wirkten sie nicht alt. Jede von ihnen war in der vollen Blüte ihrer Gesundheit, aufrecht, gelassen, und stand sicher und leichtfüßig wie ein Boxer. Im Gegensatz zu uns waren sie unbewaffnet, aber wir hatten wenig Lust zu schießen.

»Da könnte ich genauso gut versuchen, meine Tanten umzubringen«, murmelte Terry. »Aber was haben die mit uns vor? Es scheint ihnen verdammt ernst zu sein.« Doch trotz des Ernstes der Situation entschloss er sich, seine übliche Taktik anzuwenden. Terry war eben mit einer festen Theorie hier angekommen.

Mit einschmeichelndem Lächeln auf dem Gesicht ging er ein paar Schritte vorwärts und machte eine tiefe Verbeugung vor den Frauen, die vor ihm standen. Dann zog er ein anderes Mitbringsel hervor, einen breiten, weichen Schal aus zartem Gewebe, sehr dekorativ in Farbe und Muster, selbst für meinen Geschmack ein sehr schönes Stück und reichte ihn mit einer tiefen Verbeugung der großen, unbewegt dreinschauenden Frau, die anscheinend die Anführerin der vor ihm stehenden Frauenreihen war. Sie nahm ihn mit einem wohlwollenden Nicken entgegen und gab ihn weiter an die Frauen, die hinter ihr standen.

Er machte den nächsten Versuch, diesmal mit einem Stirnreif aus Rheinkiesel, einer glitzernden Krone, die jeder Frau auf der Welt gefallen hätte. Er hielt eine kurze Ansprache, stellvertretend auch für Jeff und mich als seine Partner bei dieser Unternehmung, und reichte ihnen mit einer weiteren Verbeugung das Schmuckstück. Wieder wurde sein Geschenk angenommen, und wieder verschwand es beim Weiterreichen.

»Wenn sie doch nur ein bisschen jünger wären«, murmelte er zwischen den Zähnen. »Was um alles in der Welt soll eine junge Schönheit wie ich solch einem Regiment alter Offiziere nur sagen?«

Bei all unseren Gesprächen und Spekulationen hatten wir immer unbewusst vorausgesetzt, dass die Frauen, wie immer sie sonst auch aussähen, jung seien. Ich glaube, die meisten Männer denken wohl so.

»Die Frau«, als Abstraktum gesehen, ist immer jung und reizvoll. Wenn die Frauen älter werden, verlieren sie irgendwie diesen Status, verlassen sozusagen die Bühne und gehen über in Privatbesitz oder aber machen ganz etwas anderes. Aber diese guten Frauen hier standen noch voll auf der Bühne, obwohl jede von ihnen hätte Großmutter sein können.

Wir suchten nach Zeichen von Nervosität: Wir fanden keine.

Nach Zeichen von Angst: nichts da.

Wir suchten nach Beunruhigung, Neugier oder Aufregung, doch was wir sahen, ähnelte einem Notstandskomitee weiblicher Ärzte. Sie waren kühl wie die Fische und forderten offensichtlich Erklärungen für unsere Gegenwart.

Sechs von ihnen traten jetzt hervor, jeweils eine stellte sich rechts und links neben jeden von uns, und sie machten uns klar, dass wir mit ihnen zu gehen hätten. Vorerst hielten wir es für das Beste, nachzugeben, und gingen los, eine von ihnen an jeder Seite, die anderen in eng gedrängten Massen vor, hinter und neben uns.

Das Portal zu einem großen Gebäude öffnete sich vor uns, einem massiven, eindrucksvollen Bau mit dicken Mauern. Er wirkte riesig und ziemlich alt und war, im Gegensatz zur restlichen Stadt, aus grauem Stein gebaut.

»So geht das nicht weiter!«, sagte Terry schnell zu uns. »Wir müssen verhindern, dass die uns da hineinbringen. Alle zusammen, Jetzt –!«

Wir blieben abrupt stehen. Wir begannen zu erklären, Zeichen hin zum Wald zu machen, weil wir andeuten wollten, dass wir sofort dorthin zurückgehen würden.

Mit dem Wissen, das ich heute habe, kann ich nur über uns drei lachen, drei dumme, unverschämte Jungen, die ganz alleine und ohne Schutz und Verteidigungsmöglichkeiten in ein unbekanntes Land eindringen. Wir schienen nur gedacht zu haben, dass wir etwa vorhandene Männer ja bekämpfen könnten, und wenn es nur Frauen gäbe, nun ja, dass dann überhaupt keine Probleme auftauchen würden.

Jeff mit seinen sanften, romantischen, altmodischen Vorstellungen von Frauen als zarten Lilien. Terry mit seinen klar entschiedenen und so praktischen Theorien, dass es nur zwei Arten von Frauen gäbe, nämlich diejenigen, die er wollte, und diejenigen, die er nicht wollte – er unterschied lediglich zwischen Begehrenswerten und nicht Begehrenswerten. Die Letztere war die umfangreichere Kategorie, aber die konnte man ohnehin vergessen, über sie hatte er noch niemals nachgedacht.

Und nun standen genau diese Frauen in Scharen vor ihm, und es war ihnen offensichtlich völlig egal, was er über sie dachte. Genauso offensichtlich hatten sie konkrete Vorstellungen darüber, was mit ihm zu geschehen habe, und augenscheinlich waren sie auch sehr wohl in der Lage, diese Vorstellungen in die Tat umzusetzen.

Wir alle dachten in diesen Augenblicken ziemlich scharf nach. Es wäre sehr unklug gewesen, nicht mit ihnen zu gehen, selbst wenn wir uns hätten widersetzen können. Unsere einzige Chance war ein freundliches Verhalten, ein gesittetes Benehmen auf beiden Seiten.

Aber wenn wir erst einmal in diesem Gebäude waren, konnten wir nicht wissen, was diese entschlossenen Frauen alles mit uns machen würden. Auch ein friedlicher Arrest war nicht nach unserem Sinn, und wenn wir es Gefangenschaft nannten, sah die Sache noch schlimmer aus.

Also blieben wir stehen und versuchten, ihnen begreiflich zu machen, dass wir das offene Land bei Weitem vorzogen. Eine von ihnen kam mit einer Skizze unseres Flugzeuges zu uns und fragte durch Zeichen, ob wir die Leute aus der Luft seien, die sie gesehen hatten.

Das bestätigten wir.

Sie zeigte noch einmal darauf und dann in alle Richtungen des umliegenden Landes, doch wir taten so, als ob wir nicht wussten, wo das Flugzeug war, aber wir waren auch wirklich nicht mehr sicher und fuchtelten ziemlich wild umher.

Wieder bedeuteten sie uns, dass wir vorwärts gehen sollten und standen dabei so dicht gedrängt um die Tür, dass nur dieser einzige gerade Weg offen blieb. Sie hatten sich hinter uns und um uns herum dermaßen eng zusammengestellt, dass wir nur noch vorwärts gehen oder aber kämpfen konnten.

Wir berieten uns.

»Ich habe noch nie in meinem Leben mit Frauen gekämpft«, sagte Terry ziemlich aufgeregt. »Aber da gehe ich nicht rein. Ich lasse mich doch nicht einpferchen – als ob wir im Viehstall wären.«

»Natürlich können wir nicht mit ihnen kämpfen«, drängte Jeff. »Es sind doch alles Frauen, auch wenn sie etwas schwer einzuordnende Kleidung tragen, wirklich gutmütige Frauen mit starken, klugen Gesichtern. Ich schätze, wir müssen da hineingehen.«

»Vielleicht kommen wir dann nie mehr raus«, sagte ich. »Stark und klug, das sind sie wohl, aber ob sie auch gutmütig sind, das möchte ich noch bezweifeln. Guckt euch doch die Gesichter an!«

Während wir uns besprachen, standen sie zwar ruhig zusammen, aber ihre Wachsamkeit ließ niemals nach.

Ihre Haltung entsprach keineswegs der strengen Disziplin von Soldaten, Zwang in irgendeiner Hinsicht schien es nicht zu geben. Terrys Ausdruck »Notstandskomitee« war wirklich sehr treffend. Sie hatten genau das Aussehen entschlossener Bürger, die sich eilig zusammengefunden haben, um über ein gemeinsames Problem oder eine akute Gefahr zu beraten, und alle haben dieselben Gefühle und Ziele.

Niemals zuvor hatte ich solche Frauen gesehen. Bei Fischfrauen und Marktfrauen kann man ähnliche Stärke beobachten, aber sie wirkt eher grob und schwerfällig. Diese Frauen machten einen sehr sportlichen Eindruck, beweglich und kraftvoll. Viele Frauen, die als Universitätsprofessorinnen, Lehrerinnen oder Schriftstellerinnen tätig sind, zeigen die gleiche Intelligenz, haben aber oft einen angespannten, nervösen Gesichtsausdruck, wohingegen die Frauen hier trotz ihrer offensichtlichen intellektuellen Fähigkeiten so ruhig waren wie Tiere auf der Weide.

Gerade zu diesem Zeitpunkt beobachteten wir sie sehr genau, denn wir fühlten alle, dass es ein entscheidender Augenblick war.

Die Führerin gab ein Kommando und winkte uns zu, dass wir weitergehen sollten, woraufhin die Menschenmenge, die uns umgab, einen Schritt näher rückte.

»Jetzt müssen wir uns schnell entscheiden«, sagte Terry.

»Ich bin dafür, dass wir hineingehen«, drängte Jeff. Aber wir waren zwei zu eins gegen ihn, und er verhielt sich loyal zu uns. Wir baten sie noch einmal dringend, aber nicht flehentlich, uns gehen zu lassen. Vergeblich.

»Jetzt hauen wir ab, Jungs!«, sagte Terry. »Wenn wir nicht hindurchstürmen können, schieße ich in die Luft.«

Dann fühlten wir uns ungefähr so wie die Suffragetten, als sie durch ein dreifaches Polizeikordon hindurch das Londoner Parlamentsgebäude erreichen wollten.

Die Standhaftigkeit dieser Frauen war schon erstaunlich. Als Terry merkte, dass er nicht durchkam, riss er sich für einen Augenblick los, zog seinen Revolver und feuerte in die Luft. Als sie danach griffen, feuerte er noch einmal, und dann hörten wir einen Schrei …

Augenblicklich wurde jeder von uns durch fünf Frauen ergriffen, jede hielt einen Arm, ein Bein oder den Kopf. Wie Kinder hoben sie uns hoch, hilflos strampelnde Kinder, und trugen uns fort. Natürlich wehrten wir uns, aber das nützte uns überhaupt nichts.

Sie trugen uns hinein, obwohl wir uns mannhaft widersetzten, aber alle unsere Mühen waren vergeblich, denn wir wurden höchst frauenhaft festgehalten.

Auf diese Art und Weise kamen wir in eine hohe, leere, graue Innenhalle und wurden vor eine majestätische, grauhaarige Frau geführt, die eine richterliche Funktion innezuhaben schien.

Sie sprachen miteinander, allerdings nicht sehr lange, und dann spürte plötzlich jeder von uns eine starke Hand, die uns ein nasses Stück Stoff vor Mund und Nase hielt – ein verschwimmend süßer Geruch – Bewusstlosigkeit.

3

Eine eigenartige Gefangenschaft

Langsam erwachte ich aus einem Schlaf, so tief wie der Tod und so erfrischend, wie der Schlummer eines gesunden Kindes war.

Es war, als ob man durch einen tiefen, warmen Ozean immer weiter hinaufsteigt, näher und näher zu Tageslicht und Wind. Oder wie die Rückkehr des Bewusstseins nach einer Gehirnerschütterung. Während des Aufenthalts in einem wilden, gebirgigen Landstrich, den ich kaum kannte, wurde ich einmal von einem Pferd abgeworfen, und ich kann mich sehr gut an meine Empfindung erinnern, als ich wie durch langsam dünner werdende Schleier wieder zu mir kam. Als ich zuerst die Stimmen der Leute hörte, die um mich herum standen, und die sonnenbeleuchteten, schneebedeckten Gipfel der Bergkette sah, da dachte ich, diese Eindrücke würden sich schnell verflüchtigen und ich würde mich augenblicklich in meinem eigenen Haus wiederfinden.

Bei diesem Erwachen hatte ich genau dieselben Gefühle: zurückweichende Wellen nur halb wahrgenommener, sich drehender Bilder, Erinnerungen an zu Hause, das Dampfschiff, das Boot, das Flugzeug, den Wald – zum Schluss verschwand eins nach dem anderen, bis meine Augen weit offen waren, mein Gehirn klar und ich mir bewusst wurde, was geschehen war.

Das stärkste Gefühl war absolutes körperliches Wohlbehagen. Ich lag in einem vollendet hergerichteten Bett: lang, breit und weich, weder zu hart noch zu nachgiebig, mit Bettzeug aus feinstem Leinen, die untere Decke warm und leicht, die obere Decke ein Genuss für die Augen. Sie hingen am Fußende ein gutes Stück runter, sodass ich mich bequem ausstrecken konnte, ohne kalte Füße zu bekommen.

Ich fühle mich so leicht und sauber wie eine weiße Feder. Ich brauchte einige Zeit, um meine Arme und Beine bewusst fühlen zu können, um zu spüren, wie Lebenskraft von der Mitte des Körpers in die Glieder ausstrahlte.

Ein großer Raum, hoch, weitläufig und mit vielen luftigen Fenstern, deren geschlossene Blenden ein sanftes, grünes Licht hindurchließen. Der Raum war wirklich schön, in den Proportionen, in der Farbe und in der wirkungsvollen Schlichtheit. Von draußen kam der Duft blühender Gärten.

Ich lag ganz still, war recht glücklich, nahm alles um mich herum bewusst wahr, und doch machte ich mir noch nicht völlig klar, was eigentlich passiert war, bis ich Terry hörte.

»Verdammt!«, sagte er.

Ich drehte mich um. In dem Zimmer standen drei Betten, und dafür war auch genügend Platz.

Terry saß aufrecht und schaute sich um, wachsam wie immer. Mit seiner Bemerkung, obwohl sie nicht laut gewesen war, hatte er Jeff ebenfalls geweckt. Wir alle saßen jetzt aufrecht.

Terry schwang die Füße aus dem Bett, stand auf und reckte sich ausgiebig. Er hatte ein langes Nachtgewand an, eine Art nahtloses Hemd, das zweifelsohne sehr bequem war. Jeff und ich trugen das gleiche. Neben dem Bett standen Schuhe, die ebenfalls sehr angenehm waren und gut aussahen, obwohl sie unseren eigenen nicht sehr ähnelten.

Wir suchten unsere Kleidung, aber sie war genauso wenig zu finden wie der vielfältige Inhalt unserer Taschen.

Eine Tür war angelehnt. Sie führte in ein sehr komfortables Badezimmer, das reichlich mit Handtüchern, Seife, Spiegeln und sonstigen angenehmen Dingen ausgestattet war. Wir fanden tatsächlich unsere Zahnbürsten und Kämme, unsere Notizbücher und zum Glück auch unsere Uhren, unsere Kleider allerdings nicht.

Dann untersuchten wir noch einmal den großen Raum und fanden einen großen, gut gelüfteten Wandschrank, in dem vielerlei Kleidung hing, allerdings auch nicht unsere.

»Jetzt wird Kriegsrat gehalten!«, forderte Terry. »Wir gehen zurück ins Bett, das ist im Moment sowieso das Beste. Also, mein guter Wissenschaftler, lass uns diesen Fall einmal ganz leidenschaftslos überdenken.«

Er meinte mich, aber Jeff wurde auf einmal sehr lebhaft.

»Sie haben uns überhaupt nichts angetan!«, sagte er. »Sie hätten uns töten können – oder – oder so was Ähnliches – und jetzt fühle ich mich so gut wie selten in meinem Leben.«

»Das spricht dafür, dass sie nur Frauen sind«, sagte ich, »und hoch zivilisierte. Bei unserem letzten Zusammenstoß mit ihnen hast du ja eine getroffen, ich habe sie aufschreien hören, und wir haben ganz schön um uns geschlagen.«

Terry grinste uns an. »Dann habt ihr also endlich kapiert, was diese Damen mit uns gemacht haben?«, fragte er genüsslich. »Sie haben uns alle unsere Habseligkeiten weggenommen und unsere Kleidung – jeden Fetzen. Wir sind ausgezogen und gewaschen und ins Bett gelegt worden wie süße, kleine Babys – von diesen hoch zivilisierten Frauen.«

Jeff wurde tatsächlich rot. Er hatte nun mal die Fantasie eines Poeten. Auch Terry hatte ausreichend Fantasie, allerdings von einer etwas anderen Sorte. Ich natürlich auch, wieder anderer Art.

Ich schmeichelte mir immer, dass ich die wissenschaftliche Vorstellungsgabe hätte, die ich übrigens für die wertvollste Variante hielt. Ich denke doch, dass man das Recht auf ein gewisses Maß an Selbstbewusstsein hat, wenn es auf Tatsachen beruht – und wenn man es für sich behält.

»Hat keinen Zweck mehr, um sich zu schlagen«, sagte ich. »Sie haben uns, und scheinbar sind sie völlig harmlos. Uns bleibt nichts anderes übrig, als einen Fluchtplan auszubrüten, wie das alle Helden vor uns auch getan haben, wenn sie kurzfristig außer Gefecht gesetzt waren. In der Zwischenzeit müssen wir wohl erst einmal diese Kleider anziehen, was anderes sehe ich nämlich nicht.«

Die Kleider waren extrem schlicht und sehr bequem zu tragen, obwohl wir uns natürlich wie Statisten im Theater vorkamen. Da war zunächst ein einteiliges Untergewand, eine Hemdhose aus Baumwolle, sehr dünn und weich, das kleine Ärmel hatte und bis über die Knie reichte. Dann halblange Strümpfe, die bis unter die Knie reichten. Durch elastische Bänder behielten sie ihren Sitz und verdeckten die Säume des Untergewands.

Weiterhin fanden wir in größerer Zahl Hemdhosen von unterschiedlichem Gewicht und aus etwas festerem Material – es schien, als ob sie im Notfall mit dieser Bekleidung auskommen würden. Aber es gab noch knielange Tuniken und ein paar lange Gewänder. Unnötig zu erwähnen, dass wir die Tuniken nahmen.

Wir badeten und zogen uns in recht guter Stimmung an.

»Gar nicht mal so übel«, sagte Terry, als er sich in einem langen Spiegel betrachtete. Seine Haare waren etwas länger geworden, denn unser letzter Friseurbesuch lag nun schon ein wenig zurück, und die Hüte, die wir vorfanden, ähnelten stark denen der Prinzen in den Märchen, nur die wehenden Federn fehlten.

Unsere Kleidung war jetzt die gleiche wie die der Frauen, ausgenommen derjenigen, die auf den Feldern arbeiteten, denn die trugen nur die ersten zwei Lagen, wie wir bei unserem ersten Flug durch die Ferngläser hatten beobachten können.

Ich strich über die Schultern, streckte die Arme und stellte dann fest: »Die haben sich da aber eine ganz vernünftige Kleidung einfallen lassen, muss man schon sagen.« Da waren wir einer Meinung.

»Nun denn«, bemerkte Terry, »wir haben uns nett ausgeschlafen, haben gut gebadet, sind angezogen und nicht in schlechtester Stimmung, obwohl man sich ja etwas wie ein Neutrum vorkommt. Glaubt ihr, dass uns diese hochzivilisierten Damen ein Frühstück zukommen lassen?«

»Natürlich tun sie das«, sagte Jeff zuversichtlich. »Wenn sie uns wirklich töten wollten, dann hätten sie das schon früher getan. Ich glaube, sie werden uns wie Gäste behandeln.«

»Wir werden wohl eher als die Befreier umjubelt werden«, meinte Terry.

»Als Raritäten bestaunt«, erwiderte ich. »Aber egal, jetzt haben wir erst einmal Hunger und müssen einen Ausgang finden.«

Das mit dem Ausgang war gar nicht mal so einfach.

Vom Badezimmer führte nur eine Tür in unser Zimmer, und das hatte auch nur einen Ausgang, nämlich eine große, schwere Tür, die fest verriegelt war.

Wir horchten.

»Da draußen steht jemand«, meinte Jeff. »Lasst uns mal klopfen.«

Wir klopften, und tatsächlich öffnete sich die Tür.

Dahinter war ein weiterer großer Raum, an dessen einem Ende ein breiter Tisch stand, an den Wänden waren lange Bänke oder Sofas, ansonsten einige kleinere Tische und Stühle. Die Möbel waren gut verarbeitet, haltbar, einfach in der Form, sehr bequem und nebenbei auch noch schön.

In diesem Raum befanden sich einige Frauen, achtzehn, um genau zu sein, und an einige von ihnen erinnerten wir uns deutlich.

Terry seufzte enttäuscht auf. »Die Offiziere!«, hörte ich ihn Jeff zuflüstern.

Jeff ging jedenfalls ein paar Schritte vor und machte eine seiner schönsten Verbeugungen, worauf Terry und ich seinem Beispiel folgten, und die Frauen grüßten höflich zurück.

Wir brauchten keine pathetischen Hungerpantomimen aufzuführen, denn die kleineren Tische waren schon gedeckt, und wir wurden feierlich aufgefordert, uns zu setzen. Jeder Tisch war für zwei Personen gerichtet, und jeder von uns sah sich einer unserer Gastgeberinnen gegenüber, und in der Nähe jedes Tisches standen fünf kräftige Frauen, die alles unaufdringlich beobachteten. Wir hatten genügend Zeit, um diese Frauen leid zu werden!

Das Frühstück war von der Menge her nicht übermäßig, aber völlig ausreichend und von hervorragender Qualität. Als Reisende und Abenteurer hatten wir natürlich nichts dagegen, fremdartige Dinge auszuprobieren, und diese Mahlzeit mit ihren für uns neuen, aber köstlichen Früchten, ihren Gerichten aus wohlschmeckenden Nüssen und den leckeren kleinen Kuchen war mehr als angenehm. Zu trinken gab es Wasser und etwas Heißes, das an Kakao erinnerte.

Und dann begann auch schon an Ort und Stelle, obwohl wir noch nicht einmal zu Ende gegessen hatten, unsere Erziehung.

Neben jedem unserer Teller lag ein kleines Buch, richtig gedruckt, das sich aber von unseren in Papier, Einband und Schriftsatz unterschied. Wir untersuchten sie neugierig.

»Ich werd nicht mehr«, murmelte Terry. »Wir sollen deren Sprache lernen!«

Das sollten wir in der Tat, und nicht nur das, sondern ihnen auch unsere eigene beibringen. Es gab leere Bücher, deren Seiten senkrecht unterteilt waren, sehr sauber gemacht und offensichtlich für diese Gelegenheit vorbereitet. Sobald wir einen Begriff gelernt hatten, schrieben wir ihn auf die eine Seite, und dann drängten sie uns, dasselbe in unserer Sprache auf die andere Seite zu schreiben.

Das Buch, aus dem wir lernen sollten, war wohl ein Schulbuch, aus dem die Kinder hier lesen lernten. Daraus und aus den häufigen Fragen der Frauen im Hinblick auf Lehrmethoden schlossen wir, dass sie keine Erfahrung darin hatten, Fremden ihre Sprache beizubringen oder selbst eine fremde Sprache zu lernen.

Doch was ihnen an Erfahrung fehlte, das machten sie durch Begabung wieder wett. Ihre Einfühlungsgabe, das blitzschnelle Erkennen unserer Schwierigkeiten und das Bemühen, uns zu helfen, waren für uns immer wieder eine große Überraschung.

Natürlich waren wir gewillt, ihnen auf halbem Wege entgegenzukommen. Es war nur zu unserem eigenen Vorteil, sie verstehen und mit ihnen sprechen zu können, und warum sollten wir uns dann weigern, sie auch zu unterrichten? Später probierten wir mal die offene Rebellion, allerdings nur einmal.

Diese erste Mahlzeit war schon recht angenehm. Jeder von uns beobachtete ruhig sein Gegenüber, Jeff mit aufrichtiger Bewunderung, Terry mit seinem hochtechnischen Blick eines alten Löwenbändigers, Schlangenbeschwörers oder eines vergleichbaren Spezialisten. Ich selbst war an allem sehr interessiert.

Es war klar, dass die Fünferriege jeden Ausbruchsversuch unsererseits verhindern sollte. Wir hatten keine Waffen, und wenn wir versuchen sollten, mit einem Stuhl oder ähnlichem zu randalieren, dann waren fünf gegen einen doch zu viel für uns, auch wenn es nur Frauen waren, das hatten wir ja nun zu unserem Leidwesen herausgefunden. Es war nicht schön, sie dauernd um uns herum zu haben, aber wir gewöhnten uns daran.

»Es ist wirklich besser, wenn wir mit unseren Körperkräften ein wenig zurückhaltend sind«, meinte Jeff, als wir wieder alleine waren. »Sie haben uns ein Zimmer gegeben – wenn auch ohne große Fluchtmöglichkeit – und persönliche Freiheit – wenn auch von ein paar Anstandsdamen überwacht. Es geht uns hier besser, als es uns in jedem Männerland ergangen wäre.«

»Männerland! Glaubst du Unschuldsengel eigentlich wirklich, dass es hier keine Männer gibt? Merkst du denn nicht, dass es welche geben muss?«, fragte Terry aufgebracht.

»Jaaaa, äh, natürlich«, antwortete er, »... und doch ...«

»Was, und doch? Komm schon, du unverbesserlicher Gefühlsmensch, wie denkst du es dir denn?«

»Vielleicht haben sie eine Form von Arbeitsabteilung, von der wir noch nie gehört haben«, spekulierte ich. »Die Männer könnten in gesonderten Städten leben, oder vielleicht haben die Frauen sie auch irgendwie unterworfen und halten sie jetzt irgendwo gefangen. Aber es muss Männer geben.«

»Da stellst du uns ja was Schönes in Aussicht, Van«, warf Terry ein. »Genauso, wie sie uns unterworfen und eingesperrt haben! Ich könnte ja fast verrückt werden vor Angst.«

»Schon gut, dann mach dir eben deine eigenen Gedanken. Jedenfalls haben wir viele Kinder gesehen, und wir haben diese Mädchen gesehen ...«

»Richtige Mädchen!«, stimmte Terry ein, sehr erleichtert. »Bin ich froh, dass du die erwähnt hast. Also, wenn ich annehmen müsste, dass es in diesem Land nur die Feldwebel da draußen gäbe, würde ich aus dem Fenster springen.«

»Wo wir gerade von Fenstern sprechen, wollen wir unsere doch mal untersuchen«, schlug ich vor.

Wir schauten aus allen Fenstern hinaus. Die Blenden ließen sich leicht öffnen und es gab auch keine Gitterstäbe, aber die Aussicht war nicht gerade ermutigend.

Das war nicht die Stadt mit den rosa Wänden, die wir am Vortag so eilig betreten hatten. Unser Zimmer lag hoch oben in einem vorspringenden Flügel einer Burg, die auf einem steilen Felsvorsprung errichtet war. Direkt unter uns lagen duftende Gärten voller Früchte, aber ihre hohen Mauern folgten der Kante des Kliffs, das steil abfiel, wie tief, konnten wir nicht sehen. Das entfernte Geräusch von Wasser ließ auf einen Fluss am Fuß des Felsens schließen.

Wir konnten nach Osten, Westen und Süden gucken. Südostwärts erstreckte sich das offene Land, das hell und freundlich im Morgenlicht lag, aber auf beiden Seiten, und wahrscheinlich auch hinter uns, erhoben sich hohe Berge.

»Das Ding hier ist nichts anderes als eine Festung, und nicht von Frauen gebaut, das kann ich euch sagen«, meinte Terry. Wir nickten zustimmend. »Es liegt ziemlich weit oben zwischen den Bergen, sie müssen uns weit weggebracht haben.«

»Am ersten Tag haben wir schnellfahrende Fahrzeuge gesehen«, erinnerte sich Jeff. »Wenn sie Motoren haben, dann *sind* sie zivilisiert.«

»Zivilisiert oder nicht, wir wissen jetzt, wie es mit unserem Fluchtvorhaben aussieht. Ich schlage auch gar nicht vor, ein Seil aus Bettlaken zu machen und damit an der Wand hinunterzuklettern, bis ich sicher bin, dass es keine bessere Möglichkeit gibt.«

Da stimmten wir ihm zu und nahmen unsere Diskussion über die Frauen wieder auf.

Jeff redete gedankenvoll weiter. »Trotzdem, es ist alles ein bisschen komisch«, sagte er. »Nicht nur sahen wir gar keine Männer, es gibt auch keinerlei Anzeichen dafür, dass es welche gibt. Die – die – Reaktion der Frauen hier ist so verschieden von allem, was ich bisher erlebt habe.«

»Da ist was dran, Jeff«, stimmte ich ihm zu. »Es herrscht ein anderes Klima.«

»Dass wir Männer sind, scheinen sie nicht zu bemerken«, fuhr er fort. »Sie behandeln uns, nun, wie sie sich gegenseitig behandeln. Es ist, als ob die Tatsache, dass wir Männer sind, nur eine Nebensächlichkeit darstellt.«

Ich nickte. Das war mir auch aufgefallen. Aber Terry fuhr heftig dazwischen.

»Quatsch!«, brüllte er. »Das liegt nur an ihrem fortgeschrittenen Alter. Das sind doch alles Omas, sag ich euch – oder sollten es zumindest sein. Großtanten auf jeden Fall. Die Mädchen waren doch in Ordnung, oder nicht?«

»Ja –«, sagte Jeff zögernd. »Aber sie hatten keine Angst – sie sind den Baum hinaufgeflohen und haben sich versteckt wie ertappte Schuljungen, aber nicht wie schüchterne Mädchen. Und sie sind gerannt wie Marathonläufer, das musst du zugeben, Terry«, fügte er noch hinzu.

Den Rest des Tages über war Terry ziemlich mürrisch. Er schien sich aus unserem Eingesperrtsein mehr zu machen als Jeff und ich. Dauernd redete er von Alima, dass er sie doch bald gehabt hätte. »Wenn es doch nur geklappt hätte –«, sagte er dann wütend, »dann hätten wir jetzt eine Geisel und könnten Bedingungen stellen.«

Aber Jeff verstand sich mit seiner Lehrerin bald ausgezeichnet, sogar mit seinen Wächterinnen, und bei mir war es genauso. Es interessierte mich außerordentlich, die feinen Unterschiede zwischen diesen und den anderen Frauen herauszufinden, sie zu definieren und nach Gründen dafür zu fragen. Ein Unterschied bestand im Äußeren. Sie alle trugen ihr Haar kurz, höchstens ein paar Inches lang, manche gelockt, doch immer war es glänzend, sauber und frisch aussehend.

»Wenn sie doch nur lange Haare hätten«, beklagte sich Jeff, »dann würden sie schon so viel weiblicher aussehen.«

Ich selbst fand ihre Haare hübsch, nachdem ich mich daran gewöhnt hatte. Warum wir den »wundervollen Haarschmuck einer Frau« so bewundern, nicht aber den Zopf eines Chinesen, ist schwer zu erklären. Wir sind so überzeugt davon, dass langes Haar zu einer Frau »gehört«. Wohingegen sowohl weibliche als auch männliche Pferde eine Mähne haben, und bei den Löwen, Büffeln und anderen Tieren nur die männlichen. Trotzdem vermisste ich die langen Haare auch – jedenfalls zu Anfang.

Unsere Zeit war sehr angenehm ausgefüllt. In dem Garten, der sich unter unseren Fenstern befand, konnten wir uns frei bewegen, und er war ziemlich lang, da er sich in unregelmäßiger Form am Rand des Kliffs entlangzog. Die Mauern waren hoch, völlig glatt und endeten im Mauerwerk der Burg. Als ich die großen Steine untersuchte, war ich überzeugt, dass der ganze Bau sehr alt sein musste. Es war dieselbe Bauweise wie die der peruanischen Architektur der Vorinkazeit, riesige Monolithen, so eng aneinandergesetzt wie Mosaiksteine.

»Dieses Volk hat eine Geschichte, so viel ist klar«, berichtete ich den anderen. »Und irgendwann einmal sind sie Krieger gewesen, warum sonst eine Festung?«

Ich sagte, dass wir uns frei im Garten bewegen konnten, aber nicht ganz allein. Immer saß eine Gruppe dieser unangenehm starken Frauen herum, und immer beobachtete uns wenigstens eine von ihnen, auch wenn die anderen lasen, spielten oder mit einer Handarbeit beschäftigt waren.

»Wenn ich sie stricken sehe«, sagte Terry, »kommen sie mir schon fast weiblich vor.«

»Das beweist überhaupt nichts«, sagte Jeff prompt. »Schottische Schafhirten stricken auch - stricken praktisch immer.«

»Wenn wir hier rauskommen –« Terry streckte sich und sah auf die weit entfernten Berggipfel, »wenn wir hier raus sind und dorthin kommen, wo die richtigen Frauen sind, die Mütter und die Mädchen –«

»Ja, was tun wir dann eigentlich?«, fragte ich ziemlich mürrisch. »Woher weißt du, dass wir jemals hier rauskommen?«

Das war eine unangenehme Vorstellung, da waren wir uns völlig einig, die wir uns nicht weiter ausmalen wollten.

»Wenn wir brave Jungen sind und ordentlich weiter lernen«, schlug ich vor. »Wenn wir ruhig, respektvoll und höflich sind und sie keine Angst vor uns haben, dann lassen sie uns vielleicht gehen. Und überhaupt - falls wir wirklich fliehen wollen, ist es von größter Richtigkeit, dass wir ihre Sprache beherrschen.«

Ich persönlich war an ihrer Sprache sehr interessiert, und als ich sah, dass sie Bücher besaßen, wollte ich sie unbedingt haben, um etwas von ihrer Geschichte zu erfahren, wenn sie denn eine hatten.

Ihre Sprache war nicht schwer auszusprechen, weich und angenehm zu hören und so leicht zu lesen und zu schreiben, dass ich darüber staunte. Sie hatten ein absolut phonetisches System, und das Ganze war so wissenschaftlich wie Esperanto, trug aber doch alle Merkmale einer alten, reichen Zivilisation.

Wir konnten so viel lernen, wie wir wollten, doch ließen sie uns nicht nur zur Erholung im Garten herumspazieren, sondern zeigten uns eine große Sporthalle, die teilweise auf dem Dach und teilweise im darunterliegenden Stockwerk lag. Hier bekamen wir einigen Respekt für unsere großen Wächterinnen. Sie brauchten sich nicht umzuziehen, sondern legten lediglich die äußeren Gewänder ab. Das unterste Kleid war eine ideale Sportbekleidung, man konnte sich frei darin bewegen und sah, das musste ich allerdings zugeben, weit besser aus als die bei uns gebräuchlichen Turnsachen.

»Vierzig – über vierzig – manche sind fünfzig, möchte ich wetten – und guckt euch das an«, brummte Terry voll zögernder Bewunderung.

Es gab keine atemberaubenden Kunststücke, die nur junge Menschen ausführen können, aber sie hatten ein ganz hervorragendes System für eine Schulung des gesamten Körpers entwickelt. Musikbegleitung spielte eine wichtige Rolle, so bei Tänzen und bei den ab und zu stattfindenden prozessionsartigen Vorführungen, die ernst und schön wirkten.

Jeff war davon sehr beeindruckt. Wir wussten zu diesem Zeitpunkt noch nicht, wie wenig wir erst kennengelernt hatten von ihren Methoden für körperliches Training, empfanden es aber als angenehm, ihnen zuzugucken und auch mitzumachen.

Ganz richtig, wir nahmen auch daran teil! Es geschah nicht gerade unter Zwang, aber wir hielten es für besser, ihnen entgegenzukommen.

Terry war der Stärkste von uns, obwohl ich drahtig bin und viel Ausdauer habe, und Jeff war ein guter Sprinter und Hürdenläufer, doch diese alten Damen geben uns ganz schön Zunder, das kann ich versichern. Sie liefen wie die Rehe, aber nicht nur zur Schau, sondern als wäre es ihre natürliche Gangart. Wir erinnerten uns an die flüchtenden Mädchen bei unserem ersten Abenteuer und kamen zu dem Schluss, dass es genau das war: ihre natürliche Gangart.

Sie sprangen auch wirklich wie die Rehe, indem sie in einer schnellen Bewegung die Beine hochzogen und mit einer seitlichen Körperdrehung etwas zu einer Seite schlugen. Ich erinnere mich daran, wie manche der Kameradinnen mit weit ausgebreiteten Armen über die Linie gelaufen sind und habe versucht, den Trick zu lernen. Trotzdem konnten wir es mit diesen Profis nicht so leicht aufnehmen.

»Hätte ich nie gedacht, dass mir einmal ein paar ältliche Damen zeigen würden, wo es lang geht«, maulte Terry.

Sie kannten auch eine ganze Menge Spiele, aber zu Anfang fanden wir sie ziemlich uninteressant. Es war, als ob zwei Leute Patiencen legen, mehr wie eine Prüfung als ein richtig kämpferisches Spiel.

Ich philosophierte ein wenig darüber und erzählte Terry, dass dies gegen die Existenz von Männern spräche. »Sie haben kein wirklich männliches Spiel«, sagte ich.

»Aber ihre Spiele sind interessant, ich finde sie gut«, warf Jeff ein, »und ich bin sicher, dass sie erzieherischen Sinn haben.«

»Ich bin es elendiglich leid, erzogen zu werden«, entgegnete Terry. »Stellt euch vor, wir gehen auf ein Damenstift, in unserem Alter. Ich will hier nur noch raus!«

Aber wir konnten nicht heraus, und wir wurden sehr schnell erzogen. Unsere Tutorinnen wuchsen schnell in unserer Wertschätzung. Sie schienen von feinerem Wesen zu sein als die Wächterinnen, obwohl alle von selbstverständlicher Freundlichkeit waren. Meine hieß Somel, Jeffs Zava und Terrys Moadine. Wir versuchten, aus ihren Namen, denen der Wächterinnen und unserer drei Mädchen allgemeine Schlüsse zu ziehen, doch das führte zu nichts.

»Sie klingen ganz gut und sind meistens kurz, aber es gibt keine Ähnlichkeit in der Endung und keiner taucht zweimal auf. Nun ja, die Zahl unserer Bekanntschaften ist natürlich noch begrenzt.«

Es gab viele Dinge, die wir fragen wollten, sobald wir ihre Sprache gut genug konnten. Ich habe niemals einen besseren Unterricht erlebt. Von morgens bis abends war Somel da, immer ansprechbar außer zwischen zwei und vier, immer freundlich und von gleichbleibender Liebenswürdigkeit, über die ich mich mehr und mehr freute. Jeff sagte, dass Fräulein Zava – er musste einen Titel benutzen, obwohl sie offensichtlich keinen hatten – ganz reizend sei und dass sie ihn an seine Tante Esther zu Hause erinnere. Nur Terry ließ sich nicht umstimmen, er machte sich über seine Begleiterin lustig, wenn wir alleine waren.

»Ich bin es leid!«, gab er bekannt. »Ich bin die ganze Sache leid. Wir sind hier eingesperrt wie ein paar hilflose dreijährige Waisenknaben und kriegen das beigebracht, was sie für notwendig halten, ob wir es wollen oder nicht. Zum Teufel mit ihrer Altweiber-Unverschämtheit!«

Nichtsdestoweniger wurden wir weiter unterrichtet. Sie brachten eine plastische Karte ihres Landes an, die sehr gut gemacht war und unsere geografischen Kenntnisse um einiges erweiterte, aber wenn wir fragten, was jenseits der Landesgrenzen sei, lächelten sie nur und schüttelten den Kopf.

Sie brachten auch Bilder, und nicht nur die Stiche in den Büchern, sondern auch farbige Studien von Pflanzen, Bäumen, Blumen und Vögeln. Sie gaben uns Werkzeuge und viele kleine Dinge – wir hatten viel »Material« in unserer Schule.

Ohne Terry wären wir eigentlich ganz zufrieden gewesen, aber als aus Wochen langsam Monate wurden, war er mehr und mehr gereizt.

»Hör endlich mit der ewigen Nörgelei auf«, bat ich ihn. »Es läuft hier doch prächtig. Jeden Tag verstehen wir sie besser, und bald können wir vernünftig mit ihnen reden, dass sie uns rauslassen –«

»Raus*lassen*!«, brauste er auf. »Raus*lassen* – wie Kinder, die Stubenarrest haben. Ich will raus*gehen*, und das werde ich auch. Ich will die Männer hier finden und mit ihnen kämpfen! – Oder die Mädchen –«

»Sind wohl eher die Mädchen, die dich interessieren«, sagte Jeff. »Womit willst du denn kämpfen – mit den Fäusten?«

»Ja – oder mit Stöcken und Steinen – ich habe eben Lust dazu!« Terry nahm eine aggressive Kampfstellung ein und setzte Jeff leicht die Faust ans Kinn. »So zum Beispiel«, sagte er.

»Wie auch immer«, fuhr er fort, »wir könnten zum Flugzeug zurückgehen und uns aus dem Staube machen.«

»Wenn es noch da ist«, warf ich mal vorsichtig ein.

»Ach Van, mal doch bloß nicht immer den Teufel an die Wand. Wenn es nicht da sein sollte, finden wir schon einen Weg hinunter. Das Boot ist ja wohl noch da, nehme ich an.«

Es ging Terry wirklich schlecht, so schlecht, dass er uns überreden konnte, einen Fluchtplan zu erwägen. Es war schwierig und höchst gefährlich, aber er war gewillt, auch ohne uns zu gehen, wenn wir nicht wollten, und das kam natürlich nicht infrage.

Es stellte sich heraus, dass er die Umgebung sehr intensiv untersucht hatte. Wenn wir aus dem letzten Fenster guckten, das genau gegenüber der Spitze des Felsvorsprungs lag, bekamen wir eine recht genaue Vorstellung von der Länge der Mauer und dem Steilhang dahinter. Vom Dach aus konnten wir noch mehr sehen, von einer Stelle aus sogar eine Art Trampelpfad unter der Mauer.

»Es geht um dreierlei«, meinte Terry. »Seile, Geschicklichkeit und darum, dass wir nicht gesehen werden.«

»Das ist der schwierigste Teil«, gab ich zu bedenken, weil ich immer noch hoffte, ihn von seinem Vorhaben abzubringen. »Wir werden permanent beobachtet, außer nachts.«

»Deshalb müssen wir es eben in der Nacht tun«, antwortete er. »Dann ist es einfach.«

»Wir müssen auch bedenken, dass wir, wenn sie uns fangen, bestimmt nicht mehr so gut behandelt werden«, sagte Jeff.

»Geschäftsrisiko. Ich gehe jedenfalls, auch auf die Gefahr hin, dass ich mir den Hals breche.« Er war durch nichts mehr umzustimmen.

Das Problem mit dem Seil war nicht so einfach. Es musste stark genug sein, um einen Mann zu halten, und so lang, dass wir uns in den Garten und dann die Mauer hinunter lassen konnten. Es gab genug starke Seile in der Sporthalle – anscheinend liebten sie es, daran zu schwingen oder hochzuklettern – aber wir waren dort niemals alleine.

Wir mussten also unser Bettzeug, die Teppiche und Kleider in Streifen reißen, und vor allem musste das geschehen, nachdem sie uns zur Nacht eingeschlossen hatten, denn jeden Tag wurde unser Raum von zwei Wächterinnen perfekt sauber gemacht.

Wir besaßen weder Scheren noch Messer, aber Terry war einfallsreich wie immer. »Die Tanten haben doch Glas und Porzellan. Wir zerbrechen ein Glas aus dem Badezimmer und nehmen das. ›Liebe findet immer einen Ausweg‹ «, summte er. »Wenn wir alle aus dem Fenster geklettert sind, stellen wir uns aufeinander und schneiden das Seil so hoch wie möglich ab, damit es noch lang genug ist für die Mauer. Ich weiß noch genau, wo ich diesen Pfad gesehen habe, und da gibt's auch einen großen Baum, zumindest aber Kletterpflanzen, ich habe jedenfalls die Blätter erkennen können.«

Es war schon ziemlich verrückt von uns, solch ein Risiko einzugehen, aber in gewisser Weise war dies ja Terrys Expedition, und wir waren alle unsere Gefangenschaft sehr leid.

Also warteten wir den nächsten Vollmond ab, gingen frühzeitig in unser Zimmer und verbrachten ein bis zwei angstvolle Stunden mit der völlig laienhaften Anfertigung eines Seils, das einen Mann aushalten würde.

Das Glas geräuschlos zu zerbrechen, war nicht schwer, da wir es mit dickem Stoff umwickelten und die Aktion tief im Kleiderschrank vornahmen. Es schnitt dann auch ganz ordentlich, wenn auch nicht so gut wie eine Schere.

Das Mondlicht schien ziemlich stark durch vier unserer Fenster – wir hatten uns nicht getraut, die Lichter allzu lange anzulassen – und wir arbeiteten verbissen und schnell.

Vorhänge, Teppiche, Kleider, Handtücher und Bettwäsche, selbst die Matratzenbezüge – kein Stich blieb, wo er gewesen war, wie Jeff so treffend bemerkte.

Dann befestigten wir das Tau im Winkel eines Fensters, wo es wohl nicht so leicht auffiel. Wir banden es an dem stabilen Scharnier des inneren Fensterflügels fest und ließen das aufgerollte Seilbündel vorsichtig über die Brüstung fallen.

»Das war noch leichte Arbeit – ich klettere als Letzter raus, damit ich das Seil abschneiden kann«, sagte Terry.

Ich ließ mich als Erster hinuntergleiten und stützte mich gut an der Wand ab. Dann kam Jeff auf meine Schultern und schließlich Terry, der uns alle ein bisschen durchschüttelte, als er das Tau über seinem Kopf durchsäbelte. Er sprang dann vorsichtig auf den Boden, Jeff folgte, und zum Schluss standen wir alle drei mit dem größten Teil unseres Seils sicher im Garten.

»Auf Wiedersehen, geliebte Großmutter!«, flüsterte Terry noch etwas außer Atem, und wir schlichen ebenso vorsichtig zu der Mauer, wobei wir den Schatten jedes Busches und Baumes ausnutzten. Terry war so vorausschauend gewesen, die bewusste Stelle zu kennzeichnen. Es war zwar nur ein Kratzer mit einem Stein, aber wir konnten ihn im Mondlicht gut erkennen. Das Tau verankerten wir an einem kräftigen Strauch, der nahe an der Mauer stand.

»Diesmal klettere ich wieder auf euch zwei hinauf und gehe als Erster rüber«, sagte Terry. »Dadurch bleibt das Seil gespannt, bis ihr beide oben auf der Mauer steht. Dann klettere ich ganz hinunter. Wenn ich sicher unten angekommen bin, seht ihr das ja und könnt nachkommen – oder besser, ich ziehe dreimal an der Leine. Wenn ich feststelle, dass man unten nirgendwo Halt findet – na ja, dann klettere ich wieder hoch, das ist alles. Ich nehme nicht an, dass sie uns töten werden.«

Als er auf der Mauer stand, sah er sich sorgfältig um, winkte dann mit der Hand und flüsterte: »Okay«, worauf er sich über die Mauer gleiten ließ. Jeff kletterte hinauf, ich folgte, und uns lief ein Schauer den Rücken hinunter, als wir sahen, wie tief hinunter sich Terrys schwingende und schaukelnde Gestalt hangelte, bis sie ganz unten in einem Haufen Blätter verschwunden war.

Dann spürten wir dreimal einen schnellen Ruck, und nicht ohne ein freudiges Gefühl von wiedergewonnener Freiheit folgten Jeff und ich glücklich unserem Anführer.

4

Unser Fluchtversuch

Wir standen auf einer schmalen, unregelmäßigen und bedenklich schrägen Felskante. Sicher wären wir kläglich abgestürzt und hätten uns die vorwitzigen Hälse gebrochen, wenn nicht diese Rankenpflanzen da gewesen wären. Sie hatten dicke Blätter und wucherten ziemlich stark, ähnlich wie Wilder Wein.

»Es geht hier aber nicht *völlig* senkrecht hinunter, seht ihr?«, meinte Terry voller Stolz und Enthusiasmus. »Dieses Ding würde sonst niemals direkt unser Gewicht aushalten. Am besten lassen wir uns daran herunterrutschen, jeweils nur einer, suchen uns für Hände und Füße kleine Löcher im Felsen, dann werden wir schon lebendig auf dem nächsten Felsvorsprung ankommen.«

»Da wir nicht erpicht darauf sind, an diesem Seil wieder hinaufzuklettern, und da wir uns hier auch nicht sehr bequem niederlassen können, wird der Antrag angenommen«, sagte Jeff feierlich.

Terry ließ sich als Erster hinuntergleiten – sagte vorher, er wolle uns mal zeigen, wie ein guter Christ dem Tod ins Auge schaut. Wir hatten Glück. Wir hatten die dickste Sorte der mittleren Gewänder angezogen und die Überkleider zurückgelassen. So schafften wir die Kletterpartie recht gut, obwohl ich kurz vor dem Ende auf einmal zu rutschen begann und mich nur mit äußerster Anstrengung an der zweiten Felskante festhalten konnte. Als Nächstes mussten wir eine Art »Kamin« hinunter, eine lange, unregelmäßige Felsspalte, und so erreichten wir endlich mit vielen schmerzhaften Schrammen und blauen Flecken den Fluss.

Es war dort dunkler, aber wir mussten möglichst schnell fort. So wateten, sprangen und kletterten wir mühsam das steinige Flussbett entlang, immer im flackernden Wechsel von Mondlicht und Laubschatten, bis uns der anbrechende Tag zu einem Halt zwang.

Wir fanden einen Nussbaum, dessen große, wohlschmeckende Früchte in der weichen Schale wir schon gut kannten, und füllten uns damit die Taschen.

Ich merke, dass ich es bislang versäumt habe, die überraschend vielen, verschiedenartigen Taschen erwähnt zu haben, welche die Frauen hier in ihren Kleidern hatten. Sie befanden sich in allen Kleidungsstücken, doch besonders das mittlere Gewand war damit bedeckt. Wir luden uns die Taschen derartig mit Nüssen voll, bis wir anschwollen wie preußische Soldaten auf dem Marsch, tranken, so viel wir konnten, und legten uns für die Tagesstunden hin.

Unser Lager war nicht gerade komfortabel und sehr schwer zu erreichen, eigentlich nur eine enge Spalte hoch oben an der Böschung, die steil zum Fluss abfiel, aber es war zumindest gut getarnt durch Laub und trockene Äste. Nach unserer anstrengenden drei- bis vierstündigen Kletterei und dem guten Frühstück schliefen wir auf der Stelle ein und wurden erst wach, als die Nachmittagssonne uns auf die Gesichter brannte.

Terry tippte kurz mit dem Fuß an meinen Kopf.

»Wie sieht's aus, Van? Noch am Leben?«

»Aber klar doch«, informierte ich ihn. Jeff war ebenfalls recht munterer Stimmung.

Wir konnten uns zwar nicht umdrehen, aber uns strecken und uns vorsichtig im Schutz des Blattwerks einer nach dem andern einmal herumrollen.

Es hatte keinen Sinn, die Spalte bei Tageslicht zu verlassen. Wir konnten zwar nicht viel von der Gegend sehen, aber wir merkten, dass wir mittlerweile am Rande des kultivierten Landes angekommen waren, und ohne Zweifel war weit und breit Alarm gegeben worden.

Terry lachte in sich hinein, als er da auf der heißen, schmalen Felskante lag. Er ließ sich genüsslich über die Verwirrung unserer Wächterinnen und Lehrerinnen aus und machte jede Menge unhöfliche Bemerkungen.

Ich erinnerte ihn daran, dass bis zu dem Platz, wo wir die Maschine zurückgelassen hatten, noch ein weiter Weg vor uns lag und dass die Wahrscheinlichkeit, sie dort zu finden, sehr gering war. Aber er hielt mir nur milde lächelnd vor, ich würde immer den Teufel an die Wand malen.

»Wenn du doch immer nur vom Schlimmsten ausgehst, warum bist du dann überhaupt mitgekommen?«, fragte Terry. »Ich hab niemals gesagt, dass es ein Familienausflug wird. Ich jedenfalls würde eher über das antarktische Eis fliehen, als gefangen zu sein.«

Wir dösten dann schnell wieder ein.

Die lange Ruhepause und die durchdringende, trockene Hitze taten uns sehr gut, und so kamen wir in der folgenden Nacht auch ein gutes Stück vorwärts. Wir blieben die ganze Zeit in dem rauen Waldgürtel, von dem wir wussten, dass er das gesamte Land umgab. Manchmal stießen wir bis zum äußeren Rand vor und sahen plötzlich den unheimlichen Abgrund vor uns.

»Dieses nette Ländchen steht da wie eine Basaltsäule«, sagte Terry. »Wird uns noch einigen Schweiß kosten, da runterzukommen, falls sie unsere Maschine tatsächlich gefunden haben!« Als er uns auch noch daran erinnerte, bekam er von Jeff und mir einiges zu hören.

Was wir vom Inland erkennen konnten, sah eigentlich ganz friedlich aus, aber es waren immer nur kurze Augenblicke, wenn das Mondlicht durchkam. Bei Tageslicht hielten wir uns immer nahe am Erdboden versteckt. Wie Terry schon sagte, wir wollten die alten Damen auf keinen Fall töten, selbst wenn wir gekonnt hätten, und ganz abgesehen davon waren sie völlig in der Lage, uns so, wie wir dort lagen, aufzuheben und zurückzutragen, falls sie uns finden würden. Wir konnten nichts weiter tun, als flach liegen zu bleiben und, wenn möglich, unbemerkt weiterzuschleichen.

Wir redeten auch nicht viel. Nachts machten wir unseren Marathon-Hindernislauf, nichts konnte uns aufhalten, wenn das Wasser zu tief zum Waten war, schwammen wir hindurch – allerdings brauchten wir das auch nur zweimal zu tun. Tagsüber schliefen wir tief und fest. Ein Glück, dass wir von dem leben konnten, was das Land hergab. Selbst am Waldrand schien es noch reichlich essbare Dinge zu geben.

Aber Jeff wies sehr aufmerksam darauf hin, dass wir gerade deswegen besonders vorsichtig sein mussten, weil wir jeden Augenblick in eine Gruppe Försterinnen, Gärtnerinnen oder Nüssesammlerinnen laufen konnten. Vorsichtig waren wir wirklich, denn wir wussten ziemlich sicher, dass wir keine zweite Fluchtmöglichkeit haben würden, wenn wir es jetzt nicht schafften. Schließlich erreichten wir eine Stelle, von der aus wir tief unten die weite Fläche des ruhigen Sees sehen konnten, von dem wir aufgestiegen waren.

»Das sieht ja ganz gut aus«, sagte Terry, als er hinunterspähte. »Wenn wir jetzt das Flugzeug nicht finden, wissen wir wenigstens, wo wir hinuntersteigen müssen.«

Gerade hier wirkte die Felswand besonders wenig einladend. Sie war so steil, dass wir unsere Köpfe weit hinausrecken mussten, um überhaupt sehen zu können, wo sie anfing, und das Land dort unten sah aus wie ein weit entferntes sumpfiges Gewirr üppiger Vegetation. Aber dieses Risiko mussten wir zum Glück nicht eingehen. Nachdem wir weiter zwischen Felsen und Bäumen wie Eingeborene hindurchgeschlichen waren, kamen wir tatsächlich zu der ebenen Stelle, auf der wir gelandet waren, und dort fanden wir – welch unglaubliches Glück – unsere Maschine vor.

»Auch noch zugedeckt, ich werd verrückt! Hättet ihr ihnen das zugetraut?«, brüllte Terry.

»Wahrscheinlich wird man ihnen noch einiges mehr zutrauen müssen«, warnte ich ihn leise. »Ich wette, dass sie das Ding beobachten.«

Im verblassenden Mondlicht versuchten wir, so viel wie möglich zu erspähen, doch ist Mondlicht leider nicht besonders verlässlich. Wir konnten aber in der beginnenden Dämmerung die vertrauten Umrisse des Flugzeugs sehen, das in einen schweren Stoff, ähnlich wie Segeltuch, eingehüllt war. Es gab keinerlei Anzeichen dafür, dass irgendwo Wachen standen. Wir entschlossen uns, einen schnellen Vorstoß zu wagen, sobald das Licht dazu hell genug war.

»Ist mir auch egal, ob das alte Ding funktioniert«, erklärte Terry. »Wenn nicht, schieben wir es an die Kante, springen rein und gleiten hinunter – platsch! – genau neben unser Boot da unten. Guckt runter – da unten ist das Boot!«

Ganz klar, da war unser Boot, lag wie ein grauer Kokon auf der glatten, fahlen Wasseroberfläche.

Leise, aber schnell rannten wir vorwärts und begannen an dem Überzug zu zerren.

»Verdammtes Ding!«, brüllte Terry ziemlich verzweifelt und ungeduldig. »Sie haben die Maschine in einen Sack eingenäht! Und keiner von uns hat ein Messer dabei!«

Als wir noch an dem harten Stoff zerrten und rissen, hörten wir plötzlich ein Geräusch, worauf Terry seinen Kopf erhob wie ein Schlachtross. Es war das unverwechselbare Geräusch von Kichern, ja – dreifaches Kichern.

Da waren sie – Celis, Alima, Ellador – und sahen genauso aus wie damals, als wir sie zum ersten Mal gesehen hatten. Sie standen in einiger Entfernung und beobachteten uns so interessiert und boshaft wie drei Schuljungen.

»Halt, Terry, pass auf!«, rief ich. »Die Sache ist zu einfach. Irgendwo ist eine Falle.«

»Lasst uns an ihre Freundlichkeit appellieren«, drängte Jeff. »Ich glaube, sie würden uns helfen. Vielleicht haben sie Messer dabei.«

»Es hat überhaupt keinen Sinn, sie zu jagen.« Ich war diesmal völlig auf Jeffs Seite. »Wir wissen doch, dass sie wesentlich schneller sind und viel besser klettern können als wir.«

Zögernd gab er das zu, und nach einer kurzen Unterredung gingen wir alle langsam auf sie zu und streckten unsere Hände in einer Geste aus, die Freundlichkeit signalisierte.

Sie blieben fest stehen, bis wir schon ziemlich nah herangekommen waren, doch dann deuteten sie an, dass wir stehen bleiben sollten. Um sicher zu gehen, gingen wir noch ein paar Schritte vorwärts, und sofort sprangen sie schnell zurück. Daraufhin blieben wir in der Entfernung stehen, die sie uns angezeigt hatten. Soweit wir überhaupt konnten, redeten wir sie in ihrer Sprache an, um unsere unangenehme Situation zu erklären. Wir erzählten ihnen, wie wir eingesperrt waren, auf welche Art wir entkommen waren – mit einer Menge Pantomime unsererseits und lebhaftem Interesse ihrerseits – wie wir nachts gegangen und uns tagsüber versteckt, uns von Nüssen ernährt hatten – und hier tat Terry so, als habe er großen Hunger.

Ich weiß, dass er keinesfalls hungrig gewesen sein konnte, denn wir hatten viel Essbares gefunden und nicht gezögert, uns zu bedienen. Aber sie schienen doch ein bisschen beeindruckt, und nachdem sie sich leise beraten hatten, zogen sie aus ihren Taschen kleine Päckchen, die sie uns mit äußerster Geschicklichkeit und Genauigkeit zuwarfen.

Jeff fand das ganz besonders gut, und Terry fuchtelte voll Bewunderung mit den Armen, was sie nach Schuljungenmanier dazu anspornte, uns ihre Künste zu zeigen. Während wir die ausgezeichneten Kekse aßen, die sie uns zugeworfen hatten und Ellador uns immer wachsam im Auge behielt, lief Celis ein gewisses Stück weg und baute dort ein Arrangement wie in einer Jahrmarktsbude, drei ausbalancierte Stöcke mit einer großen gelben Nuss obenauf. Alima sammelte derweil Steine.

Sie drängten uns, danach zu werfen, was wir auch taten, aber das Ding war ganz schön weit entfernt, und erst nach einer ganzen Reihe von Fehlschlägen, über die sich die Mädchen schadenfroh amüsierten, gelang es Jeff, die Konstruktion zum Einsturz zu bringen. Ich brauchte noch länger dafür, und Terry schaffte es zu seiner größten Verärgerung erst als Letzter.

Celis stellte dann den kleinen Dreifuß wieder auf, drehte sich um und sah uns an, stieß das Ganze wieder um, zeigte darauf und schüttelte ernst ihre kurzen Locken. »Nein«, sagte sie. »Schlecht – falsch!« Wir konnten sie durchaus verstehen.

Dann baute sie alles noch einmal auf, legte die dicke Nuss auf die Spitze und kam zu den anderen zurück. Da saßen dann diese beunruhigenden Mädchen und warfen abwechselnd kleine Steine auf das Ding, während eine immer daneben stand, um die Nuss wieder aufzusetzen, denn nur die schmissen sie hinunter, ohne die Stöcke zu berühren, und trafen bei zwei von drei Versuchen. Es machte ihnen ungeheuren Spaß, und wir taten so, als ginge es uns genauso, was aber wirklich nicht zutraf.

Wir bekamen eigentlich ganz guten Kontakt durch dieses Spiel, aber ich sagte zu Terry, dass es uns noch leidtun würde, wenn wir nicht jetzt, wo wir noch konnten, weggehen würden, woraufhin wir sie um Messer baten. Es war leicht, ihnen klarzumachen, was wir damit wollten, und jede von ihnen zog stolz eine Art Klappmesser aus ihrer Tasche.

»Ja«, sagten wir ungeduldig, »genau sowas! Bitte –« Wissen Sie, wir hatten schon ein bisschen von ihrer Sprache gelernt. Wir baten sie ja auch nur um diese Messer, aber sie wollten sie uns nicht geben. Wenn wir einen Schritt zu nahe kamen, sprangen sie nach hinten und standen leichtfüßig und jederzeit zur Flucht bereit.

»Das bringt nichts«, sagte ich. »Kommt, wir suchen einen scharfen Stein oder etwas Ähnliches – wir müssen dieses Ding endlich aufkriegen.«

Wir liefen herum und sammelten alle scharfkantigen Brocken, die wir finden konnten. Wir hieben damit auf den Stoff ein, aber es war, als ob man Segeltuch mit einer Muschelschale zerschneiden wollte.

Terry hieb und schlug auf das Material ein, zwischen den Zähnen murmelte er aber zu uns: »Jungs, wir sind in ganz guter Verfassung – lasst uns ein Rennen um Leben und Tod machen, damit wir diese Mädchen fangen – wir müssen.«

Sie waren ziemlich nahe gekommen, um unsere Anstrengungen zu beobachten, und durch einen Überraschungsangriff hätten wir sie bald gefasst. Wie Terry schon sagte, hatte die sportliche Betätigung unsere Lungen und Gliedmaßen gekräftigt, sodass die Mädchen ein paar verzweifelte Augenblicke lang sehr geängstigt waren und wir schon fast triumphierten.

Aber als wir schon unsere Hände ausstreckten, wurde die Entfernung zwischen uns immer größer. Sie hatten ihr Tempo offensichtlich wiedergefunden, und obwohl wir so schnell liefen, wie wir nur konnten, außerdem viel weiter, als ich es für klug hielt, blieben sie die ganze Zeit außer Reichweite.

Zuletzt blieben wir auf meine wiederholten Ermahnungen hin atemlos stehen.

»Das ist absoluter Blödsinn«, drängte ich. »Das machen die bewusst – kommt zurück, oder es wird euch noch leidtun.«

Wir gingen zurück, um einiges langsamer als auf dem Hinweg, und wir bereuten das Ganze wirklich.

Als wir an unserer eingewickelten Maschine ankamen und noch einmal versuchten, die Hülle abzureißen, da erhoben sich auf einmal überall diese kräftigen Gestalten mit den ruhigen, entschlossenen Gesichtern, die wir nur zu gut kannten.

»O Gott!«, stöhnte Terry. »Die Feldwebel! Jetzt ist alles zu spät – das sind vierzig gegen einen von uns.«

Kämpfen hatte keinen Sinn. Diese Frauen verließen sich offensichtlich auf ihre Zahl, nicht so sehr im Sinne einer gedrillten Streitmacht als vielmehr im Sinne einer großen Menschenmenge, die ein gemeinsamer Impuls vereint. Sie zeigten keinerlei Anzeichen von Angst, und da wir ohnehin keine Waffen bei uns hatten und mindestens hundert von ihnen in zehn Ringen um uns herum standen, gaben wir so elegant wie möglich auf.

Natürlich dachten wir sofort an Strafe – strengere Gefangenschaft, vielleicht auch Einzelhaft – aber nichts dergleichen geschah. Sie behandelten uns lediglich wie Schulschwänzer, und auch noch so, als könnten sie den Grund für unser Schwänzen durchaus verstehen.

So ging es also zurück, diesmal ohne Betäubungsmittel. Wir glitten in Fahrzeugen dahin, die mit einem elektrischen Motor betrieben und unseren recht ähnlich waren; jeder von uns in einem andern Gefährt, mit einer durchtrainierten Dame an jeder Seite und drei vis-à-vis.

Sie waren alle sehr freundlich und unterhielten sich mit uns, soweit unsere begrenzten Sprachkenntnisse das zuließen. Obwohl Terry zutiefst gedemütigt war und wir anfangs alle eine nicht sehr liebevolle Behandlung fürchteten, begann jedenfalls ich bald, mit wohliger Zuversicht die Fahrt zu genießen.

Hier hatte ich meine fünf vertrauten Begleiterinnen, die alle gut aufgelegt waren und keine schlimmeren Gefühle zu haben schienen als milden Triumph, als ob sie ein einfaches Spiel gewonnen hätten; und sogar den unterdrückten sie noch höflich.

Es war auch eine gute Gelegenheit, das Land zu sehen, und je mehr ich davon sah, desto besser gefiel es mir. Wir fuhren zu schnell, um genauere Beobachtungen machen zu können, aber ich sah durchaus die perfekt gebauten Straßen, so staublos wie ein gekehrter Boden, die Schatten endloser Baumreihen, das Blumenband darunter, überhaupt das ganze üppige und behagliche Land, das sich weit ausdehnte und voll von abwechslungsreichen Reizen war.

Wir fuhren durch viele Dörfer und Städte, und ich erkannte sehr schnell, dass die parkähnliche Schönheit dieser ersten Stadt, die wir gesehen hatten, keine Ausnahme war. Unser flüchtiger Blick von oben aus dem Flugzeug war zwar sehr anziehend gewesen, aber es fehlten so viele Einzelheiten, und an jenem ersten Tag mit Kampf und Gefangennahme hatten wir sehr wenig wahrgenommen. Aber jetzt fuhren wir mit ungefähr dreißig Meilen in der Stunde daher und das Land zog an uns vorbei.

Zum Mittagessen hielten wir in einer ziemlich großen Stadt, und als wir dort langsam durch die Straßen fuhren, sahen wir noch mehr von der Bevölkerung. Überall, wo wir vorbeigefahren waren, hatten sie schon draußen gestanden, um uns anzusehen, und als wir nun zum Essen in ein großes Gartengelände mit kleinen, schattigen Tischen inmitten von Bäumen und Blumen gingen, waren viele Blicke auf uns gerichtet. Und überall, ob im offenen Land, in Dörfern oder in der Stadt – nur Frauen. Alte Frauen, junge Frauen und eine große Mehrheit, die weder jung noch alt aussah, aber alles nur Frauen. Junge Mädchen sahen wir auch, doch die schienen, wie auch die Kinder, in Gruppen für sich zu sein und fielen weniger auf. Des Öfteren konnten wir einen flüchtigen Blick auf Mädchen und Kinder an Plätzen werfen, die wohl

Schulen oder Spielplätze waren, und soweit wir das beurteilen konnten, gab es keine Jungen. Wir sahen uns alle genau um. Jede betrachtete uns höflich, freundlich und mit großem Interesse. Niemand war aufdringlich. Wir konnten mittlerweile ihren Gesprächen ein wenig folgen, und alles, was sie sagten, klang ausgesprochen freundlich.

Nun, vor Einbruch der Nacht saßen wir alle wieder sicher in unserem großen Zimmer. Über den Schaden, den wir angerichtet hatten, sprach niemand, die Betten waren genauso weich und bequem wie vorher, und sie hatten für neue Kleidung und Handtücher gesorgt. Die einzige Reaktion der Frauen bestand darin, dass sie den Garten nachts beleuchteten und eine zusätzliche Wache aufstellten. Doch am nächsten Tag riefen sie uns zu sich: Wir sollten Rechenschaft ablegen. Unsere drei Lehrerinnen, die an der Fahndung nach uns nicht teilgenommen hatten, waren in der Zwischenzeit eifrig damit beschäftigt gewesen, alles für uns vorzubereiten und gaben uns nun einige. Erklärungen.

Sie wussten sehr gut, dass wir zu unserer Maschine gehen würden, und sie wussten auch, dass es für uns keinen anderen Weg gab, um wieder hinunterzukommen – lebend jedenfalls. Also hatte unsere Flucht niemanden beunruhigt. Sie hatten lediglich die Einwohnerinnen gebeten, während unseres Weges den Waldrand entlang ein Auge auf uns zu haben. Es sah wohl so aus, dass uns in vielen Nächten ein paar aufmerksame Damen beobachtet hatten, die bequem in großen Bäumen am Flussbett oder oben zwischen den Felsen saßen.

Terry schien ungeheuer angewidert zu sein, ich jedoch fand das alles äußerst komisch. Wir hatten unser Leben riskiert, uns versteckt und waren herumgeschlichen wie Verbrecher, hatten nur von Nüssen und Früchten gelebt, waren in den kalten Nächten nass geworden und an den heißen Tagen bald verdurstet, und die ganze Zeit über hatten diese schätzenswerten Frauen nur darauf gewartet, dass wir uns blicken lassen würden.

Jetzt erklärten sie uns die ganze Sache und benutzten nur solche Wörter, die wir auch verstehen konnten. Es schien, als betrachteten sie uns als Gäste in ihrem Land – gleichsam als Schutzbefohlene. Unsere erste gewaltsame Aktion hatte es notwendig gemacht, uns für eine Weile in Gewahrsam zu nehmen, aber sobald wir die Sprache gelernt und versichert hätten, kein Unheil anzurichten, würden sie uns das ganze Land zeigen.

Jeff tat alles, um sie zu beruhigen. Natürlich sprach er nicht für Terry, aber er machte ihnen klar, dass jedenfalls er sich schämte und dass er sich nun anpassen wolle. Was die Sprache anging – darauf stürzten wir uns mit doppelter Energie. Sie brachten uns noch mehr Bücher, und ich begann, ernsthaft darin zu arbeiten.

»Das sind doch Bücher für Knirpse«, polterte Terry eines Tages los, als wir alleine in unserem Zimmer waren. »Natürlich ist es zu erwarten, dass man mit Kindergeschichten anfängt, aber ich könnte allmählich etwas Interessanteres gebrauchen.«

»Ohne Männer kannst du wohl keine rührenden Liebesgeschichten oder wilde Abenteuer erwarten, oder?«, fragte ich. Nichts reizte Terry mehr als die Annahme, es gäbe hier keine Männer, aber die Bücher und Bilder, die sie uns gaben, enthielten keinerlei Hinweise auf die Existenz von Männern.

»Ach, halt den Mund«, brummte er. »Was für einmaligen Unsinn du redest! Ich werd sie ganz offen fragen – mittlerweile werden wir uns wohl verständlich machen können.«

Wir hatten wirklich nach besten Kräften versucht, mit der Sprache fertig zu werden und konnten schon mühelos lesen und mit beachtlicher Leichtigkeit über das Gelesene diskutieren.

An diesem Nachmittag saßen wir alle zusammen auf dem Dach – wir drei und unsere Lehrerinnen, alle um einen Tisch. Keine Wächterin war zu sehen. Schon vor einiger Zeit hatte man uns zu verstehen gegeben, dass sie, wenn wir versprechen würden, nichts Gewaltsames zu unternehmen, ihre Dauerbegleitung abziehen würden, und diese Versicherung gaben wir sehr gerne.

So saßen wir also da, ruhig, alle in fast gleichen Kleidern, mit Haaren, die nun schon genauso lang waren wie ihre; nur unsere Bärte unterschieden uns noch von ihnen. Wir wollten die Bärte eigentlich gar nicht, aber bis jetzt hatten wir sie noch nicht dazu bewegen können, uns irgendetwas zum Schneiden zu geben.

»Meine Damen«, begann Terry scheinbar aus völlig heiterem Himmel, »gibt es in eurem Land keine Männer?«

»Männer?«, fragte Somel. »Wie ihr?«

»Ja, Männer«, und Terry zeigte auf seinen Bart und lehnte seine breiten Schultern zurück. »Männer, richtige Männer.«

»Nein«, sagte sie ruhig. »In diesem Land gibt es keine Männer. Seit zweitausend Jahren ist kein Mann unter uns gewesen.«

Sie wirkte völlig offen und ehrlich, und sie machte diese erstaunliche Aussage auch gar nicht so, als ob sie erstaunlich sei, sondern ganz einfache Tatsache.

»Aber – die Leute – die Kinder«, warf er ein, denn er glaubte ihr kein bisschen, wollte das aber nicht direkt sagen.

»Oh, ja«, sagte sie und lächelte. »Kein Wunder, dass ihr verwirrt seid. Wir sind alle Mütter – wir alle – aber es gibt keine Väter. Wir dachten, dass ihr diese Frage schon viel früher stellen würdet – warum habt ihr das nicht getan?« Sie guckte so offen und freundlich wie immer, und ihre Stimme klang ganz ungekünstelt.

Terry erklärte, und zwar ziemlich ungeschickt, fand ich, dass wir uns in der Sprache nicht sicher genug gefühlt hätten, aber Jeff war aufrichtiger.

»Ihr müsst schon entschuldigen«, sagte er, »wenn wir das zugegebenermaßen schwer glauben können. Solch eine – Möglichkeit – gibt es in der übrigen Welt nun mal nicht.«

»Gibt es bei euch keine Lebensform, wo so etwas möglich ist?«, fragte Zava.

»Ja, doch – in einigen niedrigen Formen natürlich.«

»Wie niedrig, oder eher, wie hoch?«

»Nun ja, es gibt einige recht hohe Formen von Insekten, bei denen das der Fall ist. Wir nennen es Parthenogenese – das bedeutet jungfräuliche Geburt.«

Sie konnte ihm nicht mehr folgen.

»*Geburt*, diesen Ausdruck kennen wir natürlich, aber was bedeutet *jungfräulich*?«

Terry war sichtlich unangenehm berührt, aber Jeff reagierte auf die Frage ganz gelassen. »Bei sich paarenden Tieren wird der Ausdruck *jungfräulich* auf das Weibchen angewandt, das sich noch nicht gepaart hat«, antwortete er.

»Oh, ja, ich verstehe. Wird der Ausdruck auch für das Männchen verwendet? Oder gibt es dafür eine andere Bezeichnung?«

Darüber ging er ziemlich schnell hinweg und sagte nur, dass schon derselbe Ausdruck gebraucht, allerdings ziemlich selten benutzt würde.

»Tatsächlich nicht?«, fragte sie. »Aber man kann sich doch sicherlich nicht ohne den anderen paaren. Ist dann nicht jeder vor der Paarung – jungfräulich? Und, das würde ich auch gerne noch wissen, gibt es bei euch irgendwelche Lebensformen, bei denen nur der Vater die Nachkommen zur Welt bringt?«

»Ich kenne keine«, antwortete Jeff.

Daraufhin fragte ich ernsthaft nach. »Du willst uns wirklich glauben machen, dass hier seit zweitausend Jahren nur Frauen gelebt haben und dass nur weibliche Kinder zur Welt gekommen sind?«

»Genau«, sagte Somel und nickte sehr ernst. »Natürlich wissen wir, dass es bei anderen Lebewesen nicht so ist, dass es dort sowohl Väter als auch Mütter gibt. Wir sehen auch, dass ihr Väter seid, dass ihr aus einem Volk kommt, das beide Geschlechter kennt. Wisst ihr, wir haben darauf gewartet, dass ihr in der Lage sein würdet, frei mit uns zu sprechen und uns über euer Land und die übrige Welt aufzuklären. Ihr wisst so viel, und wir kennen nur unser eigenes Land.«

Während des Unterrichts hatten wir uns große Mühe gegeben, ihnen von der großen Welt draußen zu erzählen, Zeichnungen und Landkarten anzufertigen; hatten sogar aus einer kugelförmigen Frucht einen Globus gemacht, um ihnen die Größenunterschiede zwischen den Ländern zu verdeutlichen, und ihnen die Bevölkerungszahlen genannt. Das war alles nur knapp und skizzenhaft gewesen, aber sie begriffen durchaus.

Ich stelle fest, dass es mir nur sehr ungenügend gelingt, von den Frauen den Eindruck zu geben, den ich eigentlich vermitteln möchte. Sie waren alles andere als einfältig, Vielmehr sehr weise – das wurde uns mehr und mehr bewusst. Und was klares Urteil, geistige Kapazität und gedankliche Fähigkeiten angeht, da waren sie erstklassig, aber es gab einfach eine ganze Menge Dinge, die sie nicht wussten.

Sie waren völlig ausgeglichen, hatten grenzenlose Geduld und eine wirklich freundliche Wesensart – eine der eindrucksvollsten Beobachtungen war die, dass keine von ihnen irgendwelche Reizbarkeit zeigte. Bis jetzt kannten wir zwar nur diese Gruppe, aber später stellte ich fest, dass es auf alle zutraf.

Allmählich begannen wir zu fühlen, dass sie wirklich unsere Freunde waren, und wirklich gute Freunde – aber wir konnten uns noch kein Bild vom allgemeinen Niveau der Frauen machen.

»Wir möchten, dass ihr uns alles beibringt, was ihr wisst«, fuhr Somel fort. Ihre festen, wohlgeformten Hände hatte sie vor sich auf dem Tisch verschränkt, ihre klaren, ruhigen Augen sahen uns offen an. »Und wir wollen euch das beibringen, was für euch neu und nützlich ist. Ihr könnt euch sicherlich gut vorstellen, dass es für uns ein wunderbares Ereignis ist, nach zweitausend Jahren wieder Männer unter uns zu haben. Und wir möchten alles über eure Frauen erfahren.«

Was sie über unsere Wichtigkeit sagte, stimmte Terry sofort vergnügt. An der Weise, wie er den Kopf hob, konnte ich sehen, wie sehr es ihm gefiel. Aber als sie von unseren Frauen sprach, da hatte ich irgendwie ein komisches, nicht näher zu beschreibendes Gefühl, kein Gefühl, das ich jemals gehabt hatte, wenn das Wort »Frauen« gefallen war.

»Könnt ihr uns bitte erzählen, wie das alles zustande kam?«, nahm Terry den Faden wieder auf. »Ihr habt gesagt ›seit zweitausend Jahren‹ – gab es denn vor dieser Zeit hier Männer?«

»Ja«, sagte Zava.

Einen Augenblick lang schwiegen sie alle.

»Ihr sollt unsere gesamte Geschichte lesen – habt keine Angst, sie ist klar und kurz abgefasst worden. Wir haben lange gebraucht, bis wir wussten, wie man Geschichte schreibt. Wie gerne möchte ich eure einmal lesen!«

Mit vor Eifer blitzenden Augen drehte sie sich um und sah uns alle an.

»Das wäre doch wirklich wunderbar, nicht? Die Geschichte von zweitausend Jahren zu vergleichen, zu sehen, welche Unterschiede es gibt – zwischen uns, die wir nur Mütter sind und euch, die ihr Mütter und Väter seid. Natürlich sehen wir, zum Beispiel an unseren Vögeln, dass der Vater genauso nützlich wie die Mutter ist, zumindest annähernd. Aber bei den Insekten sehen wir, dass er weniger nützlich ist, manchmal sehr wenig. Wie ist das denn bei euch?«

»Ach, ja, Vögel und Käfer«, sagte Terry, »aber bei richtigen Tieren – habt ihr *keine* richtigen Tiere?«

»Wir haben Katzen«, sagte sie. »Bei denen ist der Vater nicht sehr nützlich.«

»Habt ihr kein Vieh – Schafe – Pferde?« Ich zeichnete ein paar grobe Umrisse dieser Tiere und zeigte sie ihr.

»Ganz früher hatten wir diese«, sagte Somel und zeichnete schnell mit sicheren Strichen eine Art Schaf oder Lama, »und diese«, worauf sie auf mein lächerliches, aber dennoch erkennbares Pferd zeigte.

»Was ist denn aus denen geworden?«, fragte Jeff.

»Wir können sie nicht mehr gebrauchen. Sie haben zu viel Platz benötigt – wir brauchen unser gesamtes Land, um unser Volk zu ernähren. Es ist ein sehr kleines Land, müsst ihr wissen.«

»Wie kommt ihr denn überhaupt ohne Milch zurecht?«, fragte Terry ungläubig.

»*Milch*? Wir haben Milch im Überfluss – unsere eigene.«

»Aber – aber – ich meine zum Kochen – für die Erwachsenen«, stammelte Terry, worauf sie erstaunt und ein wenig verärgert aussahen.

Jeff kam ihm zu Hilfe. »Wir halten Vieh sowohl wegen seiner Milch als auch wegen des Fleisches«, erklärte er. »Kuhmilch ist ein Hauptnahrungsmittel. Eine große Milchindustrie sammelt und verteilt sie.«

Sie sahen noch immer verwirrt aus. Ich zeigte auf den Umriss einer Kuh, die ich gemalt hatte. »Der Bauer melkt die Kuh«, sagte ich und zeichnete einen Melkeimer, einen Schemel und machte die Pantomime eines melkenden Mannes. »Dann wird sie in die Stadt gefahren und Milchmänner verteilen sie – jeder hat sie morgens vor seiner Haustür stehen.«

»Hat die Kuh kein Kind?«, fragte Somel ernst.

»Aber ja, natürlich, das ist das Kalb.«

»Ist denn da genügend Milch für das Kalb und euch auch noch?«

Wir brauchten einige Zeit, um diesen drei Frauen mit den schönen Gesichtern den Prozess klarzumachen, bei dem die Kuh ihr Kalb weggenommen bekommt und das Kalb seine eigentliche Nahrung. Und dieses Gespräch mündete in eine Erörterung der Fleischindustrie. Sie hörten sich alles an, wurden ziemlich blass und baten uns kurz darauf, sie zu entschuldigen.

5

Eine einzigartige Geschichte

Es bringt nichts, wenn ich diesen Bericht mit Abenteuern ausschmücke. Wenn die Leute, die ihn lesen, an diesen erstaunlichen Frauen und ihrer Geschichte nicht interessiert sind, dann wird sie gar nichts interessieren.

Was uns anging – drei junge Männer in einem ganzen Land voller Frauen – was konnten wir tun? Wir waren einmal geflohen, wie ich es beschrieben habe, sie hatten uns friedlich wieder zurückgebracht, und Terry beklagte sich darüber, dass wir noch nicht einmal die Genugtuung gehabt hatten, uns mit ihnen zu schlagen.

Es gab keine Abenteuer, weil es einfach nichts zu kämpfen gab. In diesem Land gab es keine wilden Tiere und auch nur sehr wenig zahme. An dieser Stelle sollte ich ruhig einmal anhalten, um das einzige weitverbreitete Haustier des Landes zu beschreiben. Natürlich Katzen. Aber was für Katzen!

Was glauben Sie wohl, was diese Frauen mit ihren Katzen gemacht hatten? Durch langwierige und sorgfältige Auswahl und Auslese hatten sie eine Rasse von Katzen gezüchtet, die nicht miaute! Das ist Tatsache. Das Einzige, was diese stummen Geschöpfe noch von sich geben konnten, war eine Art Quieken, wenn sie hungrig waren oder zur Tür hinaus wollten, und sie konnten natürlich schnurren und die verschiedenen mütterlichen Geräusche ihren Jungen gegenüber machen.

Mehr noch, sie hatten es aufgegeben, Vögel zu töten. Sie wurden konsequent so gezüchtet, dass sie Mäuse, Maulwürfe und andere Schädlinge der essbaren Pflanzen vernichteten; aber die Vögel waren zahlreich und sicher vor ihnen.

Während wir über Vögel sprachen, fragte Terry, ob sie die Federn für ihre Hüte benutzen würden, und die Idee schien sie sehr zu belustigen. Er machte ein paar Zeichnungen von den Hüten, die unsere Frauen tragen, mit allerlei Federn und sonstigen abstehenden, wippenden Dingen. Auch dafür interessierten sie sich genauso wie für alles andere, was unsere Frauen betraf.

Sie selbst, sagten sie, würden Hüte nur als Sonnenschutz bei der Arbeit tragen. Es waren große, leichte Strohhüte, wie man sie ähnlich in China oder Japan benutzt. Bei kaltem Wetter trugen sie Kappen oder Kapuzen.

»Aber als schmückendes Element – glaubt ihr nicht, dass sie euch gut stehen würden?«, bohrte Terry weiter und bemühte sich, ein besonders schönes Bild von einer Frau mit einem Federhut zu zeichnen.

Dem stimmten sie überhaupt nicht zu und fragten ganz einfach, ob die Männer auch solche Hüte tragen würden. Wir beeilten uns, ihnen zu versichern, dass dies nicht der Fall sei – und zeichneten unsere Art der Kopfbedeckung.

»Tragen denn überhaupt keine Männer Federn auf ihren Hüten?«

»Nur Indianer«, erklärte Jeff. »Das sind Wilde«, und malte einen Kriegs-Kopfschmuck, um es ihnen zu zeigen.

»Und Soldaten«, sagte ich und zeichnete einen Militärhut mit Federn.

Sie zeigten niemals Entsetzen oder Missfallen, allerdings waren sie auch niemals sehr erstaunt – nur aufs Höchste interessiert. Und die Notizen, die sie machten – meterlang!

Aber kommen wir zu den Katzen zurück. Wir waren von diesem Zuchterfolg sehr beeindruckt, und als sie uns darauf ansprachen – ich kann Ihnen sagen, wir wurden regelrecht ausgequetscht – erzählten wir ihnen, wie man sich bei uns in dieser Hinsicht um Hunde, Pferde und Rinder bemüht, um Katzen allerdings nicht, ausgenommen vielleicht für Ausstellungszwecke.

Ich wünschte, ich könnte die gleichbleibend freundliche, ruhige und kluge Art wiedergeben, in der sie ihre Fragen stellten. Nicht nur einfach aus Neugier – sie zeigten uns gegenüber nicht mehr Neugier als wir ihnen gegenüber, wenn überhaupt. Vielmehr waren sie aufs Höchste bemüht, unsere Zivilisation zu verstehen, und ihre Methode zu fragen war darauf ausgerichtet, uns langsam einzukreisen und uns dann festzunageln, sodass wir auf einmal merkten, wie wir Dinge zugaben, die wir überhaupt nicht erwähnen wollten.

»Und diese vielen Hunderassen sind alle nützlich für euch?«, fragten sie.

»Nützlich – nun ja, Jagdhunde, Wachhunde und Hirtenhunde sind nützlich – und natürlich auch Schlittenhunde – Rattenhunde gibt es auch, aber wir halten Hunde nicht wegen ihrer *Nützlichkeit*. Wir sagen: Der Hund ist der Freund des Menschen – wir haben ihn gerne.«

Das verstanden sie. »Genauso lieben wir unsere Katzen. Sie sind ganz gewiss unsere Freunde und helfen uns auch. Ihr könnt ja sehen, wie klug und zutraulich sie sind.«

Das stimmte wirklich. Mit vielleicht ganz wenigen Ausnahmen hatte ich noch nie solche Katzen gesehen. Große, schöne und seidige Tiere, die zu allen freundlich und ihren bestimmten Besitzern hingebungsvoll verbunden waren.

»Es muss euch doch das Herz brechen, wenn ihr die Jungen ertränkt«, meinten wir. Aber sie sagten: »Oh, nein! Wir behandeln sie genauso wie ihr euer wertvolles Vieh. Im Vergleich zu den Müttern gibt es nur wenige Väter, in jeder Stadt nur ein paar besonders schöne. Sie leben ganz zufrieden in ummauerten Gärten oder besonderen Häusern. Aber sie haben nur einmal im Jahr eine Paarungszeit.«

»Ziemlich hart für Vati, nicht?«, meinte Terry.

»Oh, nein, wirklich nicht! Wir züchten schon seit vielen Jahrhunderten die Art von Katzen, die wir wollen. Wie ihr seht, sind sie gesund, zufrieden und freundlich. Wie macht ihr es denn mit euren Hunden? Haltet ihr sie in Paaren, trennt ihr die Väter oder was tut ihr?«

Daraufhin erklärten wir ihnen – nun ja, dass es nicht so unbedingt um die Väter geht, dass eben niemand eine Hündin haben will, dass, tja, fast alle unsere

Hunde männlich sind, dass nur ein kleiner Prozentsatz der weiblichen Hunde weiterleben darf.

Dann sagte Zava, wobei sie Terry mit ihrem ernsten, lieben Lächeln ansah: »Ziemlich hart für Vati, oder nicht? Gefällt es den Hunden, ohne Gefährtinnen zu leben? Sind eure Hunde auch alle so gesund und so gutmütig wie unsere Katzen?«

Jeff lachte und sah Terry von der Seite recht boshaft an. Tatsächlich begannen wir, Jeff als eine Art Verräter zu betrachten – so oft wechselte er die Fronten und stimmte ihnen zu. Auch durch seine medizinischen Kenntnisse hatte er irgendwie einen anderen Standpunkt.

»Ich muss leider zugeben«, erzählte er ihnen, »dass bei uns der Hund das verdorbenste Tier ist – fast so sehr wie der Mensch. Und was die Wesensart angeht – es gibt immer einige Hunde, die Menschen beißen – vor allen Dingen Kinder.«

Das war pure Gehässigkeit. Wissen Sie, Kinder waren in diesem Land sozusagen der Sinn des Lebens. Alle unsere Gesprächspartnerinnen saßen auf einmal kerzengerade. Sie waren noch immer sanft und zurückhaltend, aber in ihren Stimmen lag tiefe Verwunderung.

»Haben wir euch richtig verstanden, dass ihr ein Tier haltet – ein nicht gepaartes männliches Tier, das Kinder beißt? Könnt ihr uns bitte sagen, wie viele es denn davon gibt?«

»In einer großen Stadt – Tausende«, sagte Jeff, »und auf dem Land hat nahezu jede Familie einen.«

Hier fuhr Terry dazwischen. »Ihr müsst euch nicht vorstellen, dass die alle gefährlich sind – nicht einer von hundert beißt jemals einen Menschen. Sie sind im Gegenteil die besten Freunde der Kinder – ein Junge hat nur halb so viel Spaß, wenn er nicht einen Hund hat, mit dem er spielen kann!«

»Und die Mädchen?«, fragte Somel.

»Oh – Mädchen – ja, die haben sie auch gerne«, sagte er, aber seine Stimme wurde ein bisschen leiser. Später stellten wir fest, dass sie solche Kleinigkeiten immer bemerkten.

Nach und nach brachten sie aus uns heraus, dass der Freund des Menschen in der Stadt ein Gefangener ist, dass er bei den kümmerlichen Spaziergängen an einer Leine geführt wird, dass er nicht nur für viele Krankheiten, sondern speziell für die tödliche Tollwut anfällig ist und dass er einen Maulkorb tragen muss. Aus purer Boshaftigkeit schilderte Jeff sehr lebhaft sämtliche grausigen Vorfälle mit tollwütigen Hunden, von denen er mal irgendwo gehört oder gelesen hatte.

Sie regten sich nicht darüber auf oder stritten deswegen mit uns. Diese Frauen waren ruhig wie Richter. Aber sie machten Aufzeichnungen, Moadine las sie uns vor.

»Sagt mir bitte, ob ich alles richtig notiert habe«, sagte sie. »Das geschieht also in eurem Land – in anderen auch?«

»Ja«, gaben wir zu, »in fast allen zivilisierten Ländern.«

»In allen zivilisierten Ländern hält man eine Tierart, die nicht mehr nützlich ist –«

»Sie sind ein Schutz«, darauf bestand Terry. »Wenn ein Einbrecher versucht, ins Haus zu kommen, dann bellen sie.«

Bei dem Wort »Einbrecher« machte sie eine Notiz und fuhr fort: »– aufgrund der Zuneigung, die die Menschen diesem Tier entgegenbringen.«

Hier mischte sich Zava ein. »Sind es die Männer oder die Frauen, die dieses Tier so sehr lieben?«

»Beide«, behauptete Terry.

»Gleichermaßen?«, fragte sie weiter.

Daraufhin sagte Jeff: »Quatsch, Terry – du weißt genauso gut wie ich, dass Männer aufs Ganze gesehen Hunde lieber haben als Frauen.«

»Also, aufgrund der Zuneigung, die vor allem die Männer Hunden entgegenbringen. Man sperrt die Tiere ein oder legt sie an die Kette.«

»Warum eigentlich?«, fragte Somel plötzlich. »Wir sperren unsere Vaterkatzen auch ein, weil wir nicht so viele Jungtiere haben wollen, aber wir ketten sie nicht an – sie haben sehr viel Auslauf.«

»Ein wertvoller Hund würde gestohlen, wenn er frei herumliefe«, erklärte ich. »Für den Fall, dass sie weglaufen, binden wir ihnen Halsbänder um, auf denen der Name des Besitzers steht. Abgesehen davon können sie in Kämpfe verwickelt werden – ein wertvoller Hund kann leicht von einem größeren getötet werden.«

»Ah ja«, sagte sie. »Wenn sie sich treffen, kämpfen sie also. Kommt das häufig vor?« Das mussten wir zugeben.

»Man sperrt die Tiere ein oder legt sie an die Kette.« Sie machte noch mal eine Pause und fragte dann: »Rennen Hunde nicht gerne? Sind sie nicht so gebaut, dass sie schnell laufen können?« Auch das gaben wir zu, und Jeff, noch immer boshaft, gab ihnen weitere Aufschlüsse.

»Ich habe es schon immer als armseligen Anblick empfunden – für beide Seiten – wenn ein Mann oder eine Frau mit einem Hund spazieren geht – am Ende einer Leine.«

»Habt ihr sie auch so erzogen, dass sie genauso sauber sind wie unsere Katzen?«, war die nächste Frage. Und als Jeff ihnen von den Auswirkungen der Hunde auf den Straßenhandel und die Straßen überhaupt erzählte, konnten sie das nur schwer glauben.

Wissen Sie, dieses ganze Land war so sauber wie eine Musterküche, und was die Hygiene betraf – aber bevor ich weitere Beschreibungen gebe, will ich lieber anfangen, die Geschichte dieses erstaunlichen Landes zu erzählen, soweit sie mir im Gedächtnis haften geblieben ist.

Die vielen Gespräche, aus denen wir die Geschichte erfahren haben, werde ich hier ein wenig zusammenfassen. Ich will auch nicht versuchen, den sorgfältigen, detaillierten Bericht zu rekonstruieren, der mir verloren gegangen ist. Nur so viel: In der Festung waren wir gut sechs Monate, aber davon habe ich erzählt. Danach waren wir für drei Monate in einer sehr angenehmen Stadt, wo es zu Terrys unendlichem Entsetzen nur »Feldwebel« und kleine Kinder gab – keinerlei junge Frauen. Dann waren wir drei Monate unter ständiger Aufsicht von Lehrerinnen und Wächterinnen. Drei recht angenehme Monate, weil wir mit diesen Frauen mehr und mehr vertraut wurden. Das war ein Kapitel für sich (oder wird es noch werden), dem ich gleichfalls Gerechtigkeit widerfahren lassen möchte.

Wir lernten ihre Sprache sehr gründlich – mussten wir sogar. Doch sie lernten unsere noch schneller und beeilten sich, ihre Kenntnisse zur Beschleunigung unserer Studien einzusetzen.

Jeff, der niemals ohne irgendeinen Lesestoff war, trug zwei kleine Bücher mit sich herum, einen Roman und eine kleine Gedichtanthologie. Ich hatte eine Enzyklopädie in Taschenformat – ein dickes kleines Ding, das von Fakten nur so strotzte. Es waren Schulbücher für uns – und auch für sie. Sobald das möglich war, gaben sie uns viele ihrer Bücher, und ich beschäftigte mich sofort mit der Geschichte – ich wollte den Ursprung ihrer rätselhaften Existenz erfahren.

Und laut ihren eigenen Aufzeichnungen geschah Folgendes:

Was die Geografie betrifft – ungefähr zu Lebzeiten von Christus verfügte dieses Land über einen freien Zugang zur See. Aus gutem Grunde werde ich nicht sagen, wo er war. Aber es gab einen ziemlich einfach zu passierenden Durchgang in der Gebirgswand hinter uns, und meiner Ansicht nach gibt es auch keinen Zweifel darüber, dass dieses Volk indogermanischen Ursprungs war und mit den höchsten Zivilisationen der Alten Welt in Verbindung stand. Sie waren zwar »weiß«, da sie jedoch dauernd Sonne und Wind ausgesetzt waren, etwas dunkler als unsere nördlichen Rassen.

Das Land war damals wesentlich größer, ein recht großes Gebiet hinter den Bergen und ein Küstenstreifen gehörten noch dazu. Sie besaßen Schiffe, trieben Handel, hatten eine Armee und einen König – denn damals waren sie noch das, was sie uns so gelassen nannten: ein gemischtgeschlechtliches Volk.

Zuerst traf sie eigentlich nur eine Kette unglücklicher geschichtlicher Umstände, so wie das anderen Völkern auch oft genug passiert ist. Ihre Bevölkerung wurde durch Kriege dezimiert, und am Ende wurde das so geschwächte Volk von seinem Küstenstreifen in dieses Hinterland vertrieben. Obwohl viele der Männer in den Schlachten gefallen waren, verteidigten sie dieses Hinterland jahrelang an den Gebirgspässen. Wo die Gefahr von Angriffen bestand, verstärkten sie die natürlichen Hindernisse so lange, bis das Land schließlich die unzugängliche Festung geworden war, die wir vorgefunden hatten.

Sie waren ein polygames Volk und ein Sklavenhalterstaat, wie wohl alle Länder zu jener Zeit. In der Phase der Verteidigung ihres Berglandes, die ein oder zwei Generationen dauerte, haben sie Burgen wie zum Beispiel diejenige, in der wir gefangen waren, und noch andere ihrer ältesten Gebäude errichtet, und einige davon wurden noch immer benutzt. Nur Erdbeben hätten solche Gebäude zerstören können – es waren große, massive Blöcke, die durch ihr eigenes Gewicht gehalten wurden. Sie mussten damals fähige Handwerker gehabt haben, und vor allem auch recht viele.

Sie kämpften sehr tapfer um ihre Existenz, aber kein Volk kann sich dem widersetzen, was die Schifffahrtsgesellschaften »höhere Gewalt« nennen. Während noch die Krieger ihr Bestes taten, das Land zu verteidigen, kam es zu einem Vulkanausbruch mit vereinzelten Erdbeben, und das Ergebnis war die völlige Verschüttung des Zugangs zum Meer – des einzigen Ausgangs aus dem Gebiet. Anstatt eines Durchgangs stand nun zwischen ihnen und der See die geschlossene, hohe Felswand, sie waren eingemauert, und die gesamte kleine Armee war hinter dem Gebirge. Nur noch wenige Männer waren am Leben, ausgenommen die Sklaven. Und diese sahen nun ihre Gelegenheit, erhoben sich, töteten ihre übrig gebliebenen Herren bis zum jüngsten Sohn, töteten auch die alten Frauen und die Mütter und planten, mit den verschonten jungen Frauen und Mädchen das Land in Besitz zu nehmen.

Aber eine solche Häufung von Unglück war zu viel für die Jungfrauen. Ihre Anzahl war stattlich, dagegen gab es von den Möchtegern-Herren nur wenige. Und so erhoben sich die jungen Frauen, anstatt sich zu unterwerfen, und brachten aus reiner Verzweiflung ihre brutalen Unterdrücker um.

Das klingt wie Titus Andronicus, ich weiß, aber so wird es jedenfalls dargestellt. Ich nehme an, sie waren halb verrückt – aber kann man ihnen einen Vorwurf machen?

In diesem wunderschönen, hochgelegenen Gartenland war buchstäblich niemand übrig geblieben als eine Gruppe hysterischer Mädchen und ein paar ältere Sklavenfrauen.

Das war vor ungefähr zweitausend Jahren.

Zuerst erlebten sie eine Phase völliger Verzweiflung. Die Berge erhoben sich zwischen ihnen und ihren alten Feinden, aber auch zwischen ihnen und der Hoffnung, aus dem Land herauszukommen. Es gab keinen Weg, der geradeaus, hinauf oder hinunter geführt hätte – sie waren einfach gezwungen, dort zu bleiben. Einige waren für Selbstmord, die Mehrheit aber nicht. Insgesamt müssen sie ganz schön mutig gewesen sein, denn sie entschieden sich für das Weiterleben – eben für so lange, wie sie leben würden. Natürlich hatten sie, jung wie sie waren, auch die Hoffnung, dass irgendetwas passieren würde, um ihr Schicksal zu ändern.

Also machten sie sich an die Arbeit, begruben die Toten, pflügten und säten, und es kümmerte sich eine um die andere.

Wo ich gerade von Begräbnis spreche, will ich, weil ich gerade daran denke, auch noch erwähnen, dass sie ungefähr im dreizehnten Jahrhundert die Feuerbestattung eingeführt hatten, und das aus demselben Grund, aus dem sie auch die Rinderzucht aufgaben, nämlich Platzmangel. Sie waren sehr erstaunt, als sie hörten, dass wir unsere Toten noch begraben, fragten nach Gründen und waren sehr unzufrieden mit unseren Erklärungen. Wir erzählten ihnen, dass wir an die Auferstehung des Körpers glaubten, und sie fragten uns, ob unser Gott den Körper nicht genauso gut aus Asche wie aus verwestem Fleisch auferstehen lassen kann. Daraufhin sagten wir, dass die Leute es als widerwärtig empfinden würden, diejenigen, die sie geliebt haben, verbrennen zu lassen, doch sie fragten, ob es weniger widerwärtig sei, sie verwesen zu lassen. Diese Frauen waren schon auf recht unangenehme Weise vernunftbegabt.

Wie dem auch sei – jene ursprüngliche Gruppe von Mädchen gab sich also daran, das Land in Ordnung zu bringen, um ihre Lebensbedürfnisse so gut wie möglich erfüllen zu können. Einige der übrig gebliebenen Sklavenfrauen waren von unschätzbarem Wert und brachten ihnen all die Handfertigkeiten bei, die sie gelernt hatten. Sie verfügten über Aufzeichnungen, sämtliche Werkzeuge und Arbeitsgeräte der damaligen Zeit und ein sehr fruchtbares Land, das sie bearbeiten konnten.

Es gab noch eine Handvoll jüngerer Mütter, die dem Gemetzel entkommen waren, und so wurden nach dem Umsturz noch einige Babys geboren – aber nur zwei Jungen, und beide starben.

Fünf oder zehn Jahre arbeiteten sie zusammen, wurden stärker, klüger und fühlten sich einander mehr und mehr verbunden, und dann geschah das Wunder – eine dieser jungen Frauen bekam ein Kind. Natürlich dachten sie alle, dass irgendwo ein Mann sein müsse, aber sie fanden keinen. Dann konnten sie es sich nur so erklären, dass es ein direktes Geschenk der Götter war und stellten die stolze Mutter im Tempel der Maaia – ihrer Göttin der Mütter – unter strenge Beobachtung. Und dort bekam diese Wunderfrau mit der Zeit ein Kind nach dem anderen, insgesamt fünf – alles Mädchen.

Da ich schon immer an Soziologie und Sozialpsychologie sehr interessiert war, tat ich auch hier mein Bestes, die wirkliche Situation dieser Frauen von damals im Geiste zu rekonstruieren. Die ungefähr fünfhundert oder sechshundert Überlebenden waren in haremsähnlichen Verhältnissen groß geworden, doch schon seit einigen Generationen waren sie in einer Atmosphäre heroischen Kampfes herangewachsen, was sie aufs Ganze gesehen sicherlich etwas härter gemacht hatte. Als sie nun völlig verwaist sich selbst überlassen waren, hatten sie sich eng zusammengeschlossen, hatten füreinander und ihre kleinen Schwestern gesorgt und unter dem Druck der Notwendigkeit bislang ungeahnte Kräfte entwickelt. Und dieser durch Schmerz gestählten und durch Arbeit gestärkten Gruppe, die nicht nur die Liebe und Fürsorge ihrer Eltern, sondern auch die Hoffnung, jemals selbst Kinder haben zu können, verloren hatte, dämmerte nun eine neue Hoffnung.

Es gab doch endlich wieder Mutterschaft, und wenn auch nicht jede persönlich dieses Glück hatte, so konnte doch – wenn die Fähigkeit vererbt worden war – der Grundstein zu einem neuen Volk gelegt sein.

Es lässt sich leicht vorstellen, wie diese fünf Töchter der Maaia, Kinder des Tempels, Mütter der Zukunft – sie bekamen alle erdenklichen Titel, die Liebe, Hoffnung und Verehrung verleihen können – umhegt wurden. Die ganze kleine Nation von Frauen umgab sie mit liebender Fürsorge und wartete, hin- und hergerissen zwischen grenzenloser Hoffnung und grenzenloser Verzweiflung, ob sie ebenfalls Mütter werden würden.

Und sie wurden Mütter! Sobald sie das Alter von fünfundzwanzig Jahren erreicht hatten, bekamen sie Kinder. Genau wie ihre Mutter bekam jede von ihnen fünf Töchter. Auf einmal waren da fünfundzwanzig Neue Frauen, jede von ihnen konnte Mutter werden, und im ganzen

Land wandelte sich die Stimmung von Trauer und mutig getragener Resignation zu stolzer Freude. Die älteren Frauen, die sich noch an Männer erinnern konnten, starben dahin, und nach einer Weile folgte dann auch die Letzte aus der ursprünglichen Gruppe. Doch zu dieser Zeit gab es schon einhundertfünfundfünzig Frauen mit der Fähigkeit zur Parthenogenese, und die begründeten ein neues Volk.

Sie erbten all das, was die hingebungsvolle Fürsorge der aussterbenden ersten Gruppe ihnen hinterlassen hatte. Ihr kleines Land war sicher. Ihre Bauernhöfe und Gärten waren in prachtvollem Zustand. Das, was sie an Industrie hatten, war gut organisiert. Die Aufzeichnungen über ihre Vergangenheit waren sorgfältig aufbewahrt, und die älteren Frauen hatten die jüngeren jahrelang nach Kräften unterrichtet, sodass die kleine Gruppe von Schwestern und Müttern einen Schatz an Fertigkeiten und Kenntnissen übernehmen konnte.

Jetzt wissen Sie also, wie das Frauenland entstanden ist. Eine Familie, in der alle von derselben Mutter abstammen! Sie wurde hundert Jahre alt, sah noch alle ihre einhundertfünfundzwanzig Urenkel, wurde als Königin, Priesterin und Stammmutter verehrt und starb vielleicht mit edlerem Stolz und größerer Zufriedenheit als je ein Mensch vor ihr – sie alleine hatte einen neuen Menschenstamm gegründet!

Die ersten fünf Töchter waren in einer Atmosphäre geheiligter Stille, banger Erwartung und atemloser Gebete aufgewachsen. Die ersehnte Mutterschaft war für sie nicht nur eine persönliche Freude, sondern die Hoffnung der ganzen Nation. Ihre fünfundzwanzig Töchter wuchsen als heilige Schwesternschaft auf, bei ihnen war die Hoffnung schon stärker, die Zukunft sah gesicherter und glücklicher aus, die ganze hingebungsvolle Liebe und Sorge der übrig gebliebenen Bevölkerung war ihnen sicher, und ihre Jugend war völlig auf ihre große Aufgabe ausgerichtet. Schließlich blieben sie allein übrig, die weißhaarige Erste Mutter war gestorben und diese eine Familie, nämlich die fünf Schwestern, die fünfundzwanzig Cousinen der nächsten Generation und die darauffolgenden einhundertfünfundzwanzig Cousinen begannen ihr Leben als neues Volk.

Dieses Volk besteht fraglos aus menschlichen Wesen, aber wir verstanden nur sehr langsam, dass diese Frauen par exellence, die nur weibliches Erbgut haben, nicht nur bestimmte männliche Eigenschaften ausgeschaltet hatten, wonach wir natürlich auch gar nicht suchten, sondern darüber hinaus auch so vieles, was wir für grundsätzlich weiblich hielten.

Die Tradition, nach der die Männer Wächter und Beschützer sind, war gänzlich ausgestorben. Diese tapferen Jungfrauen kannten keine Männer, vor denen sie sich fürchten mussten und benötigten demzufolge auch keinen Schutz. Was wilde Tiere angeht – in ihrem abgeschlossenen Land gibt es keine.

Mutterliebe und mütterlicher Instinkt, die bei uns so gepriesen werden, fanden wir dort in ihrer höchsten Form, und die Liebe der Schwestern untereinander war für uns fast unglaublich, obwohl wir sie ständig beobachten konnten.

Als wir alleine waren, sagte Terry fast schon verächtlich, er glaube die Geschichte nicht. »Ein Wust von Überlieferungen, so alt wie Herodot – und genauso glaubwürdig!«, meinte er. »Frauen – bloß ein Haufen Frauen – sollen so zusammengehalten haben! Es ist doch bekannt, dass Frauen sich nicht organisieren können – die streiten sich doch wie die Teufel – und sind auch noch entsetzlich eifersüchtig.«

»Aber diese neuen Herrinnen hatten niemand, auf den sie eifersüchtig sein konnten, falls du dich erinnerst«, bemerkte Jeff.

»O ja, eine sehr wahrscheinliche Geschichte«, schnaubte Terry.

»Warum erfindest du denn keine, die mehr der Wahrscheinlichkeit entspricht?«, fragte ich ihn. »Hier *sind* nun mal Frauen – nichts als Frauen, und du hast selbst zugegeben, dass es in diesem Land keine Spur von einem Mann gibt.« Mittlerweile waren wir ein gutes Stück im Land herumgekommen.

»Das gebe ich ja zu«, stöhnte er, »so leid es mir tut. Nicht nur, weil es ohne sie gar keinen richtigen Spaß gibt – keinen richtigen Sport – keinen Wettkampf, sondern diese Frauen sind einfach nicht *weiblich*. Ihr wisst, dass sie es nicht sind.«

Dieses Gerede brachte Jeff immer auf die Palme, und ich war allmählich auf seiner Seite. »Für dich ist also ein Volk von Frauen, deren einzige Beschäftigung und Sorge Mutterschaft ist, nicht weiblich?«, fragte er.

»Sehr richtig«, zischte Terry. »Was kümmert einen Mann Mutterschaft, wenn er nicht die leiseste Chance zur Vaterschaft hat? Und außerdem – warum sollen wir sentimental daherreden, wo wir hier nur unter Männern sind? Was ein Mann von einer Frau verlangt, ist wohl ein bisschen mehr als nur diese ›Mutterschaft‹!«

Wir waren mit Terry so geduldig, wie wir konnten. Als er diesen Ausbruch hatte, lebte er mittlerweile seit neun Monaten mit den »Feldwebeln« zusammen und hatte keinerlei Aussicht auf weitere körperliche Ertüchtigung als unsere Turnstunden – von unserem Flucht-Fiasko abgesehen. Ich nehme an, dass Terry noch niemals so lange ohne Liebe, Wettkämpfe und Gefahr gelebt hatte, wo er seine überschüssigen Energien loswerden konnte, und deshalb war er aus dem Gleichgewicht.

Weder Jeff noch ich fanden das so zermürbend. Ich war intellektuell so in Anspruch genommen, dass mich unsere Gefangenschaft nicht belastete. Und Jeff, der Gute, genoss die Gesellschaft seiner Lehrerin fast so sehr, als ob sie ein Mädchen gewesen wäre – wenn nicht gar mehr.

Was aber Terrys Kritik betrifft, so war da schon was dran. Diesen Frauen, in deren gesamter Kultur die Ehre der Mutterschaft das herausragendste Kennzeichen war, fehlte völlig das, was wir »feminin« nennen. Das führte mich jedoch schnell zu der Überzeugung, dass dieser »feminine Charme«, den wir so schön finden, in Wirklichkeit gar nicht feminin ist, sondern nur die männlichen Wunschvorstellungen widerspiegelt – von den Frauen entwickelt, um uns zu gefallen, weil sie gezwungen werden, uns zu gefallen – und in gar keiner Weise grundsätzlich zur weiblichen Natur gehört. Aber zu diesem Schluss kam Terry nicht.

»Wartet nur, bis ich hier rauskomme!«, murmelte er.

Doch wir warnten ihn beide. »Pass auf, Terry, mein Junge, sei schön vorsichtig! Sie waren wirklich gut zu uns – aber kannst du dich an die Betäubungsmittel erinnern? Wenn du in diesem Land voller Jungfrauen irgendein Unheil anrichtest, dann hüte dich vor der Rache der lieben Tanten! Komm, lass dich nicht hängen, es ist ja nicht für immer.«

Aber nun zurück zu der Geschichte:

Sie begannen sofort, für ihre Kinder zu planen und zu bauen und widmeten ihre ganze Kraft und Intelligenz diesem einen Zweck. Jedes Mädchen wurde im vollen Bewusstsein ihrer hohen Berufung erzogen, und auch damals schon setzten sie sehr stark auf die prägende Kraft der Mutter wie der Erziehung überhaupt.

Was hatten sie für hohe Ideale! Schönheit, Gesundheit, Kraft, Intelligenz, Güte – dafür arbeiteten und beteten sie.

Sie hatten keine Feinde und waren sich untereinander alle Schwestern und Freunde. Ihr Land war makellos schön und sie begannen, eine große Zukunft für sich zu entwerfen.

Ihre Religion ähnelte zu Anfang stark der des alten Griechenlands – eine Vielzahl von Göttern und Göttinnen. Aber sie verloren jegliches Interesse an den Göttern des Krieges und der Plünderei und konzentrierten sich allmählich ganz auf ihre Mutter-Gottheit. Als ihre geistigen Fähigkeiten dann mit der Zeit wuchsen, wurde daraus eine Art mütterlicher Pantheismus.

Da war die Mutter Erde, die ihnen die Früchte brachte. Alles, was sie aßen, war letztlich eine Frucht dieser Mutter, aus Samen oder Ei. Mutterschaft bedeutete also Geburt und Leben – für sie war das Leben gleichbedeutend mit dem langen Zyklus der Mutterschaft.

Doch sehr früh erkannten sie die Notwendigkeit von Reformen und widmeten diesem Problem ihre vereinte Intelligenz – wie sie eine möglichst gute Gesellschaft aufbauen könnten. Zuerst hatten sie nur die Hoffnung, Kinder mit immer besseren Anlagen zu bekommen, doch dann stellten sie fest, dass, wie sehr sich die Kinder bei der Geburt auch unterschieden, die wirkliche Charakterbildung erst später begann – durch Erziehung.

Seitdem lief alles sehr gut.

Je mehr ich die Errungenschaften dieser Frauen schätzen lernte, desto weniger stolz war ich auf das, was wir mit all unserer Männlichkeit zustande gebracht hatten.

Sehen Sie, sie hatten niemals einen Krieg geführt. Es gab bei ihnen weder Könige noch Priester noch eine Aristokratie. Sie waren Schwestern und entwickelten sich gemeinsam – nicht in Konkurrenz zueinander, sondern vereint.

Wir versuchten, ein gutes Wort für das Konkurrenzprinzip einzulegen, sie waren daran sehr interessiert. In der Tat konnten wir aus ihren ernsthaften Fragen bald schließen, dass sie durchaus bereit waren zu glauben, unsere Welt müsse besser sein als ihre eigene. Sie waren sich nicht sicher und wollten deshalb alles von uns wissen, aber sie waren überhaupt nicht arrogant, wie man es vielleicht hätte erwarten können.

Wir aber taten überaus wichtig, als wir ihnen von den Vorteilen des Konkurrenzkampfes erzählten: Wie er die Stärke des Menschen zum Vorschein bringen würde, dass es ohne ihn keinen »Anreiz zum Fleiß« gebe. Gerade Terry war auf diesem Gebiet sehr stark.

»Keinen Anreiz zum Fleiß«, wiederholten sie mit der fragenden Miene, die wir mittlerweile so gut kannten. »Anreiz zum Fleiß? Aber arbeitet ihr denn nicht *gerne*?«

»Kein Mann würde arbeiten, wenn er nicht müsste«, erklärte Terry.

»Ach so, kein *Mann*! Du meinst, das ist auch einer der Unterschiede zwischen den Geschlechtern bei euch?«

»Nein, natürlich nicht!«, sagte er hastig. »Niemand, ich meine Mann oder Frau, würde ohne einen Antrieb arbeiten. Konkurrenzkampf ist die – die treibende Kraft.«

»Bei uns ist das nicht so«, sagten sie sanft. »Deshalb ist es für uns etwas schwierig, es zu verstehen. Es ist also zum Beispiel auch so, dass bei euch keine Mutter ohne den Stimulus des Konkurrenzkampfes etwas für ihr Kind tun würde?«

Nein, gab er zu, das hätte er natürlich nicht damit gemeint. Mütter würden selbstverständlich zu Hause für ihre Kinder sorgen, aber die Arbeit draußen wäre etwas anders – das müssten Männer machen, und da sei der Wettbewerb unerlässlich.

Alle unsere Lehrerinnen waren aufs Höchste interessiert.

»Wir möchten gerne so vieles wissen – ihr habt die ganze Welt, von der ihr uns erzählen könnt, und wir haben nur unser kleines Land! Und ihr seid zwei – zwei Geschlechter, die sich gegenseitig lieben und sich helfen können. Es muss eine ausgefüllte und wunderschöne Welt sein. Bitte sagt uns – was ist diese Arbeit draußen, die die Männer verrichten – und die es hier bei uns nicht gibt.«

»Oh, alles«, sagte Terry großspurig. »Bei uns tun die Männer alles.« Er ließ die Muskeln seiner breiten Schultern spielen und warf sich in die Brust. Wir erlauben unseren Frauen nicht zu arbeiten. Sie werden geliebt – angebetet – verehrt – und im Haus gehalten, um für die Kinder zu sorgen.«

»Was heißt ›im Haus‹?«, fragte Somel ein wenig nachdenklich.

Aber Zava fragte schnell: »Sagt mir bitte zuerst, arbeiten wirklich *keine* Frauen?«

»Aber ja, doch«, meinte Terry. »Manche müssen eben, wenn sie etwas ärmer sind.«

»Wie viel sind das denn ungefähr in eurem Land?«

»So circa sieben oder acht Millionen«, sagte Jeff, boshaft wie immer.

6

Vergleiche sind anmaßend

Ich war natürlich immer stolz auf mein Land gewesen. Das ist wohl jeder mehr oder weniger. Verglichen mit den anderen Ländern oder Völkern, die ich kannte, waren mir die Vereinigten Staaten von Amerika – bescheiden gesprochen – immer so gut vorgekommen wie die Besten von ihnen.

So wie man durch die unschuldigen Fragen eines klugen, intelligenten, völlig aufrichtigen und gutwilligen Kindes in seiner Selbstachtung erschüttert werden kann, so schnitten auch diese Frauen andauernd Themen an, denen wir einfach nicht ausweichen konnten.

Als Jeff die Zahl unserer »weiblichen Lohnempfänger« nannte, fragten sie augenblicklich nach der Gesamtbevölkerung, dem Anteil der erwachsenen Frauen und fanden schnell heraus, dass nur ungefähr zwanzig Millionen nicht arbeiten.

»Dann sind also ein Drittel eurer Frauen – wie nennt ihr das – Lohnempfänger? Und sie sind alle *arm*. Was ist das genau, *arm*?«

»Was Armut betrifft, geht es unserem Land auf der ganzen Welt am besten«, erklärte ihnen Terry. »Bei uns gibt es keine elenden Armen und Bettler wie in den älteren Staaten, das kann ich euch versichern. Ja, europäische Besucher sagen uns, dass wir gar nicht wissen, was Armut eigentlich ist.«

»Wir auch nicht«, sagte Zava. »Wollt ihr es uns nicht erklären?«

Terry überließ mir diese Aufgabe, da ich schließlich der Soziologe sei, und ich erzählte ihnen, dass die Naturgesetze einen Kampf ums Überleben erzwingen und dass in diesem Kampf der Stärkere überlebt und der Schwächere untergeht. In unserem wirtschaftlichen Kampf, fuhr ich fort, gab es schon immer genügend Chancen für den Stärkeren, die Spitze zu erreichen, was die Stärkeren auch alle taten, und das besonders in unserem Land in großer Zahl. Wo allerdings schwerer wirtschaftlicher Druck besteht, da spüren ihn natürlich die ärmeren Schichten am meisten, und bei den Allerärmsten werden die Frauen aus reiner Notwendigkeit in den Arbeitsmarkt getrieben.

Sie hörten aufmerksam zu und machten ihre üblichen Notizen.

»Dann gehört also ein Drittel zu der ärmsten Schicht«, stellte Moadine sehr ernst fest. »Und die restlichen zwei Drittel sind dann also diejenigen, die – wie habt ihr das noch so wunderschön formuliert? – ›geliebt, verehrt und im Hause gehalten werden, um für die Kinder zu sorgen‹. Ich nehme an, dass dieses arme Drittel dann keine Kinder hat?«

Jeff – er wurde mittlerweile so schlimm wie sie – entgegnete, das Gegenteil sei der Fall, denn je ärmer sie seien, desto mehr Kinder hätten sie. Auch das, erklärte er, sei ein Naturgesetz:

Die Reproduktion steht in umgekehrtem Verhältnis zur Individuation.«

»Diese ›Naturgesetze‹ «, fragte Zava milde, »sind das die einzigen Gesetze, die ihr habt?«

»Aber nein!«, protestierte Terry. »Wir haben Gesetze, die viele tausend Jahre zurückgehen – wie es bei euch zweifelsohne auch der Fall ist«, schloss er höflich.

»Oh, nein«, sagte Moadine. »Wir haben keine Gesetze, die über hundert Jahre alt sind, die meisten sind sogar weniger als zwanzig Jahre alt. In ein paar Wochen«, fuhr sie fort, »werden wir das Vergnügen haben, euch unser kleines Land zu zeigen und euch alles zu erklären, was ihr gerne wissen möchtet. Wir möchten, dass ihr unser Volk seht.«

»Und ich kann euch versichern«, fügte Somel hinzu, »dass unser Volk auch euch sehen möchte.«

Diese Nachricht verbesserte Terrys Laune ganz erheblich und versöhnte ihn mit den neuen Ansprüchen an unsere Fähigkeiten als Lehrer. Es war unser Glück, dass wir im Grunde genommen so wenig wussten und keine Bücher mit uns führten, auf die wir uns dann hätten beziehen müssen; andernfalls glaube ich, wären wir jetzt noch dort und würden diesen lernbegierigen Frauen die übrige Welt erklären.

Was Geografie betraf, so hatte sich bei ihnen noch das Wissen um den Großen See hinter den Bergen erhalten, und von ihrem Land aus konnten sie die endlosen, dicht bewaldeten Ebenen unter ihnen sehen – das war alles. Aber aus ein paar Berichten über die Anfangszeit ihres Landes – bei ihnen war das nicht »vor der Sintflut«, sondern vor dem starken Erdbeben, das sie so völlig abgeschnitten hatte – wussten sie sehr wohl, dass es noch andere Völker und Länder gab.

Von Geologie wussten sie so gut wie nichts.

Was Anthropologie anging, so besaßen sie ebenfalls noch rudimentäre Informationen über andere Völker und wussten, dass die Bewohner der dunklen Wälder unter ihnen Wilde waren. Wie dem auch sei, sie waren jedenfalls zu der Schlussfolgerung gekommen (in Schlussfolgerungen und Deduktionen waren sie ganz besonders stark!), dass auch noch an anderen Stellen der Erde Zivilisation existiert und sich entwickelt, wie wir es von anderen Planeten annehmen.

Als unser Doppeldecker bei jenem ersten Erkundungsflug über ihre Köpfe schwirrte, hatten sie ihn sofort als Beweis für die hohe Entwicklungsstufe »irgendwo anders« akzeptiert und hatten Vorbereitungen getroffen, uns so vorsichtig und aufmerksam zu empfangen, wie wir es wohl tun würden, wenn wir Besucher zu begrüßen hätten, die in einer fliegenden Untertasse vom Mars gekommen sind.

Über Geschichte – abgesehen von ihrer eigenen – wussten sie natürlich nichts, sie hatten nur ihre althergebrachten Mythen.

In Astronomie verfügten sie über erstaunlich gute Kenntnisse – schließlich eine alte Wissenschaft. Damit ging eine überraschende Fähigkeit und Geschicklichkeit in Mathematik einher.

Auch in Physiologie kannten sie sich recht gut aus. Gerade in den einfacheren und konkreten Wissenschaften, deren Gegenstände greifbar vor ihnen lagen und die sie dann mit ihrer Intelligenz analysieren konnten, erzielten sie wirklich erstaunliche Resultate. In Chemie, Botanik und Physik mit all ihren Übergangsgebieten, wo die Wissenschaft die Kunst berührt oder aber industriell nutzbar wird, hatten sie es zu einer solchen Fülle von Wissen gebracht, dass wir uns wie Schulkinder vorkamen.

Später, als wir uns frei im Land bewegen konnten, fanden wir durch weitere Beobachtungen und Fragen heraus, dass in beachtlichem Maße alle wussten, was eine von ihnen wusste.

Ich sprach damals mit kleinen Mädchen, die in den von Tannen dunklen Tälern der allerhöchsten Berge lebten, mit den sonnenverbrannten Frauen, die in den Ebenen wohnten, mit den behänden Försterinnen und auch mit Stadtbewohnern, und überall fand ich das selbe hohe Intelligenzniveau. Manche wussten sehr viel mehr als die anderen über einen bestimmten Gegenstand – sie waren natürlich spezialisiert. Aber alle wussten mehr über beliebige Gegenstände – das heißt, über alle Gegenstände, die man in diesem Land eben kannte – als dies bei uns der Fall ist.

Wir bilden uns viel ein auf unseren »hohen allgemeinen Bildungsstandard« und unsere »allgemeine Schulpflicht«, aber gemessen an ihren Möglichkeiten waren sie bei Weitem gebildeter als die Leute bei uns.

Aus dem, was wir ihnen erzählten und aus den Skizzen und Modellen, die wir für sie anfertigen konnten, bildeten sie sich eine erste grobe Vorstellung von unserer Welt, die sie dann nach und nach ergänzen konnten, je mehr sie hinzulernten.

Sie stellten einen Globus her, und unsere etwas zweifelhaften Karten, die aber gut durch diejenigen aus meinem unschätzbaren Taschenkalender ergänzt werden konnten, wurden vorläufig darauf eingezeichnet.

Sie waren in Massen gekommen, saßen in aufmerksamen Gruppen zusammen und hörten aufmerksam zu, als Jeff ihnen die geologische Entwicklung der Erde grob umriss und aufzeigte, in welcher Beziehung ihr eigenes Land zu den anderen steht. Sie erfassten sogleich die Daten und Zahlen aus meinem Taschenkalender und ordneten sie mit niemals irrendem Scharfsinn ein.

Selbst Terry begann, sich für diese Arbeit zu erwärmen. »Wenn wir sie weiter bei der Stange halten, werden sie uns noch darum bitten, Vorträge an allen Mädchenschulen und Universitäten zu halten – das wäre doch was, nicht?«, meinte er zu uns. »Ich hätte nichts dagegen, vor einer solchen Zuhörerschaft als Autorität aufzutreten.«

Tatsächlich drängten sie uns später, öffentliche Vorträge zu halten, doch weder zu dem Zweck noch vor der Zuhörerschaft, die wir erwarteten.

Was sie mit uns machten, war so, als ob, sagen wir mal, als ob Napoleon versuchen würde, aus ein paar ungebildeten Bauern militärische Informationen herauszuquetschen. Sie wussten genau, was sie zu fragen hatten und was mit der Antwort anzufangen war. Sie besaßen mechanische Vorrichtungen zur Informationsverbreitung, die nahezu gleichwertig waren mit denen, die wir bei uns zu Hause haben. Und als wir dann zu Vorträgen geführt wurden, hatten unsere Zuhörer eine gute Zusammenfassung all dessen, was wir vorher unseren Lehrerinnen mitgeteilt hatten, gründlich durchgearbeitet und waren mit Notizen und Fragen bewaffnet, die selbst einen Universitätsprofessor eingeschüchtert hätten.

Die Zuhörer waren auch keine Mädchen. Es verging noch einige Zeit, bis man uns erlaubte, auch die jungen Frauen zu treffen.

»Würde es dir was ausmachen, uns zu sagen, was ihr mit uns vorhabt?«, brüllte Terry eines Tages in seiner halb scherzhaften, aufbrausenden Art die ruhige, freundliche Moadine an. In der ersten Zeit brüllte und tobte er ziemlich viel, aber nichts schien sie mehr zu amüsieren. Sie stellten sich um ihn herum und beobachteten ihn freundlich, aber mit offensichtlichem Interesse, als ob sie in einer Ausstellung wären. Mit der Zeit lernte er aber, sich zu beherrschen, und sein Verhalten wurde fast vernünftig – aber eben nur fast.

Sie sagte ruhig und klar: »Aber überhaupt nicht. Ich dachte, das sei völlig klar. Wir versuchen, so viel wir können von euch zu lernen und euch so viel beizubringen, wie ihr von unserem Land wissen wollt.«

»Ist das alles?«, bohrte er weiter.

Sie lächelte recht geheimnisvoll. »Das kommt darauf an.«

»Worauf kommt es an?«

»Hauptsächlich auf euch selbst«, antwortete sie.

»Warum werden wir so streng eingesperrt?«

»Weil wir uns nicht ganz sicher fühlen, euch mehr Freiheiten zu gestatten, wo es hier so viele junge Frauen gibt.«

Das gefiel Terry nun wieder sehr. Genauso hatte er sich das auch gedacht. Trotzdem fragte er: »Welchen Anlass habt ihr denn, ängstlich zu sein? Wir sind Gentlemen.«

Sie lächelte wieder so komisch und fragte: »Ist man vor ›Gentlemen‹ immer sicher?«

»Du glaubst doch wohl wirklich nicht, dass irgendeiner von uns«, sagte er mit ziemlich starker Betonung auf dem »uns«, »euren jungen Mädchen etwas tun würde?«

»Aber nein«, sagte sie schnell und ehrlich überrascht. »Die Gefahr liegt ganz auf der anderen Seite. Sie könnten euch etwas tun. Wenn ihr durch irgendeinen Zufall einer von uns etwas tun würdet, dann hättet ihr es mit einer Million Mütter zu tun.«

Er sah so verwundert und schockiert aus, dass Jeff und ich lauthals lachten, aber sie sprach sanft weiter.

»Ich glaube nicht, dass ihr die Sache schon richtig versteht. Ihr seid nur Männer, drei Männer in einem Land, dessen Bewohner alle Mütter sind – oder sein werden. Mutterschaft hat für uns eine Bedeutung, die ich in keinem der Länder entdecken kann, von denen ihr uns erzählt habt. Du hast gesagt«, wandte sie sich an Jeff, »dass die Brüderschaft der Menschen bei euch ein großes Ideal ist, aber sehe ich richtig, dass dem die Wirklichkeit bei Weitem nicht entspricht?«

Jeff nickte recht traurig. »Bei Weitem nicht«, sagte er.

»Wir haben hier die Mutterschaft der Menschen voll in die Praxis umgesetzt«, fuhr sie fort. »Es ist nichts anderes als die buchstäbliche Schwesternschaft in unseren Anfängen und der noch weit höher entwickelte und vertiefte Zusammenhalt während unseres gesellschaftlichen Wachstums. Die Kinder sind in diesem Land der Mittelpunkt und Brennpunkt all unserer Gedanken. Jeder Schritt, den wir vorangehen, wird immer nach seinen Auswirkungen auf die Kinder, also auf unser gesamtes Volk, beurteilt. Ihr seht, wir sind *Mütter*«, wiederholte sie, als hätte sie damit alles gesagt.

»Ich verstehe aber nicht, wieso diese Tatsache, die ja auf alle Frauen zutrifft, irgendein Risiko für uns bedeutet«, erwiderte Terry hartnäckig. »Du meinst, dass sie ihre Kinder vor jedem Angriff schützen würden. Das ist doch klar. Würde doch jede Mutter tun. Aber wir sind doch keine Wilden, verehrte Dame. Wir werden nicht einem Kind von irgendeiner Mutter ein Haar krümmen.«

Sie sahen einander an und schüttelten ein wenig den Kopf, doch dann wandte sich Zava an Jeff und bedrängte ihn, es uns doch zu erklären, da es ihr so schiene, als ob er dies alles besser verstehen würde als Terry und ich. Das versuchte er auch.

Heute verstehe ich, was sie damals meinten, zumindest größtenteils, aber ich habe lange dafür gebraucht, und es hat mich eine ganze Menge intellektueller Anstrengung gekostet.

Was sie unter Mutterschaft verstehen, ist ungefähr Folgendes:

Sie begannen auf einer recht hohen sozialen Entwicklungsstufe, ungefähr der des alten Ägyptens oder

Griechenlands. Dann verloren sie alle Männer und dachten zuerst, damit sei nun auch alle menschliche Kraft und Sicherheit verloren. Dann entwickelten sie die Fähigkeit zur Jungfernzeugung. Daraufhin begannen sie, sich in kompromissloser Zusammenarbeit zu üben, denn das Wohlergehen ihrer Kinder hing davon ab.

Ich weiß noch, wie lange Terry auf der offensichtlichen Einmütigkeit dieser Frauen herumhackte, dem auffälligsten Merkmal ihrer gesamten Kultur. »Das ist einfach nicht möglich!«, behauptete er. »Frauen können nicht zusammenarbeiten, das ist wider ihre Natur.«

Wenn wir ihm die offensichtlichen Tatsachen vor Augen hielten, meinte er nur: »Quatsch!« oder: »Zum Teufel mit euren Tatsachen, ich sage euch, dass es nicht so sein kann!« Wir konnten ihn wirklich niemals zum Schweigen bringen, bis Jeff die Hautflügler in die Diskussion brachte.

»Geh doch zur Ameise, du Nichtstuer, da kannst du noch was lernen«, sagte er triumphierend. »Arbeiten die nicht auch ziemlich gut zusammen? Dagegen kannst du nichts sagen. Dieses Land ist nichts anderes als ein einziger großer Ameisenhaufen, und ein Ameisenhaufen ist nichts anderes als ein einziges großes Kinderzimmer. Und wie steht es mit den Bienen? Die arbeiten ja schließlich auch zusammen und kommen gut miteinander aus.

So wie die Vögel den Frühling lieben
Und Bienen die sorgende Königin,

wie schon der alte Constable so treffend bemerkte. Zeig mir doch eine Gemeinschaft männlicher Lebewesen, sei's nun Vogel, Käfer oder Hausvieh, die so gut zusammenarbeiten. Oder eines unserer männlich geprägten Länder, in dem die Leute so zusammenarbeiten wie hier! Ich sage dir, Frauen sind zur Zusammenarbeit geboren, nicht die Männer!«

Terry musste einiges lernen, was ihm nicht sonderlich behagte.

Ich jedoch werde wieder zu meiner kleinen Gesellschaftsanalyse zurückkehren:

Sie entwickelten diese enge Kooperation im Interesse ihrer Kinder. Um ihre Arbeit optimal zu gestalten, mussten sie sich natürlich spezialisieren. Die Kinder brauchten Spinnerinnen und Weberinnen, Bäuerinnen und Gärtnerinnen, Zimmerleute und Maurerinnen genauso wie Mütter.

Dann kam der Zeitpunkt, an dem das Land sehr voll wurde. Wenn sich eine Bevölkerung alle dreißig Jahre um das Fünffache vermehrt, stößt sie schnell an die Grenzen ihres Landes, besonders dann, wenn es so klein ist wie dieses. Daraufhin trennten sie sich sehr schnell von allem weidenden Vieh – ich glaube, die Schafe wurden als Letzte abgeschafft. Darüber hinaus entwickelten sie ein System intensiver Bodenbearbeitung, das alles übersteigt, wovon ich jemals gehört habe. Sogar die Wälder wurden alle mit obst- oder nusstragenden Bäumen neu aufgeforstet.

Doch sie konnten tun, was sie wollten, es kam schnell der Zeitpunkt, an dem sich das Problem der Überbevölkerung ihnen dringend stellte. Sie lebten wirklich in schlimmer Enge, und damit war unweigerlich ein Absinken des Lebensstandards verbunden.

Und wie wurden die Frauen damit fertig.

Bestimmt nicht durch einen Existenzkampf, der dazu führt, dass sich eine Masse unterentwickelter Leute unaufhörlich abquält, weil jeder es besser haben will als der andere. (Ein paar dringen für eine Weile bis zur Spitze vor, und viele werden andauernd am Boden zertreten, ein hoffnungsloser Bodensatz aus verarmten und degenerierten Menschen. Für niemanden gibt es Freude, Frieden oder gar die Möglichkeit, edlere menschliche Fähigkeiten zu entfalten.)

Genauso wenig unternahmen sie Raubzüge, um anderen Völkern Land oder Nahrung wegzunehmen, nur um ihre Bevölkerungsmassen am Leben zu erhalten.

So etwas kam für sie wirklich nicht infrage. Sie hielten Rat und lösten das Problem intellektuell. Sie sagten: »Wenn wir unser Bestes tun, kann dieses Land soundso viele Leute ernähren, unter Aufrechterhaltung des Friedens und des Standards von Bequemlichkeit, Gesundheit, Schönheit und Fortschritt, auf den wir nicht verzichten wollen. Nun gut. Wir werden nur noch so viele Kinder zur Welt bringen, dass diese Zahl nicht überschritten wird.«

Damit wären wir beim Kern der Sache. Sehen Sie, sie waren Mütter, und zwar nicht in unserem Sinne von hilfloser, ungewollter Fruchtbarkeit, dazu getrieben, das Land, jedes Land erst zu füllen und dann zu überfüllen und schließlich die eigenen Kinder leiden, sündigen und sterben zu sehen, beobachten zu müssen, wie sie schrecklich miteinander kämpfen; sondern im Sinne bewusster Gestalter eines Volkes. Mutterliebe war dringendes persönliches Gefühl, es war für sie – eine Religion.

Dem entsprach auch ihr grenzenloses Gefühl von Schwesterlichkeit, diese weitgespannte Einigkeit des gegenseitigen Dienstes, die für uns so schwer zu verstehen war. Sie bezog sich auf die Nation, das Volk, überhaupt auf alle Menschen – ach, ich weiß nicht, wie ich es ausdrücken soll.

Wir sind gewöhnt, nur die Person »Mutter« zu nennen, die völlig versunken ist in ihr faszinierendes rosa Baby-Bündel und nur ein vages, theoretisches Interesse für das Bündel von jemand anderem hat, ganz zu schweigen von den gemeinsamen Bedürfnissen *all* dieser Bündel. Diese Frauen dagegen arbeiteten an der größten aller Aufgaben, sie schufen ein Volk, und das machten sie gut.

Es folgte dann eine Periode »negativer Eugenik«, was für sie ein entsetzliches Opfer gewesen sein muss. Bei uns ist es allgemein üblich, »das Leben für das Vaterland zu opfern«, aber sie mussten für ihr Land auf die Mutterschaft verzichten, und genau das ist für sie das Schwerste gewesen.

Als ich in meinen Studien so weit gekommen war, ging ich zu Somel, um von ihr noch mehr zu erfahren. Nie zuvor in meinem Leben hatte ich ein so freundschaftliches Verhältnis zu einer Frau gehabt. Sie war schon ein prachtvolles Wesen, gab einem dieses angenehme, warme Gefühl von Geborgenheit, das ein Mann bei einer Frau so schätzt, hatte aber gleichzeitig einen klaren Verstand, zeichnete sich durch Zuverlässigkeit aus, was ich bisher immer für männliche Eigenschaften gehalten hatte. Niedergeschrieben, hätten unsere Gespräche mittlerweile Bände gefüllt.

»Hör mal zu«, sagte ich. »Ihr hattet damals diese schreckliche Zeit, als es bei euch viel zu viele Leute gab und ihr euch entschlossen habt, die Bevölkerung zu begrenzen. Bei uns wird über dieses Thema auch sehr viel geredet, aber eure Einstellung dazu ist so völlig anders, dass ich darüber gerne noch ein bisschen mehr erfahren würde. Ich habe das so verstanden, dass die Mutterschaft bei euch der höchste Dienst an der Gesellschaft ist, fast schon ein Sakrament, dass der größte Teil der Bevölkerung nur einmal schwanger wird, dass man es denjenigen, die man für nicht geeignet hält, auch nicht dieses eine Mal erlaubt und dass die Ermutigung, mehr als ein Kind zur Welt zu bringen, als höchste Ehre und Auszeichnung im Staat angesehen wird.«

(Hier unterbrach sie mich und sagte, dass wohl bei ihnen die näheste Entsprechung zu einer aristokratischen Herkunft darin bestände, von einer solchen »Übermutter« abzustammen.)

»Aber was ich natürlich nicht verstehe, ist, wie ihr die Mutterschaft verhindert. Soweit ich verstanden habe, wird jede Frau fünfmal Mutter. Ihr habt keine tyrannischen Ehemänner unter Kontrolle zu halten, und ihr werdet auch sicherlich nicht die Ungeborenen töten …«

Hier traf mich ein Blick tiefsten Entsetzens, den ich niemals vergessen werde. Leichenblass, aber mit blitzenden Augen sprang sie von ihrem Stuhl auf.

»Die Ungeborenen töten …!«, flüsterte sie hart. »Tun das die Männer in eurem Land?«

»Männer!«, begann ich sehr erregt, doch dann sah ich den Abgrund zwischen ihr und mir. Keiner von uns wollte, dass diese Frauen annahmen, dass *unsere* Frauen, mit denen wir so stolz angaben, ihnen in irgendeiner Weise unterlegen seien. Ich schäme mich zu sagen, dass ich Ausflüchte gebrauchte und ihr von gewissen kriminellen Frauentypen erzählte, von Perversen oder Verrückten, die zum Kindesmord fähig waren. Wahrheitsgemäß erklärte ich ihr, dass es in unserem Land vieles gäbe, was man kritisieren müsste, aber dass ich mich ungern sehr lange über unsere Mängel auslassen wolle, bevor sie uns und unsere Lebensumstände nicht besser verstünden.

Und über einen weiten Umweg kam ich dann auf meine Fragen zurück, wie sie denn den Bevölkerungszuwachs kontrollierten.

Somel schien es leid zu tun, dass sie ihr Befremden so deutlich gezeigt hatte, sie schien sich sogar ein wenig deswegen zu schämen.

Wenn ich jetzt, wo ich sie besser kenne, zurückblicke, dann bin ich mehr und mehr und mehr erstaunt, weil mir erst jetzt langsam die ausgesuchte Höflichkeit bewusst wird, mit der sie Feststellungen und Eingeständnisse von uns aufgenommen hat, die sie bis in die tiefste Seele erschüttert haben müssen.

Sie erklärte mir mit liebenswürdigem Ernst, tatsächlich habe zuerst jede Frau fünf Kinder geboren, bis eine Bevölkerungsbeschränkung absolut notwendig geworden sei.

»Bevor wir eine Lösung fanden, lebten wir schon auf Rationen«, sagte sie. »Aber wir haben die Lösung gefunden. Du musst wissen, bevor eine von uns ein Kind bekommt, lebt sie eine Zeit lang in einem Zustande höchster Erregung, ganz erfüllt von dem intensiven Wunsch nach einem Kind. Wir haben gelernt, diesem Zeitraum mit großer Vorsicht entgegenzusehen. Öfter kam es vor, dass die jungen Frauen, die noch nicht Mutter geworden waren, dieses Gefühl freiwillig hinauszögerten.

Wenn sich der tiefe innere Wunsch nach einem Kind bemerkbar machte, stürzten sie sich freiwillig in viel Arbeit, sei es nun körperliche oder geistige, und was noch wichtiger ist, sie trösteten sich über ihren Wunsch durch die Pflege der Babys hinweg, die wir schon hatten.«

Hier machte sie eine Pause. Ihr weises, aber auch liebliches Gesicht bekam einen ehrfurchtsvoll zärtlichen Ausdruck.

»Wir erkannten sehr schnell, dass es für Mutterliebe nicht nur einen Ausdruck gibt. Ich glaube, der Grund, dass unsere Kinder so – so vollständig von uns allen geliebt werden, liegt darin, dass keine von uns jemals genug eigene Kinder hat.«

Das alles erschien mir sehr traurig, und ich sagte ihr das auch. »Zu Hause haben wir vieles in unserem Leben, was hart und bitter ist«, erzählte ich ihr, »aber das scheint mir so bemitleidenswert, dass ich es gar nicht sagen kann – eine ganze Nation enttäuschter Mütter!«

Aber sie lächelte tief und zufrieden und meinte, ich hätte sie missverstanden.

»Es ist schon wahr, dass jede von uns nicht die letzte persönliche Freude erfährt«, sagte sie, »aber wenn ich dich erinnern darf – jede hat eine Million Kinder, die sie lieben und pflegen kann, *unsere* Kinder.«

Das war mir zu hoch. Da erzählt eine Menge Frauen von »unseren Kindern«! Aber vielleicht würden Ameisen und Bienen genauso reden – womöglich tun sie's sogar.

Diese Frauen jedenfalls redeten so.

Wenn eine Frau sich entschied, Mutter zu werden, dann ließ sie den Kinderwunsch in sich so lange wirken, bis er dieses Naturwunder auslöste. Wenn sie sich nun dagegen entschied, verdrängte sie die ganze Sache und erfreute sich an den anderen Babys.

Lassen Sie mich mal überlegen – bei uns bilden die Kinder, oder besser gesagt, die Minderjährigen drei Fünftel der Bevölkerung, bei diesen Frauen nur ungefähr ein Drittel oder weniger. Und sind ihnen so wertvoll –! Kein Erbe eines Herrscherthrones, kein einsames Millionärsbaby und kein einziges Kind von Eltern mittleren Alters wird so geliebt wie die Kinder im Frauenland.

Aber bevor ich hier fortfahre, muss ich noch eben die kleine Analyse beenden, an der ich mich versucht hatte.

Es gelang ihnen, die Bevölkerungszahl dauerhaft und mit Erfolg zu begrenzen, sodass ihr Land genug für alle

Bewohner hergab: genug von allem, sogar genug Raum, Luft und auch Einsamkeit.

Und dann begannen sie, diese Bevölkerung qualitativ zu verbessern. Daran arbeiteten sie nun schon ununterbrochen seit ungefähr fünfzehnhundert Jahren. Finden Sie es da noch erstaunlich, dass sie ein so liebenswertes Volk waren?

Physiologie, Hygiene und Körperbildung, all diese Dinge hatten sie schon seit langer Zeit vervollkommnet. Krankheiten waren bei ihnen nahezu unbekannt geworden, sodass, was wir »medizinische Wissenschaft« nennen, eine nahezu verloren gegangene Kunst war – trotz eines einst hohen Entwicklungsstandes auf diesem Gebiet. Sie waren ein vernünftig erzogenes, lebhaftes Volk, hatten die beste Pflege und immer die besten Lebensbedingungen.

Was Psychologie betrifft, so standen wir völlig verblüfft und ehrfurchtsvoll vor ihrer immensen praktischen Erfahrung in dieser Hinsicht. Je mehr wir darüber erfuhren, desto klarer wurde uns, wie vorzüglich man uns, Fremde aus einem unbekannten Volk und von anderem, unbekanntem Geschlecht, von Anfang an verstanden und umsorgt hatte.

Dank diesem tiefen Wissen hatten sie Erziehungsprobleme auf eine Weise gelöst, die ich hoffe, später deutlich aufzeigen zu können. Wenn man diese von einer ganzen Nation geliebten Kinder mit dem Durchschnittskind in unserem Land vergleicht, ist das so, als ob man eine vollendet gepflegte, üppige Rose mit Unkraut vergleichen würde. Dennoch *wirkten* sie überhaupt nicht »kultiviert«, es war für sie ein völlig natürlicher Zustand.

Dieses Volk, das seine geistigen Fähigkeiten, seine Willenskraft und seine soziale Hingabe stetig verbessern konnte, hatte sich nun schon seit einigen Jahrhunderten mit Geistes- und Naturwissenschaften – soweit sie ihnen bekannt waren – beschäftigt, und das mit dem größten Erfolg.

Und wir mit unserem so leichtfertigem Überlegenheitsgefühl waren plötzlich in dieses ruhige, liebenswürdige Land mit seinen klugen, lieben und starken Frauen eingedrungen. Als wir nun so weit »gezähmt« und vorbereitet waren, dass sie sich sicher fühlten, führten sie uns endlich hinaus, damit wir das Land sehen und die Leute kennenlernen konnten.

7

Unsere Bescheidenheit wächst

Nach unserer »Zähmung« wurden uns endlich Scheren anvertraut, mit denen wir uns rasierten, so gut es ging. Ein kurz gestutzter Bart ist wesentlich angenehmer als ein Vollbart. Mit Rasiermessern konnten sie uns natürlich nicht dienen.

»Man sollte wirklich annehmen, dass hier, wo es so viele alte Frauen gibt, wenigstens ein paar Rasiermesser existierten«, schnaubte Terry. Woraufhin uns Jeff erklärte, dass er noch bei keinen anderen Frauen ein so völliges Fehlen von Gesichtshaaren beobachtet habe.

»Sieht mir so aus, als ob das Fehlen von Männern sie zumindest in dieser Hinsicht weiblicher gemacht hat«, meinte er.

»Ja, aber auch wirklich nur in dieser Hinsicht«, gab Terry zögernd zu. »Ich habe noch keine Gruppe von Frauen gesehen, die weniger weiblich war. Ein Kind pro Kopf scheint mir noch nicht genug zu sein, um das hervorzurufen, was ich Mütterlichkeit nenne.«

Terrys Vorstellung von Mütterlichkeit war die konventionelle, nämlich die von einer Frau mit einem Baby auf dem Arm oder »einer kleinen Schar um die Knie« und der völligen Versunkenheit der Mutter in das Baby oder die Kinderschar. Eine Mütterlichkeit, die die gesamte Gesellschaft beherrschte, die jede Wissenschaft und praktische Betätigung beeinflusste, die alle Kinder vollständig schützte, die schien absolut nicht mütterlich zu sein – zumindest nicht in Terrys Augen.

An die Kleidung hatten wir uns gewöhnt. Sie war genauso bequem wie unsere eigene, teilweise sogar noch bequemer, aber in jedem Falle sah sie besser aus. Die vielen Taschen darin waren sehr geschickt angeordnet, sodass man sie mit der Hand zwar bequem erreichen konnte, sich aber körperlich niemals eingeengt fühlte, und sie waren so angebracht, dass sie die Kleidungsstücke verstärkten und sie durch dekorative Nähte zugleich verschönerten.

Gerade hierin, aber auch in vielen anderen Dingen, die wir nun beobachteten, zeigten sich die Auswirkungen praktischer Intelligenz, verbunden mit einem feinen Gespür für das Künstlerische.

Der erste Schritt zu unserer relativen Freiheit war eine Besichtigungstour durch das Land. Diesmal ohne Leibwache. Nur unsere Privatlehrerinnen, zu denen wir mittlerweile ein recht familiäres Verhältnis hatten, begleiteten uns. Jeff sagte, er liebe Zava wie eine Tante, »nur ist sie lustiger als jede Tante, die ich bisher gesehen habe«. Somel und ich waren die besten Kumpane, doch es war schon sehr lustig, Terry und Moadine zu beobachten. Sie war geduldig und liebenswürdig zu ihm, aber es waren die Geduld und Liebenswürdigkeit, die ein großer Mann, sagen wir ein fähiger, erfahrener Diplomat, einem Schulmädchen entgegenbringt. Ihre Ruhe bei seinen lächerlichen Gefühlsausbrüchen, ihr herzliches Lachen nicht nur mit, sondern wie ich oft spürte, auch über ihn, obwohl sie immer einwandfrei höflich blieb, ihre unschuldigen Fragen, die ihn jedes Mal dazu brachten, viel mehr zu sagen, als er eigentlich wollte – das fanden Jeff und ich sehr amüsant zu beobachten.

Er schien ihre verhaltene Überlegenheit niemals wahrzunehmen. Wenn sie eine Diskussion abbrach, nahm er immer an, er hätte sie zum Schweigen gebracht, und wenn sie lachte, hielt er es für eine Reaktion auf seine geistvollen Bemerkungen.

Ich kam mir schäbig vor, wenn ich mir eingestand, wie sehr Terry in meiner Achtung gesunken war. Ich bin sicher, dass Jeff genauso empfand, aber keiner von uns sprach mit dem anderen darüber. Zu Hause hatten wir ihn immer an anderen Männern gemessen, und dort war er, obwohl wir seine Fehler kannten, keineswegs ein ungewöhnlicher Typ. Wir kannten ja auch seine Vorzüge, und die schienen uns damals hervorstechender zu sein als seine Fehler. Wenn man ihn an seiner Beliebtheit bei Frauen maß – ich meine bei unseren Frauen zu Hause – so lag er ganz vorn. Er wurde offensichtlich gern gesehen. Auch dort, wo seine Gewohnheiten bekannt waren, hatte man keine Vorbehalte gegen ihn, in gewisser Weise erhöhte sogar noch sein Ruf für das, was man so treffend »Lebenslust« nannte, seine Attraktivität.

Aber hier, gemessen an der ruhigen Weisheit und dem recht verhaltenen Humor dieser Frauen, war Terrys Betragen, das nur noch mit dem von Jeff und meiner Wenigkeit verglichen werden konnte, schon recht auffällig.

Als »Mann unter Männern« war er am richtigen Platz, als Mann unter »Damen« ebenfalls, seine intensive Männlichkeit erschien da als passende Ergänzung zu ihrer intensiven Weiblichkeit. Aber hier war er ziemlich fehl am Platze.

Moadine war eine große Frau von ausgewogener Stärke, die sie aber selten zeigte. Ihre Augen waren so ruhig und aufmerksam wie die eines Fechters. Sie unterhielt zu ihrem Schützling eine ganz erträgliche Beziehung, aber ich möchte stark bezweifeln, ob dies, selbst in diesem Lande, viele geschafft hätten.

Wenn wir unter uns waren; nannte er sie »Maud« und meinte, sie sei »eine gute alte Seele, nur ein bisschen langsam«, womit er sich schwer täuschte. Natürlich nannte er Jeffs Lehrerin »Java«, manchmal »Mokka« oder einfach »Kaffee«. Wenn er ganz besonders schlecht aufgelegt war, titulierte er sie »Muckefuck«. Somel verschonte er weitgehend mit seiner humoristischen Ader, zu ihr fiel ihm nur ein ziemlich gezwungenes »Semmel« ein.

»Habt ihr eigentlich alle nur einen Namen?«, fragte er eines Tages, nachdem wir einer ganzen Gruppe vorgestellt worden waren, die alle einen dieser hübschen, kurzen Namen hatten, wie wir sie schon kannten.

»Aber ja«, sagte Moadine. »Viele von uns bekommen im Laufe des Lebens noch einen anderen, einen beschreibenden. Diesen Namen müssen wir uns verdienen. Manchmal wird auch der noch geändert oder aber, zum Beispiel in einem besonders reichen Leben, noch einmal erweitert. Das ist der Fall bei unserer jetzigen

Landesmutter, ich glaube, ihr nennt das Präsident oder König. Schon als Kind wurde sie Mera genannt, das bedeutet »Denkerin«. Später setzte man Du davor – Dumera, das heißt weise Denkerin, und heute nennen wir sie alle Odumera, große und weise Denkerin. Ihr werdet sie auch noch sehen.«

»Also gibt es keine Nachnamen?«, hakte Terry in seiner besserwisserischen Art nach. »Keine Familiennamen?«

»Nein«, sagte sie. »Warum auch? Wir haben alle ein und dieselbe Abstammung, sind also wirklich eine einzige große Familie. Siehst du, so hat unsere vergleichsweise kurze und begrenzte Geschichte doch einen Vorteil für uns.«

»Aber möchte nicht jede Mutter, dass ihr eigenes Kind auch ihren Namen trägt?«, fragte ich sie.

»Nein, warum sollte sie denn? Das Kind hat doch seinen eigenen.«

»Ja, ich meine nur, damit man es erkennen kann, damit die Leute wissen, wessen Kind es ist.«

»Wir haben alle sorgfältig geführte Stammbücher«, sagte Somel. »Jede von uns kann ihre Abstammungslinie bis auf unsere geliebte Erste Mutter zurückführen. Dafür gibt es viele Gründe. Aber warum sollte eigentlich jede Frau die Mutter jedes Kindes kennen? Wozu?«

Hier, wie bei so vielen Anlässen, wurde uns der Unterschied zwischen der nur mütterlichen und der väterlichen Denkweise klar. Es kam uns sonderbar vor, wie sehr das Element des persönlichen Besitzerstolzes fehlte.

»Und was ist mit anderen persönlichen Werken?«, fragte Jeff. »Unterzeichnet ihr Bücher, Statuen und so was nicht mit eurem Namen?«

»Doch, natürlich. Wir sind glücklich und stolz, wenn wir das tun können. Nicht nur bei Büchern und Statuen, auch bei anderen Werken. Ihr könnt an den Häusern, an den Möbeln und manchmal sogar auf dem Geschirr kleine Namenszüge entdecken, denn Namen werden schnell vergessen, und wir möchten wissen, wem wir dankbar sein können.«

Daraufhin sagte ich: »Ihr tut gerade so, als ob das nur zum Vorteil des Verbrauchers und nicht für den Stolz des Herstellers geschähe.«

»Beides«, sagte Somel. »Natürlich sind wir stolz auf unsere Arbeit.«

»Ja, aber warum denn nicht auf eure Kinder?«, bedrängte Jeff sie.

»Aber wir sind sehr wohl stolz auf unsere Kinder, sogar ganz außerordentlich stolz«, sagte sie.

»Und warum gibt man ihnen dann nicht seinen Namen?«, erwiderte Terry triumphierend.

Moadine wandte sich ihm mit ihrem etwas spöttischen Lächeln zu. »Weil das fertige Produkt kein privates ist. Wenn sie noch Babys sind, sprechen wir manchmal von ihnen als ›Essas Lato‹ oder ›Novines Amel‹, aber das dient nur der Beschreibung im Gespräch. Natürlich hat jedes Kind in seinem Stammbuch seine ganz bestimmte Linie von Müttern, aber wenn wir mit ihnen persönlich umgehen, dann heißen sie nur Lato oder Amel, ohne dass wir jedes Mal ihre Vorfahren mit erwähnen.«

»Aber habt ihr denn überhaupt genügend Namen, um jedem Kind einen neuen geben zu können?«

»Aber sicher, für jede lebende Generation.«

Dann fragten sie nach unseren Methoden und fanden heraus, dass man es bei uns so und so macht, in anderen Nationen jedoch ganz anders. Daraufhin wollten sie wissen, welche Methode sich als die beste erwiesen hätte, und wir mussten zugeben, dass unseres Wissens keine Vergleichsversuche unternommen worden sind, dass jedes Volk, von seiner eigenen Überlegenheit überzeugt, seine eigene Methode anwendet und die der anderen entweder verachtet oder einfach ignoriert.

Das herausragendste Merkmal all dessen, was diese Frauen geschaffen hatten, war Vernünftigkeit. Wenn ich mich, um irgendeine Entwicklungslinie zu verfolgen, in ihre Aufzeichnungen vergrub, erstaunte mich das am meisten: die bewusste Anstrengung, es besser zu machen.

Sie hatten früh den Wert gewisser Verbesserungen beobachtet, hatten schnell geschlossen, dass weitere möglich waren, und alle nur möglichen Anstrengungen unternommen, zwei Typen von Intellektuellen heranzuziehen: die Kritikerin und die Erfinderin. Diejenigen, die eine frühe Fähigkeit zur Beobachtung, zur Unterscheidung, zur Deutung zeigten, bekamen eine spezielle Ausbildung, damit sich ihre Begabung voll entfalten konnte. Und einige ihrer höchsten Amtsinhaberinnen widmeten ihre Zeit der eingehenden Untersuchung dieses oder jenes Arbeitsbereichs, um ihn dann weiter zu verbessern.

Sie konnten sicher sein, dass es in jeder Generation ein paar Frauen gab, die irgendwelche Fehler entdecken und Änderungsmöglichkeiten aufzeigen würden. Dann war die gesamte Gruppe der Erfinderinnen zur Hand, um ihre speziellen Fähigkeiten auf einen kritisierten Punkt zu richten und Lösungsmöglichkeiten vorzuschlagen.

Zu diesem Zeitpunkt hatten wir schon gelernt, niemals eine Diskussion über für sie besonders wichtige Themen anzufangen, ohne uns vorher gründlich auf die Beantwortung ihrer Fragen über *unsere* Methoden vorzubereiten.

Zumindest Jeff und ich erkannten die Vorzüge dieses fremden Landes und seiner Führung immer klarer. Terry blieb kritisch. Das schrieben wir hauptsächlich seinen Nerven zu. Er war wahrhaftig sehr gereizt.

Perfekt organisiert war die Versorgung des Landes mit Lebensmitteln. Das war uns schon auf unserem allerersten Gang durch den Wald und sogar schon vom Flugzeug aus aufgefallen. Nun zeigten sie uns diesen riesigen Garten und die Bearbeitungsmethoden.

Das ganze Gebiet hatte ungefähr die Größe von Holland, zwischen zehn- und zwölftausend Quadratmeilen. Die Bevölkerung zählte ungefähr drei Millionen – nicht sehr viel, aber Qualität ist ja schließlich auch was. Die Zahl von drei Millionen erlaubt schon eine beachtliche Vielfalt, und die Menschen unterschieden sich weit mehr voneinander, als wir anfangs annahmen.

Terry hatte darauf beharrt, dass sie sich aufgrund der Parthenogenese so stark gleichen müssten wie Ameisen oder Blattläuse. Ihre offensichtliche Unterschiedlichkeit nahm er als Beweis dafür, dass es Männer geben musste – irgendwo.

Als wir sie später in unseren vertraulicheren Gesprächen fragten, wie sie sich diese Vielfalt ohne Fremdbefruchtung erklären würden, schrieben sie dies teilweise ihrer sorgfältigen Erziehung zu, die auch die geringste abweichende Neigung unterstützte, und teilweise dem Mutationsgesetz. Das hatten sie durch ihre Arbeit mit Pflanzen entdeckt und an der eigenen Bevölkerung bewiesen gefunden.

Körperlich waren sie einander ähnlicher als wir, da bei ihnen kranke und abartige Menschen nicht vorkamen. Als Rasse waren sie groß, stark, gesund und schön, doch die Einzelwesen unterschieden sich in Körperbau, Haut- und Haarfarbe sowie im Gesichtsausdruck sehr deutlich.

»Entscheidend ist doch sicherlich die geistige Entwicklung und das, was wir schaffen«, gab Somel zu bedenken. »Findet ihr, dass bei euch der körperlichen Vielfalt auch eine Vielfalt von Ideen, Gefühlen und Produkten entspricht? Oder findet ihr bei Menschen, die sich äußerlich ähnlicher sind, auch eine Übereinstimmung in ihrem inneren Leben und ihren Werken?«

Wir waren uns da etwas unsicher, tendierten jedoch mehr zu der Ansicht, dass bei größerer körperlicher Vielfalt mehr Entwicklungsmöglichkeiten gegeben seien.

»Ja, das erschien uns eigentlich auch logisch«, gab Zava zu. »Wir haben es immer als ein ernstes Unglück betrachtet, dass wir gleich zu Beginn die Hälfte unserer kleinen Welt verloren haben. Vielleicht liegt darin ein Grund, warum wir uns immer so bewusst um Fortschritt bemüht haben.«

»Aber erworbene Eigenschaften sind nicht vererblich«, erklärte Terry. »Weissmann hat es bewiesen.«

Sie diskutierten niemals allgemeinverbindliche Sätze, die wir anführten, sondern machten sich dann nur Notizen.

»Wenn das wirklich zutrifft, dann beruht unser Fortschritt entweder auf Mutation oder aber ausschließlich auf Erziehung«, fuhr sie ernst fort, »denn wir haben mit Sicherheit große Fortschritte gemacht. Vielleicht waren all diese höheren Fähigkeiten schon in unserer Ersten Mutter latent vorhanden, unsere sorgfältige Erziehung bringt sie dann zum Vorschein, und unsere individuellen Unterschiede beruhen auf geringen Variationen in den Lebensbedingungen vor der Geburt.«

»Ich glaube, dass die Erklärung eher in all den Errungenschaften eurer Kultur liegt«, meinte Jeff. »Und in eurer erstaunlichen moralisch-geistigen Entwicklung. Wir verstehen sehr wenig von wahrer seelischer Kultur und ihr anscheinend sehr viel.«

Wie auch immer, das Niveau von aktiver Intelligenz und bewusstem Verhalten war bei ihnen höher, als wir bisher begriffen hatten. Da wir in unserem Leben gelegentlich schon Menschen kennengelernt hatten, die ebenfalls so einfühlsam und höflich waren und mit denen man ebenso angenehm zusammenleben konnte (zumindest, wenn sie ihre »Gesellschaftsmanieren« an den Tag legten), hatten wir unsere Gefährtinnen für erlesene Ausnahmen gehalten. Später waren wir sehr beeindruckt, als wir sahen, dass dieses edle Benehmen hier die Norm darstellte. Sie wurden alle dazu erzogen, und es war bei ihnen so natürlich und weitverbreitet wie bei Tauben die Sanftheit oder bei Schlangen die sprichwörtliche Weisheit.

Ich muss gestehen, dass es jedoch ihre Intelligenz war, die mich am meisten beeindruckte und auch demütigte. Wir hörten schnell auf, dazu und zu vielem anderen Kommentare abzugeben, da es für sie so selbstverständlich war, dass von ihrer Seite nur peinliche Fragen nach den Zuständen bei uns zu Hause folgten.

Das zeigte sich besonders deutlich an der Lebensmittelversorgung, die ich jetzt beschreiben möchte.

Ich hatte noch niemals gesehen oder mir auch nur vorgestellt, dass Menschen eine solche Arbeit auf sich nehmen könnten wie das Neubepflanzen eines ganzen Waldgebietes mit anderen Baumarten. Doch ihnen erschien das einfach als eine Forderung der Vernunft, wie wenn jemand einen schlechten Rasen unterpflügt und dann neue Samen aussäht. Nun trug jeder Baum Früchte, und zwar essbare Früchte. Sie hatten einen Baum, auf den sie ganz besonders stolz waren, weil er ursprünglich überhaupt keine für den Menschen essbaren Früchte getragen hatte, den sie aber seiner Schönheit wegen unbedingt erhalten wollten. Also hatten sie neunhundert Jahre damit experimentiert und konnten uns nun einen besonders anmutigen Baum zeigen, von dem sie nahrhafte Früchte in Hülle und Fülle ernteten.

Sie hatten früh erkannt, dass Bäume die günstigsten Nahrungspflanzen sind, da der Boden für sie weniger aufwendig bearbeitet werden muss und Bäume bei gleicher Fläche mehr Früchte abwerfen als andere Pflanzen. Außerdem sind sie zur Erhaltung und Verbesserung der Bodenqualität sehr nützlich.

In den höher gelegenen Teilen des Landes, die sich näher an dem Grenzgebirge befanden, gab es richtige schneereiche Winter. Nahe der südöstlichen Grenze, wo sich ein großes Tal mit einem See befand, dessen Abfluss unterirdisch war, glich das Klima dem von Kalifornien, und es wuchsen dort reichlich Zitrusfrüchte, Feigen und Oliven.

Ganz besonders beeindruckt war ich von ihrem Düngungssystem. Hier war nun ein kleines abgeschlossenes Land, von dem man annehmen sollte, dass ein gewöhnliches Volk darin schon lange verhungert wäre oder zumindest täglich ums Überleben kämpfen würde. Die sorgfältigen Landwirtinnen hier hatten ein perfektes System entwickelt, den Boden mit dem zu düngen, was er selbst hervorbringt. Alle Reste und Überbleibsel ihrer Nahrung, pflanzlicher Abfall der Holz- und Textilindustrie, die festeren Bestandteile des Abwassers, alles, was aus der Erde kam, ging vorbehandelt und neu zusammengesetzt auch wieder in sie hinein.

Das praktische Ergebnis war das gleiche wie in jedem anderen gesunden Wald auch: Der Boden wurde immer besser, ganz im Gegensatz zu der fortschreitenden Bodenerschöpfung, die man im Rest der Welt so oft beobachten kann.

Als uns dies deutlich wurde, äußerten wir uns so überaus lobend, dass sie über so viel Anerkennung für etwas für sie absolut Selbstverständliches sehr erstaunt waren. Sie fragten uns, welche Methoden wir denn hätten, und es kostete uns einige Mühe, alles ein bisschen zu verharmlosen, als wir ihnen von der Ausdehnung unseres Landes und der Sorglosigkeit erzählten, mit der wir es ausgebeutet haben.

Schließlich dachten wir, wir hätten sie abgelenkt. Später fand ich heraus, dass sie neben genauen Protokollen von allem, was wir ihnen erzählten, auch noch eine Art Tabelle führten, in die sie sowohl die Dinge, die wir sagten, als auch diejenigen, die wir ihnen offensichtlich verschweigen wollten, eintrugen und studierten. Für diese scharfsinnigen Lehrerinnen war es ein Kinderspiel, eine schmerzlich exakte Berechnung unserer Lebensverhältnisse in mehrerer Hinsicht aufzustellen. Wenn Beobachtungen eine besonders schlimme Schlussfolgerung nahelegten, taten sie uns den Gefallen, zunächst kein vernichtendes Urteil zu fällen und ihr Endergebnis von weiteren Erkenntnissen abhängig zu machen. Einige Dinge, die uns immer völlig natürlich vorkamen oder die wir einfach unserer menschlichen Schwäche zuschrieben, konnten sie buchstäblich nicht verstehen. Und wie ich schon erwähnt habe, waren wir uns auch alle drei stillschweigend einig, möglichst viel von den sozialen Bedingungen zu Hause zu verschweigen.

»Das bringt ihre Großmutter-Hirne nur durcheinander«, sagte Terry. »Natürlich können sie eine Männerwelt nicht verstehen. Das sind doch keine Menschen – nur ein Haufen Weiber!« Das war, nachdem er ihre Fähigkeit zur Jungfernzeugung zugeben musste.

»Ich wünschte bloß, unsere Großvater-Hirne hätten ähnlich gut funktioniert«, sagte Jeff. »Glaubst du wirklich, es ehrt uns, dass wir uns mit all unserer Armut und Krankheit so durchgepfuscht haben? Sie haben Frieden und Fülle, Wohlstand und Schönheit, Güte und Intelligenz. Kein schlechtes Volk, finde ich!«

»Du wirst schon noch sehen, dass sie auch ihre Fehler haben«, beharrte Terry auf seinen Ansichten, und teilweise aus Selbstverteidigung heraus begannen wir alle drei, bei ihnen nach Fehlern zu suchen. Darauf waren wir ja auch schon spezialisiert, bevor wir zu ihnen gekommen waren.

Andauernd hatte Jeff gesagt: »Angenommen, da ist ein Land nur mit Frauen. Wie mögen die sein?«

Und wir waren völlig von den unausbleiblichen Beschränktheiten, den Fehlern und Lastern einer solchen Frauengemeinschaft überzeugt gewesen. Wir hatten erwartet, dass sie sich ausschließlich mit dem beschäftigen würden, was wir »weibliche Eitelkeit«, »Hütchen und Rüschen und Spitzen« nannten und fanden dann, dass sie eine Bekleidung hervorgebracht hatten, die vollkommener ist als das chinesische Gewand, wunderschön, wenn man das wünscht, immer praktisch und von unfehlbarer Würde und gutem Geschmack.

Wir hatten langweilige Eintönigkeit und Unterwürfigkeit erwartet und fanden stattdessen einen kühnen sozialen Reformwillen, der unseren bei Weitem übertrifft und einen technischen und wissenschaftlichen Entwicklungsstand, der unserem mindestens gleichkam.

Wir hatten ein Klima der Eifersucht erwartet und fanden stattdessen eine schwesterliche Einigkeit, neben der unsere Länder wie schwachsinnige, streitende Kinder wirkten.

Wir hatten Hysterie erwartet und fanden stattdessen so viel an Gesundheit, Lebenskraft und innerer Ruhe, dass es zum Beispiel unmöglich war, ihnen das Fluchen begreiflich zu machen: Wir haben es versucht.

Das alles musste selbst Terry zugeben, aber er beharrte immer noch darauf, dass wir die Kehrseite der Medaille bald kennenlernen würden.

»Es ist alles völlig unlogisch«, meinte er. »Alles ist so verdammt unnatürlich, und wenn ich nicht hier stehen würde, würde ich sogar sagen unmöglich. Und unnatürliche Bedingungen haben mit Sicherheit auch unnatürliche Auswirkungen. Ihr werdet bestimmt noch ein paar schlimme Sachen sehen, wartet nur ab. Wir wissen zum Beispiel noch gar nicht, was sie mit ihren Kriminellen, Krüppeln und Alten machen. Wir haben solche Leute noch nie gesehen. Irgendetwas muss es geben.«

Ich glaubte allerdings auch, dass es irgendetwas Schlimmes geben musste; und so packte ich den Stier bei den Hörnern, ich meine natürlich die Kuh, und fragte Somel.

»Ich suche nach einem trüben Fleck in all dieser Vollkommenheit«, sagte ich ganz offen zu ihr. »Es ist einfach nicht möglich, dass drei Millionen Menschen keinen einzigen Fehler haben. Wir versuchen ja wirklich nach besten Kräften, dies alles zu lernen und zu verstehen, würde es dir da etwas ausmachen, uns zu helfen und zu sagen, was deiner Ansicht nach die schlimmsten Merkmale eurer einzigartigen Zivilisation sind?«

Wir saßen zusammen in einer Laube, die sich in einem ihrer Speisegärten befand. Die köstliche Mahlzeit hatten wir schon beendet, nur ein Teller Obst stand noch vor uns. Auf der einen Seite konnten wir ein Stück offenes Land überblicken, das schön und auch üppig aussah. Auf der anderen Seite war der Garten, in dem vereinzelt Tische standen, jedoch so weit auseinander, dass sich jeder ungestört fühlen konnte. Vielleicht kann ich hier einflechten, dass es in diesem Lande nirgendwo überfüllt war. Es war überall genügend Platz, man verspürte eine sonnige, luftige Freiheit.

Somel hatte das Kinn in die Hand gelegt, den Ellbogen auf die niedrige Mauer neben ihr gestützt, und sie blickte in das schöne Land hinaus.

»Natürlich haben wir Fehler, sogar alle«, sagte sie. »Unter Umständen könntet ihr sogar sagen, dass wir mehr Fehler haben als früher, das heißt, unser Ideal von Vollkommenheit erscheint immer ungreifbarer. Aber wir sind nicht entmutigt, denn unsere Aufzeichnungen zeigen, dass wir vorankommen, sogar beträchtlich.

Unsere Geschichte beginnt mit unserer außergewöhnlich edlen Mutter, aber sie vererbte uns auch alle die Eigenschaften eines alten Volkes, und die kamen manchmal auf beängstigende Weise zum Vorschein. Aber es sind jetzt, lass mich einmal überlegen, ja, sechshundert Jahre vergangen, seit es bei uns zum letzten Mal das gab, was ihr ›Kriminelle‹ nennt.

Es war damals natürlich unsere wichtigste Aufgabe, diese Charakterschwächen durch Fortpflanzungskontrolle und Erziehung so weit zu korrigieren, wie es eben möglich war.«

»Fortpflanzungskontrolle«, fragte ich. »Wie habt ihr das denn gemacht – bei Parthenogenese?«

»Wenn ein solches Mädchen, das negative Charaktereigenschaften aufwies, noch die Fähigkeit hatte, soziale Verpflichtungen anzuerkennen, dann haben wir sie im Namen dieser sozialen Verpflichtung gebeten, den Wunsch nach Mutterschaft zu unterdrücken. Einige der Schlimmsten waren glücklicherweise unfähig, sich fortzupflanzen. Wenn aber der Fehler eines Mädchens übertriebenes Geltungsbedürfnis war, dann war sie auch völlig davon überzeugt, Kinder haben zu dürfen und dachte, dass ihre viel besser sein würden als alle anderen.«

»Ja, das ist klar«, sagte ich. »Und dann hat sie die Kinder wiederum in demselben Geiste erzogen.«

»Das hätten wir niemals zugelassen«, sagte Somel ruhig.

»Zugelassen?«, fragte ich entgeistert. »Zugelassen, dass eine Mutter ihre eigenen Kinder erzieht?«

»Wenn die Mutter für diese höchste Aufgabe geeignet ist, bedarf es selbstverständlich keiner Erlaubnis«, sagte Somel.

Das brachte die Überzeugungen, die ich mittlerweile gewonnen hatte, ganz schön ins Wanken.

»Aber ich dachte, Mutterschaft sei für jede von euch …«

»Ja, Mutterschaft in dem Sinne, ein Kind zu gebären. Aber Erziehung ist bei uns die höchste Kunst, und die darf nur von unseren größten Künstlerinnen ausgeführt werden.«

»Erziehung?«, fragte ich noch einmal einigermaßen verwirrt. »Ich habe nicht Erziehung gemeint. Unter Mutterschaft verstehe ich nicht nur die Geburt, sondern auch die Pflege des Babys.«

»Auch Säuglingspflege schließt Erziehung mit ein, und das überlassen wir nur den besonders Begabten«, erklärte sie noch einmal.

»Dann trennt ihr ja Mutter und Kind voneinander!«, stieß ich ganz entsetzt hervor und etwas von dem, was Terry so fühlte, machte sich auch in mir breit. Es musste bei so viel Tugend doch etwas Schlechtes geben.

»Gewöhnlich nicht«, erklärte sie geduldig. »Für fast jede Frau ist die Mutterschaft das Wichtigste im Leben, jede denkt oft und mit Freude daran, betrachtet es als die größte Ehre überhaupt, als etwas Intimes, Persönliches und überaus Kostbares. Daraus folgt eben, dass bei uns die Kindererziehung eine Kultur und eine Wissenschaft geworden ist, die mit so viel Feingefühl und Können ausgeführt wird, dass wir, je mehr wir unsere Kinder lieben, desto weniger gewillt sind, diese Aufgabe ungeübten Menschen zu überlassen, unter Umständen also auch nicht uns selbst.«

»Aber Mutterliebe …«, versuchte ich einzuwenden.

Sie sah mir ins Gesicht und versuchte, eine klare und für mich verständliche Erklärung zu finden.

»Du hast mir von euren Zahnärzten erzählt«, sagte sie schließlich, »diesen geschickten, hochspezialisierten Leuten, die ihr Leben damit verbringen, kleine Löcher in den Zähnen anderer Menschen zu füllen, auch bei Kindern.«

»Ja«, sagte ich, verstand aber nicht, worauf sie hinauswollte.

»Bedeutet bei euch Mutterliebe also, dass die Mütter die Zähne ihrer eigenen Kinder füllen? Oder würden sie das gerne tun?«

»Aber natürlich nicht«, sagte ich ganz empört. »Aber das ist auch ein hochspezialisierter Beruf. Aber einen Säugling kann doch wohl jede Frau pflegen, jede Mutter.«

»Wir denken da anders«, antwortete sie sanft. »Diesen Beruf üben bei uns nur besonders tüchtige aus, und die Mehrheit der Mädchen bewirbt sich darum. Ich versichere dir, dass wir dafür die Geeignetsten aussuchen können.«

»Aber die arme Mutter – ihres Babys beraubt …«

»Aber nein,« beruhigte sie mich ernsthaft. »Kein bisschen beraubt. Es bleibt natürlich ihr Baby, es ist bei ihr, sie hat es nicht verloren. Sie ist nur nicht die Einzige, die sich um das Kind kümmert. Da sind andere, von denen sie weiß, dass sie noch besser für diese Aufgabe geeignet sind. Sie weiß das, weil sie mit ihnen zusammen studiert und gearbeitet hat, und sie erkennt ihre Überlegenheit an. Gerade um des Kindes willen ist sie froh, es in bestmöglicher Pflege zu wissen.«

Das überzeugte mich nicht. Außerdem waren es auch nur Worte. Von den Müttern in Frauenland musste ich erst selbst einen Eindruck gewinnen.

8

Die Mädchen in Frauenland

Schließlich wurden Terrys Wünsche endlich erfüllt. Sie luden uns ein, vor größerem Publikum und vor Mädchenklassen zu sprechen. Dabei waren sie immer sehr höflich und überließen es uns, ob wir annehmen wollten oder nicht.

Ich kann mich noch gut an das erste Mal erinnern, wie sorgfältig wir uns angezogen haben und ungeschickt versuchten, uns zu rasieren. Vor allem Terry stellte sich wegen seines Bartes furchtbar an und kritisierte die vereinten Bemühungen von Jeff und mir dermaßen, dass wir ihm die Schere in die Hand drückten und ihn baten, sich selbst zu bedienen. Wir waren inzwischen unwahrscheinlich stolz auf unsere Bärte, denn sie waren beinahe das Einzige, was uns von diesen hochgewachsenen, kräftigen Frauen mit ihren kurz geschnittenen Haaren und weiten Gewändern unterschied. Sie hatten uns eine große Auswahl an Kleidungsstücken zur Verfügung gestellt, aus der wir uns je nach persönlichem Geschmack etwas aussuchten. Wenn wir dann vor einer größeren Zuhörerschaft standen, stellten wir zu unserem Erstaunen fest, dass wir weitaus am prächtigsten angezogen waren, vor allem Terry.

Er war schon eine eindrucksvolle Gestalt, aber seine kantigen Gesichtszüge wirkten durch das längere Haar etwas weicher, obwohl er mich schon gedrängt hatte, ihm die Haare so kurz zu schneiden, wie ich nur konnte. Seine reichlich verzierte Tunika mit dem breiten, losen Gürtel trug er wie ein König. Jeff sah mehr aus wie ein zarter französischer Liebhaber, und wie ich aussah, kann ich leider nicht sagen, aber ich fühlte mich sehr wohl. Erst als ich wieder unseren wattierten Panzer und gestärkte Stehkragen anziehen musste, wurde mir mit großem Bedauern klar, wie bequem diese Kleider im Frauenland doch waren.

Sogleich suchten wir in der Zuhörermenge vor uns nach den drei bekannten, fröhlichen Gesichtern, aber sie waren nicht da. Lediglich eine Menge von Mädchen, alle ruhig, gespannt und aufmerksam.

Sie hatten uns gedrängt, eine Art Zusammenfassung der Weltgeschichte zu geben, so kurz oder lang, wie wir eben konnten, und dann Fragen zu beantworten.

»Wie ihr seht, sind wir schrecklich unwissend«, hatte Moadine zu uns gesagt. »Wir wissen nur das, was wir selbst herausgefunden haben, die Geistesarbeit eines kleinen Landes. Doch ihr habt euch bestimmt weltweit untereinander geholfen, eure Erkenntnisse ausgetauscht und den Fortschritt allen zugänglich gemacht. Wie wunderbar und überaus schön muss eure Zivilisation sein.«

Somel gab noch eine weitere Erläuterung.

»Ihr müsst nicht noch einmal ganz von vorn beginnen, wie damals bei uns. Von dem, was ihr uns erzählt habt, haben wir eine Zusammenfassung angefertigt, die im ganzen Land von jeder aufmerksam gelesen worden ist. Wollt ihr sie vielleicht einmal sehen?«

Natürlich wollten wir, und wir waren tief beeindruckt. Zuerst hatten wir angenommen, dass diese Frauen, die notwendigerweise nichts von dem wissen konnten, was für uns die einfachsten Wissensgrundlagen überhaupt waren, auf der Stufe von Kindern oder Wilden stehen würden. Als wir sie dann besser kennenlernten, waren wir gezwungen zuzugeben, dass sie so unwissend wie Plato oder Aristoteles waren – geistig so hoch entwickelt wie die alten Griechen.

Es liegt mir fern, diese Seiten mit einem Bericht dessen vollzukritzeln, was wir ihnen so unvollständig versuchten beizubringen. Das Entscheidende ist, was sie uns beibrachten, nur eine Ahnung davon ist eindrucksvoll genug. Aber zu jenem Zeitpunkt galt unser Interesse keineswegs dem Thema unseres Vortrages, sondern den Zuhörern.

Mädchen, Hunderte von ihnen, gespannte, aufmerksame Gesichter mit glänzenden Augen, eine Unmenge Fragen und, wie ich leider gestehen muss, eine wachsende Unfähigkeit unsererseits, diese richtig zu beantworten. Unsere Betreuerinnen, die mit uns auf dem Podium standen, halfen manchmal, eine Frage, oder aber was häufiger geschah, eine Antwort klarer zu formulieren, bemerkten das und beendeten dann den offiziellen Vortragsteil dieses Abends auch ziemlich bald.

»Unsere jungen Frauen würden sich jetzt gerne mit euch treffen«, schlug Somel vor, »um sich mit euch ein bisschen persönlicher zu unterhalten, wenn ihr Lust dazu habt.«

Lust haben! Wir wollten nichts lieber und sagten das auch, worauf ich in Moadines Gesicht ein kleines Lächeln aufflackern sah. Auch in diesem Moment, wo all die jungen Frauen darauf warteten, mit uns zu sprechen, kam mir persönlich die Frage in den Sinn: »Welchen Standpunkt haben die eigentlich? Was denken die wohl von uns?« Das sollten wir später auch erfahren.

Terry warf sich förmlich kopfüber voller Verzückung in die Menge dieser jungen Frauen, so wie ein überglücklicher Schwimmer sich ins Meer stürzt. Jeff näherte sich ihnen, mit glänzenden Augen in seinem intelligenten Gesicht, wie einem Heiligtum. Ich selbst war etwas kühler und hielt meine Augen offen. Obwohl ich, wie die beiden anderen auch, von einer eifrig fragenden Gruppe umringt war, fand ich doch Gelegenheit, Jeff zu beobachten und sah, dass er mit seinem Blick voller Verehrung und seiner ernsten Ritterlichkeit einigen von ihnen gefiel, sie anzog, wohingegen andere, die so aussahen, als seien sie etwas robustere Typen, von ihm zu Terry oder mir gingen.

Terry beobachtete ich mit besonderem Interesse, weil ich wusste, wie sehr er auf diesen Moment gewartet hatte und wie unwiderstehlich er zu Hause immer war. Ich merkte schnell, dass sein zuvorkommendes und überlegenes Auftreten sie zu irritieren schien. Seine allzu vertraulichen Blicke stießen auf unbestimmte Ablehnung, seine Komplimente wurden verwundert oder verärgert aufgenommen. Manchmal errötete eines der Mädchen, aber nicht mit gesenkten Augenlidern und einladender Schüchternheit, sondern ärgerlich und mit einem raschen Kopfheben. Mädchen für Mädchen drehte sich auf dem Absatz um und ließ ihn stehen, bis nur noch ein kleiner Ring von Fragestellerinnen übrig blieb, und das waren offensichtlich die am wenigsten »mädchenhaften« der ganzen Gruppe.

Zuerst sah er noch ganz zufrieden aus, nahm offenbar an, er mache großen Eindruck, aber mit der Zeit, nachdem er mal einen Blick auf Jeff oder mich geworfen hatte, wirkte er immer unzufriedener.

Was mich betraf, so war ich äußerst angenehm überrascht. Zu Hause hatte ich nie im Mittelpunkt gestanden. Ich hatte zwar einige Freundinnen, die wirklich nett waren, aber es war eben nur Freundschaft zwischen uns, nichts weiter. Und sie waren in gewissem Sinne vom selben Typ wie ich, ebenfalls nicht von Verehrern umschwärmt. Aber hier sah ich zu meinem Erstaunen, dass die Gruppe, die mich umringte, bei Weitem die größte war.

Ich muss hier natürlich verallgemeinern und viele Eindrücke zusammenfassen, aber dieser erste Abend war schon ein gutes Beispiel dafür, welchen Eindruck wir machten. Jeffs Anhängerinnen waren vielleicht gefühlvoller, obwohl dieses Wort nicht eigentlich das trifft, was ich damit sagen will. Sie waren die weniger praktisch veranlagten, eher Künstlerinnen, Schriftstellerinnen oder Lehrerinnen – so ungefähr in dieser Richtung.

Bei Terry blieb eine ziemlich kampflustige Gruppe übrig, aufgeweckte, logisch denkende, neugierige Intellektuelle, nicht übersensibel, also genau diejenigen, die er am wenigsten leiden konnte. Und ich konnte mir auf meine allgemeine Beliebtheit langsam schon etwas einbilden.

Terry war wütend darüber. Verübeln konnten wir es ihm kaum.

»Mädchen!«, brüllte er los, als der Abend vorbei war und wir wieder unter uns waren. »So was *Mädchen* zu nennen!«

»Ich würde sogar sagen, ganz entzückende«, meinte Jeff, dessen blaue Augen verträumt und zufrieden dreinblickten.

»Wie würdest *du* sie denn nennen?«, fragte ich milde lächelnd.

»Jungen! Fast alle sind nichts als Jungen. Hochmütig und unangenehm dazu. Kritische, aufsässige Burschen. Das sind keine Mädchen!«

Er war ganz außer sich vor Wut und Eifersucht. Als er später begriff, was ihnen an ihm missfiel, änderte er sein Verhalten etwas und kam dann besser zurecht. Aber das war auch absolut notwendig. Denn trotz seiner Kritik waren es sehr wohl Mädchen gewesen, und vor allem, es gab keine anderen. Mit Ausnahme von unseren dreien, mit denen wir gerade unsere Bekanntschaft erneuerten.

Wir begannen schnell, uns weitergehender für sie zu interessieren, und ich könnte hier natürlich am besten von meinen eigenen Bemühungen sprechen, habe aber am wenigsten Lust dazu. Bei Jeff war das anders. Er ließ sich mit Vorliebe lange in Ehrfurcht und Bewunderung über die reinen Gefühle und die maßlose Vollkommenheit seiner Celis aus. Und Terry, der fing es dermaßen oft falsch an und erlitt so viele Rückschläge, dass er zu der Zeit, als er wirklich anfing, Alima für sich zu gewinnen, um einiges klüger geworden war. Auch danach herrschte nicht gerade eitel Sonnenschein. Andauernd verkrachten und trennten sie sich. Terry lief dann weg, um sich bei einer anderen Schönen zu trösten, doch die wollte meistens nichts von ihm wissen. Er kehrte immer wieder zu Alima zurück und verehrte sie jedes Mal umso mehr.

Sie gab niemals auch nur eine Spur nach. Sie war groß und schön und selbst gemessen an den starken Frauen des Landes außergewöhnlich kräftig. Sie hatte einen stolzen Kopf mit schwungvollen, gleichmäßigen Augenbrauen, die sich über die aufmerksamen Augen hinzogen wie die weiten Flügel eines hochfliegenden Falken.

Ich kam mit allen dreien gut aus, doch am besten mit Ellador, schon lange, bevor aus unseren Gefühlen füreinander Liebe wurde.

Von ihr und von Somel, die auch sehr offen mit mir sprach, erfuhr ich schließlich, wie wir Besucher hier im Frauenland beurteilt wurden.

Sie lebten hier isoliert, glücklich und zufrieden, als unser Flugzeug über ihren Köpfen hinwegbrummte.

Jede sah und hörte es kilometerweit, im ganzen Land war es das Tagesgespräch und in jeder Stadt und in jedem Dorf trat ein Rat zusammen.

Und das war ihre schnell gefundene Devise:

»Aus einem anderen Land. Wahrscheinlich Männer. Offensichtlich hochzivilisiert. Zweifellos kenntnisreich. Vielleicht gefährlich. Wenn möglich fangen, wenn notwendig zähmen und unterrichten. Dies könnte eine Chance sein, in unserem Volk wieder eine zweigeschlechtliche Lebensform herzustellen.«

Sie hatten keine Angst vor uns, und es leuchtet auch kaum ein, dass drei Millionen hochintelligente Frauen, oder zwei Millionen, wenn man nur die Erwachsenen rechnet, Angst vor drei jungen Männern haben sollen. Wir hielten sie natürlich immer für »Frauen«, also für ängstlich, aber es war mittlerweile zweitausend Jahre her, seit sie vor nichts mehr Angst haben brauchten und bestimmt mehr als tausend Jahre, seit sie dieses Gefühl überwunden hatten.

Wir erwarteten, zumindest Terry tat es, dass wir unter ihnen die freie Wahl haben würden. Doch sie dachten ihrerseits daran, sehr vorsichtig und vorausschauend, uns unter Umständen als Männer für sich zu »erwählen«.

Während unserer gesamten Unterrichtszeit beobachteten und analysierten sie uns, bereiteten Berichte über uns vor und verbreiteten diese Informationen im ganzen Land.

Jedes Mädchen hatte schon seit Monaten alles Bekannte über unser Land, unsere Kultur und uns persönlich gelernt. Kein Wunder, dass ihre Fragen schwer zu beantworten waren. Als wir dann endlich hinaus durften und ausgestellt wurden (es tut mir selbst weh, es so nennen zu müssen, aber es entsprach leider den Tatsachen), da gab es keinen Ansturm auf uns. Der arme alte Terry stellte sich vor, er könne nun endlich in einem »Rosengarten von Mädchen« lustwandeln, aber die Rosen beobachteten uns alle mit scharfem, abschätzendem Blick.

Sie waren interessiert an uns, sogar sehr interessiert, doch ihr Interesse war nicht von der Art, wie wir erhofft hatten.

Wenn man ihre Haltung verstehen will, muss man ihr extrem hohes Gefühl für Solidarität beachten. Sie suchten sich keinen Liebhaber aus, denn sie hatten nicht die geringste Vorstellung von Liebe, das heißt von geschlechtlicher Liebe. Diese Mädchen, für die Mutterschaft der Leitstern war, weit mehr als nur eine persönliche Freude, der höchste Dienst an der Gesellschaft, eigentlich der Sinn ihres Lebens, sahen sich nun vor die Möglichkeit gestellt, den großen Schritt zur Veränderung ihrer gesamten Lebensform zu machen, ihre einstige zweigeschlechtliche Gesellschaft wiederherzustellen.

Neben dieser Grundüberlegung gab es eine ganz unpersönliche Neugier auf unsere Zivilisation, geprägt von einer geistigen Disziplin, die uns wie Schuljungen erscheinen ließ.

Es war also keineswegs ein Wunder, dass unsere Vorträge kein Erfolg waren und dass unsere oder zumindest Terrys Annäherungsversuche ziemlich schlecht aufgenommen wurden. Der Grund meines relativen Erfolges war für mich zunächst wahrlich kein Anlass, stolz zu sein.

»Wir mögen dich am meisten«, sagte Somel mir, »weil du uns am meisten ähnelst.«

»Ähnlich einer Menge Frauen!«, dachte ich zuerst voll Abscheu vor mir selbst, aber dann erinnerte ich mich daran, wie wenig sie dem Bild der Frau in unserem herabwürdigenden Sinn entsprachen. Sie las meine Gedanken und lächelte mich an.

»Es ist uns schon klar, dass wir euch nicht wie Frauen vorkommen. Natürlich müssen in einer zweigeschlechtlichen Gesellschaft die geschlechtsspezifischen Merkmale verstärkt werden. Aber es gibt doch auch bestimmt genug Eigenschaften, die allgemein menschlich sind, oder nicht? Das meine ich damit, wenn ich sage, dass du mehr wie wir bist – menschlich. In deiner Gegenwart fühlen wir uns wohl.«

Jeffs Problem war seine übertriebene Ritterlichkeit. Er vergötterte Frauen und suchte beständig nach einer Möglichkeit, sie zu »schützen« oder ihnen »dienlich zu sein«. Aber diese Frauen benötigten weder Schutz noch Bedienung. Sie lebten in Frieden, Fülle und hatten Macht, wir waren ihre Gäste, ihre Gefangenen und vollständig von ihnen abhängig.

Natürlich konnten wir ihnen ungeheure Vorteile versprechen, wenn sie mit in unser Land kämen, aber je mehr wir von ihrem Land kennenlernten, desto weniger gaben wir mit unserem an.

Terrys Juwelen und Schmuckstücke fanden sie sehr interessant, sie wanderten von einer Hand in die andere, und die Frauen stellten Fragen über die Herstellungsweise, keineswegs über den Wert. Sie diskutierten nicht darüber, wer sie besitzen sollte, sondern in welchem Museum man sie ausstellen würde.

Wenn ein Mann einer Frau überhaupt nichts schenken kann und nur auf seine persönliche Wirkung angewiesen ist, sind seine Möglichkeiten, ihr den Hof zu machen, etwas eingeschränkt.

Sie dachten über zwei Dinge nach, nämlich, ob sie diesen großen Umwandlungsprozess wagen sollten und welche von ihnen sich persönlich dazu am besten eigneten.

Hierbei kam uns die kurze Bekanntschaft mit diesen drei flinken Mädchen aus dem Wald zu statten, denn damit war schon der Grundstein für eine nähere Freundschaft gelegt.

Vielleicht einiges zu Ellador. Stellen Sie sich vor, sie kämen in ein fremdes Land und finden es sehr angenehm, sogar überdurchschnittlich angenehm. Dann sehen sie reiches Ackerland, Gärten, wundervolle Gärten, große Gebäude voller seltener und merkwürdiger Schätze, wirklich unbezahlbar und unerschöpflich, und dann Berge so hoch wie das Himalaya-Gebirge, und dann noch das Meer.

Ich mochte sie schon an dem Tag, als sie vor mir auf dem Ast wippte und sich und die beiden anderen vorstellte. Ich dachte immer am meisten an sie. Als wir uns dann das dritte Mal trafen, betrachtete ich sie schon als gute Freundin und war froh, die Bekanntschaft weiterführen zu können. Während Jeffs übersteigerte Verehrung Celis eher verwirrte und ihrem Glück im Wege stand; während Terry und Alima sich andauernd zankten und trennten, versöhnten und sich wieder trennten, wurde die Freundschaft zwischen Ellador und mir beständig enger.

Wir redeten und redeten. Wir unternahmen lange Spaziergänge. Dabei machte sie mich auf Dinge aufmerksam, erläuterte und erklärte mir vieles, was ich bisher nicht verstanden hatte. Dank ihrer Einfühlsamkeit und Intelligenz erfasste ich den Geist von Frauenland immer besser. Ich hörte auf, mich als Fremder und Gefangener zu fühlen, denn ich verstand, war mit mir identisch, ahnte einen Lebenssinn. Wir redeten über alles.

Wie ich schon gesagt habe, hatte ich mir nie so sonderlich viel aus Frauen gemacht, sie sich auch nicht aus mir, zumindest nicht nach Terry-Art. Aber diese Frau …

Zuerst sah ich sie gar nicht »mit diesen Augen« an, wie Frauen so sagen. Ich war in dieses Land nicht mit irgendwelchen Harem-Vorstellungen gekommen und war auch kein Frauenanbeter wie Jeff. Ich mochte dieses Mädchen rein freundschaftlich. Diese Freundschaft wuchs wie ein Baum. Man konnte *so* gut mit ihr auskommen! Sie brachte mir Spiele bei, ich zeigte ihr andere, wir rannten und rauften uns, hatten unwahrscheinlich viel Spaß zusammen, es war eine einmalige Kameradschaft.

Mit der Zeit öffneten sich mir die Paläste, Schatztruhen und die weißen Bergketten. Ich hätte nicht gedacht, dass es einen so wunderbaren Menschen geben könnte. So großartig, und damit meine ich nicht begabt, obwohl sie zu den besten Försterinnen gehörte, aber das meine ich nicht. Wenn ich *großartig* sage, dann meine ich wirkliche Größe, durch und durch. Hätte ich ein paar mehr von den Frauen so gut gekannt, wäre sie mir wahrscheinlich nicht so einmalig vorgekommen, aber selbst verglichen mit den anderen war sie sehr edel. Ihre Mutter war eine Übermutter, und wie ich später hörte, ihre Großmutter ebenfalls.

Sie erzählte mir immer mehr über ihr schönes Land, und ich erzählte ihr auch viel über meines, viel mehr sogar, als ich eigentlich wollte. Mit der Zeit wurden wir unzertrennlich. Dann nahm ich in mir immer tiefere Empfindungen wahr. Ich fühlte mich, als hätte meine Seele Flügel bekommen. Das Leben wurde weiter. Es kam mir vor, als verstünde ich auf einmal Dinge, die ich nie zuvor verstanden hatte, dass ich selbst Dinge bewirken konnte, dass auch ich noch wachsen konnte, wenn sie mir nur dabei helfen würde. Und dann auf einmal wurde dies alles uns beiden bewusst.

Es war ein stiller Tag am Rande der Welt, ihrer kleinen Welt.

Wir blickten über das dunkle Waldgebiet unter uns, sprachen über Gott und die Welt, über das menschliche Leben und auch über meines und andere Länder, was ihnen fehlte und was ich für sie tun zu können hoffte –

»Wenn du mir helfen willst«, sagte ich.

Sie wandte sich mir zu und schaute mich mit ihren wundervollen Augen an, und während unsere Blicke und unsere Hände ineinander ruhten, gab es zwischen uns einen kurzen, überwältigenden Moment – mir fehlen die Worte, ihn zu beschreiben.

Die Farben von Celis waren blau, gold und rosa, Alimas schwarz, weiß und rot, sie war eine auffallende Schönheit. Ellador war braun, mit Haaren dunkel und weich wie ein Seehundfell; sie hatte einen klaren bräunlichen Teint und braune Augen, schillernd zwischen Goldtopas und schwarzem Samt. Sie waren herrliche Mädchen, alle drei.

Sie hatten uns zuallererst gesehen, als wir noch tief unten auf dem See waren, und hatten die Nachricht sehr schnell im ganzen Land verbreitet, noch bevor wir unseren ersten Erkundungsflug unternahmen. Sie hatten unsere Landung beobachtet, waren im Wald neben uns hergeschlichen, hatten sich in jenem Baum versteckt und, wie ich annehme, absichtlich gekichert.

Sie hatten unsere eingenähte Maschine abwechselnd bewacht, und als unsere Flucht bekanntgegeben wurde, waren sie wieder ein oder zwei Tage heimlich neben uns hergegangen. Sie fanden, dass sie einen besonderen Anspruch auf uns hatten und nannten uns »ihre Männer«, und als wir uns dann frei im Lande bewegen durften und die Menschen näher kennenlernen konnten, so wie auch sie uns näher kennenlernen konnten, wurde dieser Anspruch von den weisen Führerinnen anerkannt.

Aber sowohl ich als auch die beiden anderen spürten, dass wir sie auch aus Millionen ausgewählt hätten.

Und doch erlebten wir in dieser Phase unserer Beziehungen immer wieder unerwartete Rückschläge.

Ich schreibe dies jetzt, nachdem ich sowohl in Frauenland als auch später in meinem eigenen Land noch mancherlei Erfahrungen gemacht habe, und kann nun verstehen und darlegen, was uns damals fortwährend in Erstaunen versetzte oder uns manchmal schon wie eine kleine Tragödie erschien.

Die Hauptsache am Anfang der meisten Beziehungen ist natürlich körperliche Anziehung. Danach entwickelt sich langsam so viel Kameradschaft, wie die Gleichheit oder Unterschiedlichkeit der Charaktere zulässt. Nach der Heirat dann bildet sich entweder eine tiefe Freundschaft heraus, die zärtlichste und schönste aller Beziehungen, die immer wieder genährt wird durch ein aufflackerndes Feuer von Leidenschaft, oder aber alles entwickelt sich zurück, die Liebe wird kühler und verblasst, es entfaltet sich keine Freundschaft, und die ganze Beziehung geht zugrunde.

Hier war alles anders. Es gab hier keine sexuellen Gefühle, die man ansprechen konnte, oder zumindest so gut wie keine. Weil die Instinkte zweitausend Jahre lang brach gelegen hatten, war wenig davon übrig geblieben. In diesem Zusammenhang muss erwähnt werden, dass denjenigen, bei denen sie sich in seltenen Fällen als atavistische Ausnahme gezeigt hatten, die Mutterschaft verweigert wurde.

Doch solange die Mutterschaft existiert, bleibt auch die angeborene Bereitschaft zum Wahrnehmen von Geschlechtsunterschieden bestehen. Wer weiß also, welche lange vergessenen, vagen und nicht benennbaren Gefühle unsere Ankunft in manchen dieser Mutterherzen ausgelöst hatte.

Was uns in unseren Annäherungsversuchen noch ratloser machte, war das Fehlen jeglicher Tradition in den Geschlechterbeziehungen. Es gab keine konventionellen Vorstellungen davon, was »männlich« und was »weiblich« ist.

Als Jeff seiner Angebeteten einen Korb mit Früchten abnahm und sagte: »Eine Frau sollte überhaupt nichts tragen müssen«, sagte Celis höchst erstaunt: »Warum?« Doch er konnte dieser leichtfüßigen, kräftigen jungen Försterin schlecht ins Gesicht sehen und sagen: »Weil sie schwächer ist.« Denn das traf sicherlich nicht zu. Man nennt ein Rennpferd nicht deshalb schwach, weil es offensichtlich kein Karrengaul ist.

Er sagte ziemlich lahm, dass Frauen eben für schwere Arbeiten nicht geschaffen seien.

Sie sah auf die Felder hinaus, wo ein paar Frauen damit beschäftigt waren, ein neues Stück Mauer aus großen Steinen zu errichten, blickte zurück auf die naheliegende Stadt mit ihren Häusern, die alle von Frauen gebaut worden waren, hinunter auf die glatte, harte Straße, auf der wir gingen, und sah dann auf den kleinen Korb, den er ihr abgenommen hatte.

»Das verstehe ich nicht«, sagte sie ganz freundlich. »Sind die Frauen in deinem Land so schwach, dass sie so etwas nicht tragen können?«

»Es ist eben so üblich«, antwortete er. »Wir denken eben, dass die Mutterschaft eine so große Last ist, dass die Männer alles andere tragen sollten.«

»Wie wunderbar!«, sagte sie und ihre blauen Augen leuchteten.

»Funktioniert das denn?«, fragte Alima in ihrer scharfsinnigen, schnellen Art. »Tragen alle Männer in allen Ländern alles? Oder ist das nur bei euch so?«

»Nimm doch nicht alles so wörtlich«, sagte Terry gelangweilt. »Warum wollt ihr euch denn nicht verehren und bedienen lassen? Wir tun das doch gern.«

»Aber wenn wir euch so behandeln würden, das hättet ihr wohl weniger gern«, meinte sie.

»Das ist ja auch ganz was anderes«, sagte er ärgerlich, und als sie fragte: »Wieso?«, wurde er endgültig mürrisch und verwies sie an mich: »Van ist der Philosoph.«

Ellador und ich sprachen uns in Ruhe darüber aus, sodass wir es auch später wesentlich leichter hatten, als die wirklich wunderbare Zeit kam. Auch Jeff und Celis sprachen wir noch einmal daraufhin an, aber Terry war allen Vernunftsargumenten unzugänglich.

Er war völlig verrückt nach Alima. Er wollte sie im Sturmangriff nehmen und verlor sie beinahe für immer.

Sehen sie, wenn ein Mann ein Mädchen liebt, das erstens jung und unerfahren ist, das zweitens in der Tradition von Höhlenmenschen erzogen wurde, dilettantische Kenntnisse in Poesie besitzt, dessen unausgesprochene Hoffnungen nur auf ein einziges »Ereignis« ausgerichtet sind und das darüber hinaus absolut keine anderen nennenswerten Interessen hat, ja dann ist es vergleichsweise leicht, sie in einem einzigen feurigen Anlauf zu erobern. Darin war Terry immer ein Meister gewesen. Das hatte er hier versucht, und Alima war so verletzt und beleidigt, dass es Wochen dauerte, bis er sich ihr überhaupt wieder nähern und es noch einmal versuchen konnte.

Je kälter sie ihn zurückwies, desto entschlossener wurde er, denn Ablehnung war er nicht gewöhnt. Über Komplimente ging sie lachend hinweg, wir brachten sie nicht dazu, Geschenke und sonstige »Aufmerksamkeiten« anzunehmen, und Anfälle von Pathos oder Klagen über ihre Grausamkeit führten nur zu sachlichen Nachfragen. Terry hat wirklich lange gebraucht.

Ich möchte bezweifeln, dass sie ihren fremden Freund jemals so voll akzeptierte wie Celis und Ellador die ihren. Er hatte sie zu oft herausgefordert und verletzt, sie hatte durchaus ihre Vorbehalte.

Ich glaube, dass in Alima noch die Spur eines alten, vergessenen Gefühls steckte und sie sich deshalb mehr zu Terry hingezogen fühlte als die meisten anderen Frauen. Vielleicht hatte sie sich auch entschlossen, dieses Experiment durchzuführen und wollte es nun nicht einfach abbrechen.

Wie immer es auch zustande kam, wir erreichten schließlich alle drei unser Ziel, und nun stand uns der ernste Schritt bevor, der für sie von unermesslicher Wichtigkeit und ein großes Glück war und für uns eine fremde, nie gefühlte Freude bedeutete.

Eine Heiratszeremonie kannten sie überhaupt nicht. Jeff meinte, sie sollten für die kirchliche und die zivile Trauung mit in unser Land kommen, aber dem stimmten die Frauen nicht zu.

»Wir können noch nicht erwarten, dass sie mit uns kommen wollen«, sagte Terry weise. »Wartet lieber noch ein bisschen, Jungs. Wenn wir sie haben wollen, müssen wir schon ihre Bedingungen akzeptieren.« Dies sagte er in reumütiger Erinnerung an seine wiederholten Missgeschicke.

»Aber unsere Zeit kommt noch«, fügte er fröhlich hinzu. »Diese Frauen haben ihren Meister noch nicht gefunden.« Dies erzählte er wie jemand, der gerade eine erstaunliche Entdeckung gemacht hat.

»Wenn du deine jetzige glückliche Situation einigermaßen zu schätzen weißt, solltest du besser nicht den Meister spielen«, sagte ich sehr ernst zu ihm, aber er lachte nur und meinte: »Jeder auf seine Weise.«

Wir konnten ihm nicht helfen. Er musste seine Erfahrungen selbst machen.

Schon bei der Werbung um die Frauen hatte uns das Fehlen jeglicher Tradition ratlos gemacht, aber noch mehr verwirrte es uns, dass die Ehe als Institution nicht existierte.

Auch hier muss ich später gemachte Erfahrungen heranziehen, um die tiefen Unterschiede zwischen ihnen und uns zu erklären.

Sie hatten sich zweitausend Jahre lang völlig ohne Männer entwickelt. Davor gab es nur haremähnliche Traditionen. Sie kannten keinen analogen Begriff für unser Wort *Heim* und ebenso wenig für unser Wort romanischen Ursprungs, *Familie.*

Sie liebten sich mit einer praktisch allumfassenden Zuneigung, die sich oft in tiefen, dauerhaften Freundschaften zeigte und immer auch eine Liebe zu Land und Leuten mit einschloss, der unser Wort *Patriotismus* in keiner Weise gerecht wird.

Glühender Patriotismus ist durchaus vereinbar mit der Nichtbeachtung nationaler Interessen, mit Unehrlichkeit und der kalten Gleichgültigkeit gegenüber dem Leid von Millionen Menschen. Patriotismus ist oft Stolz und noch öfter einfach Rauflust. Patriotismus ist fast immer aggressiv.

Dieses Volk konnte sich an keinem anderen messen, abgesehen von ein paar Wilden dort unten, zu denen sie keinen Kontakt hatten.

Sie liebten ihr Land, weil es ihnen Kinderstube, Spielplatz und Werkstatt war, ihnen und ihren Kindern. Sie waren stolz auf diese Werkstatt, stolz auf ihre Geschichte stetig ansteigender Leistungsfähigkeit. Aber am wertvollsten war ihr kleines Paradies für sie, und das zu verstehen fällt uns besonders schwer, als Nest für ihre Kinder.

All die aufopfernde Hingabe, die unsere Frauen ihren individuellen Familien geschenkt haben, schenkten diese Frauen ihrem Land und ihrem Volk.

Bei uns ist der Mutterinstinkt so schmerzlich intensiv, wird durch die Lebensumstände so eingeengt, entfaltet sich in der Hingabe an so wenige, wird so bitter getroffen von Tod, Krankheit, Unfruchtbarkeit und dem Heranwachsen der Kinder – und schließlich bleibt die Mutter allein in ihrem leeren Nest. Bei ihnen war dieses Gefühl ein einziger Strom, der ungebrochen die Generationen durchzog, sich im Laufe der Jahre vertieft und verbreitert hatte und jedes Kind im Land einschloss.

Mit vereinter Kraft und Intelligenz hatten sie die »Kinderkrankheiten« untersucht und besiegt, ihre Kinder hatten keine.

Sie hatten sich den Erziehungsproblemen gestellt und sie so gelöst, dass ihre Kinder in völliger Natürlichkeit aufwuchsen wie junge Bäume, mit all ihren Sinnen lernten und andauernd unterrichtet wurden, ohne es zu merken. Es war ihnen niemals bewusst, dass sie gerade erzogen wurden.

Überhaupt benutzten sie dieses Wort nicht in unserem Sinne. Sie verstanden unter Erziehung die spezielle Ausbildung, die sie als Halbwüchsige unter Aufsicht von bestimmten Expertinnen bekamen. Die Jugendlichen wählten sich ihr Fachgebiet selbst aus und lernten deshalb erstaunlich eifrig, leicht und effektiv.

Doch die Babys und kleinen Kinder wurden niemals dem Druck und der geistigen Zwangsernährung ausgesetzt, den wir »Erziehung« nennen. Doch davon später.

9

Unsere unterschiedlichen Welten

Ich will hier zeigen, dass für diese Frauen das Gefüge ihres Lebens drei Ebenen umfasste, nämlich einer glücklichen, mit eifrigem Lernen verbrachten Jugend, nach der sie in dem bevorzugten Bereich mitarbeiteten; einer tiefen, zärtlichen Verehrung der Mutter, die so tief war, dass sie nicht frei darüber sprechen konnten, und schließlich als Basis die freien, vielfältigen schwesterlichen Beziehungen der Frauen zueinander, der Dienst an ihrem Land, Freundschaften.

Zu diesen Frauen kamen wir nun, angefüllt mit Ideen, Überzeugungen und Traditionen unserer Kultur und versuchten, in ihnen Gefühle zu erzeugen, die uns normal erschienen.

Wie viel oder wie wenig sexuelle Anziehung zwischen uns auch immer bestanden hat, sie dachten nur in der Kategorie Freundschaft, denn dies war die einzige rein persönliche Form der Liebe, die sie kannten, abgesehen natürlich von dem höchsten Gefühl der Mutterschaft. Ganz offenbar waren wir jedoch keine Mütter, keine Kinder und auch keine Landsleute, und wenn sie uns liebten, mussten wir wohl Freunde sein.

Es war für sie natürlich, dass wir uns in den Tagen unseres Kennenlernens zu Paaren zusammenschlossen, und ebenso natürlich, dass wir drei meist zusammen waren, genauso wie sie selbst auch. Da wir bisher noch keine Arbeit hatten, hielten wir uns bei ihnen im Wald auf, wo sie ihren Aufgaben nachgingen, und auch das schien ihnen natürlich.

Aber als wir davon sprachen, dass doch jedes Paar sein eigenes »Heim« haben sollte, konnten sie uns nicht verstehen.

»Durch unsere Arbeit kommen wir im ganzen Land herum«, erklärte Celis. »Wir können nicht die ganze Zeit nur an einem Ort leben.«

»Wir sind doch jetzt zusammen«, betonte Alima und sah stolz auf den kräftigen Terry, der dicht neben ihr stand. (Zu diesem Zeitpunkt waren sie zufällig »zusammen«, doch kurz danach auch schon wieder »getrennt«.)

»Das ist überhaupt nicht dasselbe«, beharrte er. »Ein Mann möchte ein eigenes Heim mit seiner Ehefrau und Familie darin haben.«

»Immer drin bleiben? Die ganze Zeit?«, fragte Ellador. »Aber sicherlich nicht gefangen!«

»Selbstverständlich nicht! Sie leben dort – ganz natürlich«, sagte er.

»Was macht sie denn die ganze Zeit?«, fragte Alima. »Welche Arbeit hat sie?«

Dann erklärte Terry geduldig noch einmal, dass unsere Frauen nicht arbeiten – mit Ausnahmen.

»Aber was machen sie denn, wenn sie keine Arbeit haben?«, beharrte sie.

»Sie kümmern sich um das Haus und die Kinder.«

»Beides zur selben Zeit?«, fragte Ellador.

»Ja, warum nicht? Die Kinder spielen, und die Mutter beaufsichtigt alles. Natürlich sind auch noch Bedienstete da.«

Das alles war für Terry so offensichtlich und natürlich, dass er jedes Mal ungeduldig wurde, aber die Mädchen waren aufrichtig bemüht, auch alles zu verstehen.

»Wie viel Kinder haben eure Frauen denn?« Alima hatte ihr Notizbuch hervorgeholt, und ihre Lippen sahen ziemlich verkniffen aus. Terry begann auszuweichen.

»Es gibt keine bestimmte Anzahl, mein Liebes«, erklärte er. »Manche haben mehr, manche weniger.«

»Und manche haben überhaupt keine«, fügte ich hinterhältig hinzu.

Auf dieses Eingeständnis nagelten sie uns fest und hatten schnell aus uns die allgemeine Aussage herausgeholt, dass die Frauen mit den meisten Kindern die wenigsten Bediensteten und die Frauen mit den meisten Bediensteten die wenigsten Kinder hatten.

»Da haben wir's also!«, triumphierte Alima. »Ein, zwei oder gar keine Kinder, aber drei oder vier Diener. Jetzt sagt doch endlich mal, was diese Frauen *tun*.«

Wir erklärten das, so gut wir konnten. Wir sprachen von »gesellschaftlichen Verpflichtungen«, ritten unehrlicherweise dauernd darauf herum, dass sie unsere Worte ganz anders auslegten, als sie gemeint waren, und erzählten von Gastgeberpflichten, Einladungen und vielseitigen »Interessen«. Doch die ganze Zeit wussten wir, dass diese intelligenten Frauen, deren gesamtes Denken kollektiv ausgerichtet war, sich die Begrenztheit eines ausschließlich persönlichen Lebens nicht vorstellen konnten.

»Wir können das nicht richtig verstehen«, schloss Ellador. »Wir sind nur ein halbes Volk. Wir haben nur unsere Frauen-Gewohnheiten, aber dort haben sie ihre Männer-Gewohnheiten und ihre gemeinsamen Gewohnheiten. Wir haben uns eine Lebensform erarbeitet, die natürlich begrenzt ist. Sie müssen eine weitere, reichere und bessere Lebensweise haben. Ich würde sie gern kennenlernen.«

»Das sollst du, mein Schatz«, flüsterte ich.

»Es gibt nichts zu rauchen«, beklagte sich Terry. Er steckte mitten in einem längeren Streit mit Alima und brauchte etwas zur Beruhigung. »Und es gibt nichts zu trinken. Diese hehren Frauen haben kein einziges angenehmes Laster. Wenn wir bloß hier raus könnten!«

Dieser Wunsch war leider vergebens. Wir standen immer unter einer gewissen Aufsicht. Wenn Terry nachts hinausrannte und die Straßen entlangstapfte, fand er immer hier und dort einen »Feldwebel« vor, und als er einmal in einem kurzen Anfall starker Verzweiflung mit vagen Fluchthoffnungen auf den Rand des Kliffs gesprungen war, sah er auf einmal etliche von ihnen ganz in seiner Nähe. Wir bewegten uns zwar frei, aber an einer langen Leine.

»Wenigstens haben sie auch keine unangenehmen Laster«, bemerkte Jeff.

»Ich wünschte, sie hätten welche«, nörgelte Terry weiter. »Sie haben weder männliche Laster noch weibliche Tugenden, sie sind Neutren!«

»Du weißt genau, dass das nicht stimmt. Rede keinen Quatsch«, sagte ich ernst zu ihm.

Ich dachte an Elladors Augen, wenn sie mich auf eine gewisse Weise anschaute, deren sie sich gar nicht bewusst war.

Jeff war gleichermaßen erzürnt. »Ich weiß überhaupt nicht, welche ›weiblichen Tugenden‹ du vermisst. Ich finde, sie haben alle.«

»Sie kennen keine Bescheidenheit«, schnappte Terry zurück. »Keine Geduld, keine Unterwürfigkeit, kein bisschen natürliche Demut, die doch erst den Reiz von Frauen ausmacht.«

Ich schüttelte mitleidig meinen Kopf. »Geh, entschuldige dich und schließe wieder Frieden, Terry. Du bist nur schlechter Laune, das ist alles. Diese Frauen haben die Tugend der Menschlichkeit und viel weniger Fehler als jedes andere Volk, das ich bis jetzt gesehen habe. Und was die Geduld angeht – wenn sie die nicht hätten, wären wir direkt am ersten Tag, als wir hier hereingeplatzt sind, von ihnen über das Kliff geschmissen worden.«

»Es gibt hier überhaupt keine Zerstreuungen«, brummte er. »Keinen Ort, wo ein Mann mal hingehen und ein bisschen auf den Putz hauen kann. Dies Land besteht nur aus guter Stube und Kinderzimmer.«

»Und Werkstatt«, ergänzte ich. »Und Schule und Büro und Laboratorium und Studio und Theater und – Heim.«

»*Heim*!«, schnaubte er. »In diesem ganzen erbärmlichen Land gibt es nicht ein einziges Heim.«

»Es ist ein einziges Heim, und das weißt du genau«, gab Jeff erregt zurück. »Solch völligen Frieden, so viel guten Willen und gegenseitige Zuneigung habe ich noch nirgendwo gesehen, ich hätte mir nie träumen lassen, dass es so etwas gibt.«

»Oh ja, natürlich, wenn dir eine ewige Sonntagsschule gefällt, dann ist hier alles ganz in Ordnung. Aber ich möchte gern selbst was machen. Hier ist alles schon getan.«

Etwas war an dieser Kritik schon dran. Die Pionierjahre lagen weit hinter ihnen. In ihrer Zivilisation waren die anfänglichen Schwierigkeiten längst überwunden. Der ungestörte Friede, der unermessliche Wohlstand, die beständige Gesundheit, der weitverbreitete gute Wille und die umsichtige Führung, die alles im Griff hatte, ließen nichts übrig, was man hätte überwinden müssen. Sie waren wie eine nette Familie in einem alteingesessenen, perfekt geführten Landsitz.

Ich mochte das Land wegen meines intensiven und andauernden Interesses an seinen soziologischen Errungenschaften. Jeff mochte es, weil er solch eine Familie und einen solchen Ort überall auf der Welt gemocht hätte.

Terry mochte es nicht, weil es nichts gab, was man hätte bekämpfen und besiegen können, was einen herausgefordert hätte.

»Leben ist Kampf, das muss so sein«, behauptete er. »Wo kein Kampf ist, da ist auch kein Leben, so ist es nun mal.«

»Du redest Unsinn – männlichen Unsinn«, erwiderte der friedliebende Jeff. Er war wirklich ein warmherziger Fürsprecher von Frauenland. »Ameisen organisieren sich auch nicht durch Kampf, oder? Und wie ist es bei den Bienen?«

»Nun ja, wenn du gerne auf den Stand von Insekten zurückkehren und in einem Ameisenhaufen leben möchtest! Aber ich sage dir, die höheren Dinge im Leben erreicht man nur durch Kampf, Wettkampf. Nichts hier ist dramatisch. Guck dir doch nur ihre Theaterstücke an! Die machen mich ganz krank.«

Da hatte er schon den Punkt getroffen. Für unseren Geschmack waren ihre Dramen ziemlich spannungslos. Sehen Sie, alle Konflikte in Liebesdingen fielen bei ihnen weg und damit verbunden das Eifersuchtsmotiv. Es gab auch keine Konflikte zwischen feindlichen Nationen, keine Aristokratie und ihr Machtstreben, keinen Gegensatz zwischen Armen und Reichen.

Hier fällt mir ein, dass ich bisher sehr wenig über ihr Wirtschaftsleben gesprochen habe, ich hätte früher darauf kommen müssen, aber jetzt erzähle ich erst einmal weiter von den Theateraufführungen.

Sie hatten eben ihre eigene Art. Es gab viele eindrucksvolle, prächtige Prozessionen, eine Art gewaltiges Ritual, in dem sich Kunst und Religion vereinten. Sogar die Babys nahmen daran teil. Wir sahen eine ihrer großen jährlichen Festlichkeiten, an der ältere Frauen teilnahmen, die würdevoll daherschritten, junge Frauen, die edel, schön und stark aussahen, und dann die Kinder, die so selbstverständlich mitmachten, wie die Kinder bei uns um den Christbaum herumspringen. Der Eindruck fröhlichen, ausgelassenen Lebens war überwältigend.

Ihre Kultur hatte zu einem Zeitpunkt begonnen, an dem Drama, Tanz, Musik, Religion und Erziehung sehr nahe zusammengelegen hatten, und anstatt jedes Element getrennt weiterzuentwickeln, hatten sie den engen Zusammenhang der Formen bewahrt. Dies war die Basis ihrer Kultur.

Gut, nehmen wir ein Kind aus Frauenland und schauen, welchen Eindruck es von der Welt hat – so versuchte Ellador mir einiges zu erklären. Vom ersten Augenblick an erfährt es Frieden, Schönheit, Ordnung, Sicherheit, Liebe, Weisheit, Gerechtigkeit, Geduld und Fülle. Mit »Fülle« meine ich, dass die Babys in einer Umgebung aufwuchsen, die genau ihren Bedürfnissen entsprach, so wie junge Rehe in taubedeckten Waldlichtungen und auf Wiesen am Bach. Und sie genossen ihre Umgebung genauso offensichtlich wie junge Rehe.

Sie sahen sich von einer großen, hellen und liebenswürdigen Welt umgeben, die voller faszinierender Dinge war, die man lernen und tun konnte. Überall waren die Leute freundlich und höflich. Kein Kind aus Frauenland wurde jemals mit der herablassenden Grobheit behandelt, die Kinder bei uns so oft zu spüren bekommen. Auch sie waren von Anfang an Staatsbürger, sogar der wertvollste Teil des Volkes überhaupt.

Auf jeder weiteren Stufe ihrer reichen Lebenserfahrung stellten sie fest, dass alles, was sie gerade lernten, mit Zielen der Gemeinschaft in Zusammenhang stand. Alles hatte einen Realitätsbezug, war auf anderes und den nationalen Wohlstand bezogen.

»Wegen eines Schmetterlings bin ich Försterin geworden«, erzählte mir Ellador. »Ich war ungefähr elf Jahre alt, und ich fand auf einer niedrigen Blume einen rot und grün gesprenkelten Schmetterling. Ich habe ihn gefangen, indem ich ihn sehr vorsichtig an seinen geschlossenen Flügeln anfasste, wie es mir gezeigt worden war, und brachte ihn zur nächsten Insekten-Lehrerin.« Hier machte ich mir eine Notiz, um sie später zu fragen, was in aller Welt eine Insekten-Lehrerin war. »Ich fragte sie nach seinem Namen. Mit einem kleinen Entzückenschrei nahm sie ihn mir ab. ›Da hast du aber Glück gehabt‹, sagte sie. ›Magst du Obernüsse?‹ Natürlich mochte ich Obernüsse und sagte ihr das auch. Das sind unsere besten essbaren Nüsse, weißt du. ›Das ist das weibliche Tier der Obernuss-Motte‹, sagte sie zu mir. ›Sie ist fast ausgestorben. Schon seit Jahrhunderten versuchen wir, sie auszurotten. Wenn du diese hier nicht gefangen hättest, hätte sie genug Eier legen können, um tausende unserer Nussbäume zu zerstören, tausend Körbe voller Nüsse, und um uns noch viele Jahre lang Mühe und Ärger zu bereiten.‹ Alle gratulierten mir. Sämtliche Kinder im Land wurden dazu angehalten, auf diese Motte achtzugeben, falls es noch mehr davon geben sollte. Man erklärte mir die Geschichte dieses Tieres und zeigte mir einen Bericht über das Unheil, das es angerichtet hatte und darüber, wie hart unsere Großmütter gearbeitet hatten, um uns diesen Baum zu erhalten. Es kam mir damals vor, als sei ich zehn Zentimeter gewachsen, und ich beschloss auf der Stelle, Försterin zu werden.«

Das ist nur ein Beispiel, sie gab mir noch viele andere. Der große Unterschied liegt wohl darin, dass unsere Kinder in Privathäusern und Familien aufwachsen und man mit allen Mitteln versucht, sie vor einer gefährlichen Welt zu schützen und sie von ihr fernzuhalten, wohingegen die Kinder hier in einer weiten, freundlichen Welt aufwuchsen, die sie von Anfang an als die ihre erkannten.

Ihre Kinderbücher waren herrlich. Ich hätte Jahre damit verbringen können, diese wohldurchdachten, eingängigen Geschichten zu lesen, mit denen sie schwierige Dinge für den kindlichen Geist verständlich machten.

Bei uns gibt es zwei verschiedene Lebensläufe, den des Mannes und den der Frau. Der des Mannes besteht aus Wachstum, Kampf, Eroberung, der Gründung einer Familie und so viel materiellem oder intellektuellem Erfolg, wie er nur erreichen kann.

Die Frau wächst heran, bindet einen Mann an sich und verbringt ihr Leben mit untergeordneten häuslichen Tätigkeiten, mit »gesellschaftlichen« Aktivitäten und Wohltätigkeit, wenn es ihre Stellung erlaubt.

Hier gab es nur einen einzigen Lebenslauf, und zwar einen umfassenden.

Wenn Terry sagte, sie hätten keine »Bescheidenheit«, meinte er damit die Tatsache, dass es in ihrer Lebensauffassung keine Tabus gab. Zwar hatten sie ein hochentwickeltes Taktgefühl, doch Scham kannten sie nicht, da es nichts gab, weswegen sie sich hätten schämen müssen.

Auch in der Kindheit wurden ihnen Fehler und Streiche niemals als Sünden ausgelegt, lediglich als Irrtum oder als ungünstiger Schachzug. Einige, die deutlich weniger angenehm waren als die anderen oder die wirklich eine Schwäche oder einen Fehler hatten, wurden mit fröhlicher Nachsicht behandelt, so wie eine Gruppe von Freunden beim Kartenspielen mit einem schlechten Spieler umgehen würde.

Ihre Religion war matriarchalisch und ihre Ethik, die beruhte auf dem Evolutionsprinzip. Die Theorie vom allumfassenden Kampf zwischen Gut und Böse kannten sie nicht, für sie bedeutete Leben Wachstum, darin lag ihre Freude und auch ihre Pflicht.

Wir nehmen immer als gegebene Tatsache an, dass Frauen keine Initiative haben, dass nur der Mann mit der ihm angeborenen Energie und seinem Willen Hindernisse überwinden und Reformen einführen kann.

Hier sahen wir, dass der Gegensatz zwischen Lebensbedürfnissen und natürlichen Umweltbedingungen die erfinderischen Kräfte des menschlichen Geistes herausfordert und zur Entfaltung bringt, unabhängig vom Geschlecht; und dass ein Staat von bewussten Müttern kompromisslos für das Wohlergehen des Kindes plant und arbeitet.

Sie hatten den ganzen Staat bewusst neu gestaltet und verbessert, damit die Kinder in eine Umwelt hineingeboren würden, in der sie so gut und frei wie möglich aufwachsen konnten.

Doch ich will damit auf keinen Fall sagen, dass ihre Arbeit damit schon aufhörte, denn ein Kind bleibt nicht immer ein Kind. Der eindrucksvollste Teil ihrer ganzen Kultur bestand neben dem perfekten System der Kindererziehung in den vielen Betätigungsmöglichkeiten für alle. Aber in der Literatur fiel mir sofort das Kind-Motiv sehr stark auf.

Sie kannten ähnlich schlichte Verse und Geschichten wie wir und erstaunlich schöne, einfallsreiche Erzählungen. Während bei uns jedoch unvollständig erhaltene Überbleibsel alter Volksmythen und primitive Wiegenlieder vorherrschen, gab es bei ihnen vorzügliche Werke großer Künstlerinnen, die nicht nur verständlich waren und mit Sicherheit den kindlichen Geist ansprachen, sie waren auch *wahr*, denn sie spiegelten die Welt der Kinder wider.

Wenn man nur einen Tag in einem ihrer Kinderzimmer verbracht hatte, wurden die eigenen Vorstellungen vom Säuglingsalter für immer korrigiert. Die Allerjüngsten, die rosig in den Armen ihrer Mütter lagen oder in der nach Blüten duftenden Luft schliefen, sahen genauso aus wie unsere auch, nur sie schrien nie. Ich habe im Frauenland niemals ein Kind schreien hören, außer ein- oder zweimal, nach einem bösen Sturz. Und da eilten alle zur Hilfe, wie wenn bei uns eine erwachsene Person in Todesängsten schreit.

Jede Mutter hatte ihr glorreiches Jahr, eine Zeit der Liebe und des Lernens, in der sie eng mit ihrem Kind zusammenwohnte und es voller Stolz stillte. Dies war auch sicherlich einer der Gründe für ihre wundervolle Lebenskraft.

Aber nach diesem Babyjahr war die Mutter nicht mehr ständig bei ihrem Kind, es sei denn, ihre Arbeitsstätte war bei den Kindern. Aber sie war auch niemals weit entfernt, und ihre positive Einstellung zu den Mit-Müttern, die unablässig direkt für das Kind da waren, war sehr wohltuend zu beobachten.

Die nackten Babys spielten in Gruppen auf kurz geschorenem, sauberem, samtweichem Rasen oder auf ebenso weichen Teppichen, oder sie plantschten fröhlich in flachen Becken voll klarem Wasser.

Die Babys wurden im wärmeren Teil des Landes großgezogen und mit zunehmendem Alter stufenweise an das kühlere Klima auf den Höhen gewöhnt. Kräftige Kinder von zehn bis zwölf Jahren spielten genauso fröhlich im Schnee wie unsere auch, es gab immer Exkursionsgruppen, die in allen Teilen des Landes umherreisten, damit jedes Kind das gesamte Land als seine Heimat betrachten konnte.

Denn das ganze Land gehörte ihnen und wartete darauf, dass sie aus ihm lernten, es liebten, benutzten und ihm dienten. So wie bei uns die kleinen Jungen »ein großer Soldat« oder »Cowboy« werden wollen und die kleinen Mädchen sich Gedanken machen über das Heim, das sie später einmal haben oder wie viel Kinder sie bekommen möchten, so schwatzten die Kinder hier fröhlich darüber, was sie für das Land tun wollten, wenn sie erwachsen sein würden.

Gerade durch diese Fröhlichkeit der Kinder und jungen Leute wurde mir die Unsinnigkeit der bei uns weitverbreiteten Auffassung bewusst, dass, wenn das Leben glatt und glücklich verliefe, die Menschen es überhaupt nicht genießen würden. Als ich diese lebensbejahenden, frohen Jugendlichen mit ihrem gierigen Lebenshunger beobachtete, stürzte mein bisheriges Weltbild für immer in sich zusammen.

Als ich dies alles mit unseren eigenen Zuständen verglich, beschlich mich das seltsam unangenehme Gefühl, dass wir ihnen sehr unterlegen waren.

Eines Tages flüchtete ich zu Somel, denn Ellador wollte ich bewusst nicht fragen. Es machte mir nichts aus, vor Somel dumm zu erscheinen, sie war daran gewöhnt.

»Ich hätte gern ein paar Erklärungen von dir«, sagte ich ihr. »Du kennst meine Unwissenheit zur Genüge, aber vor Ellador möchte ich sie gerne verbergen, sie hält mich für so klug.«

Sie lächelte erfreut. »Es ist wundervoll«, sagte sie, »diese neue Liebe zwischen euch zu sehen. Das ganze Land interessiert sich dafür, wir möchten euch gerne helfen.«

Daran hatte ich gar nicht gedacht. Bei uns heißt es zwar: »Die Welt liebt die Liebenden«, aber zu wissen, dass ein paar Millionen Leute die eigene Liebesbeziehung – und dabei auch noch keine leichte – beobachten, das war schon etwas peinlich.

»Erkläre mir bitte eure Erziehungstheorie«, sagte ich. »Mach es bitte so kurz und leicht wie möglich. Und um dir zu zeigen, was ich nicht verstehe, kann ich dir vielleicht sagen, dass in unserer Erziehung die Kinder zu harten geistigen Anstrengungen gezwungen werden. Wir nehmen an, dass es gut für das Kind ist, wenn es Hindernisse überwinden muss.«

»Ja, natürlich ist das gut«, stimmte sie unerwartet zu. »Unsere Kinder tun das auch alle, sie machen es gern.«

Das verstand ich schon wieder nicht. Wenn sie es gern taten, wie konnte es dann Erziehungswert haben?

»Unsere Theorie sieht so aus«, sprach sie vorsichtig weiter. »Bei jedem jungen Menschen sind der Geist und die Seele etwas genauso Natürliches wie der Körper, etwas, das wächst, das man benutzt und an dem man sich freuen kann. Wir versuchen, den Geist und die Seele eines Kindes genauso anzuregen, zu üben und zu ernähren wie den Körper auch. Es gibt in der Erziehung zwei große Bereiche – aber die habt ihr mit Sicherheit auch – nämlich die Dinge, die man wissen muss, und die Dinge, die man tun muss.«

»Tun? Du meinst geistige Übung?«

»Ja. Unser allgemeines Vorgehen ist: Um den Geist zu ernähren und mit Informationen zu versehen, tun wir unser Bestes, sie auf den natürlichen Appetit eines jungen Gehirns abzustimmen, um mich einmal so auszudrücken. Wir wollen es nicht überfüttern, sondern jedem Kind genau das Maß und die Vielfalt von Eindrücken bieten, die es aufnehmen kann. Das ist der leichteste Teil. Das zweite Problem ist die richtige Abfolge von Übungen, damit sich jeder Geist optimal entwickelt. Wir üben einmal die allgemeinen Fähigkeiten, die wir alle haben, und dann auf besonders vorsichtige Weise die besonderen Fähigkeiten, die manche von uns haben. Aber ihr macht das doch bestimmt genauso?«

»Gewissermaßen«, sagte ich ziemlich lahm. »Wir haben kein so ausbalanciertes und hochentwickeltes System wie ihr, nicht annähernd. Aber erzähle mir noch mehr. Wie verläuft bei euch die Wissensvermittlung? Mir scheint, dass ihr alle so ziemlich alles wisst, stimmt das?«

Das stritt sie lachend ab. »Überhaupt nicht. Unser Wissen ist, wie du schnell herausgefunden hast, sehr begrenzt. Ich wünschte, du könntest erkennen, in welcher Gärung das Land wegen all der neuen Dinge ist, die ihr uns erzählt habt. Tausende von uns sind von dem Gedanken besessen, in euer Land zu gehen, um dort zu lernen und nochmals zu lernen. Aber was wir wissen, lässt sich leicht in allgemeine Kenntnisse und Spezialkenntnisse unterteilen. Wir haben längst gelernt, unseren Kindern die allgemeinen Kenntnisse ohne Verlust an Zeit und Kraft beizubringen. Die Spezialkenntnisse sind allen zugänglich, die es wünschen. Einige von uns spezialisieren sich nur in einer Richtung, aber die meisten von uns in mehreren Gebieten, einige für die normale Arbeit, einige andere, um weiter daran zu wachsen.«

»Daran zu wachsen?«

»Ja. Wenn man sich mit einer ganz bestimmten Arbeit zu ausschließlich beschäftigt, kommt es zu einer Verkümmerung der unbenutzten Teile des Gehirns. Wir versuchen, ständig weiterzulernen.«

»Was lernt ihr denn?«

»So viel wir von den verschiedenen Wissenschaften kennen. Wir haben – natürlich in unseren Grenzen – einige Kenntnisse in Anatomie, Physiologie, Ernährungslehre, alles, was ein reiches und schönes Leben betrifft. Wir haben unsere Botanik, Chemie und noch einiges andere, alles sehr rudimentär, aber interessant, wir haben unsere eigene Geschichte und die darin enthaltenen psychologischen Erkenntnisse.«

»Bei euch hat Psychologie mit der Geschichte und nicht mit dem persönlichen Leben zu tun?«

»Natürlich. Es ist unsere gemeinsame Psychologie, und sie ändert sich mit dem Erfolg und den Verbesserungen der Generationen. Wir sind dabei, uns langsam und vorsichtig zu verändern, und versuchen, uns als Volk nach den Erkenntnissen dieser Psychologie weiterzuentwickeln. Das ist eine schöne Aufgabe, denn man sieht immer mehr Babys mit den Anzeichen eines starken, klaren Geistes, einer freundlichen Wesensart, größerer Fähigkeiten, ist das in eurem Lande nicht auch so?«

Darüber ging ich schnell hinweg. Ich erinnerte mich an die trostlose These, dass der menschliche Geist noch derselbe sei wie vor Urzeiten, nur besser informiert, eine These, die ich nie geglaubt hatte.

»Wir bemühen uns äußerst ernsthaft um zwei Fähigkeiten«, fuhr Somel fort. »Diese zwei scheinen uns unbedingt notwendig für jedes ehrenvolle Leben: ein klares, weitreichendes Urteilsvermögen und ein starker, geübter Wille. Darauf verwenden wir während der Kindheit und Jugend unserer Töchter unsere ganze Mühe, nämlich diese Fähigkeiten zu entwickeln, individuelles Urteil und Willenskraft.«

»Als Teil eures Erziehungssystems?«

»Genau. Dies ist sogar der verwundbarste Punkt des Ganzen. Gerade bei den Babys habt ihr vielleicht beobachten können, dass wir ihnen zuerst eine Umgebung schaffen, die ihren geistigen Fähigkeiten entgegenkommt, ohne sie zu ermüden. Aber so früh wie möglich stellen wir sie auch vor Entscheidungen. Das machen wir sehr vorsichtig, um ihre Kräfte nicht zu sehr zu beanspruchen. Es sind einfache Entscheidungsmöglichkeiten mit offensichtlichen Begründungen und Konsequenzen. Ist dir das Spiel aufgefallen?«

Es war mir wirklich aufgefallen. Es schien, als ob die Kinder immer irgendetwas spielten oder aber alleine friedlich irgendwelchen Untersuchungen nachgingen. Zuerst hatte ich mich gefragt, ab wann die Kinder in die Schule gingen, fand aber schnell heraus, dass sie niemals in die Schule gingen – jedenfalls merkten sie es nicht. Alles war Erziehung, aber keine Schulung.

»Wir arbeiten schon mindestens sechzehnhundert Jahre daran, immer bessere Kinderspiele zu entwickeln«, erzählte Somel weiter.

Ich war entsetzt. »Spiele entwickeln?«, meinte ich protestierend. »Du meinst, ihr habt euch neue ausgedacht?«

»Genau, antwortete sie. »Macht ihr das nicht?«

Dann dachte ich an den Kindergarten und an das »Material«, das Signora Montessori empfiehlt und antwortete vorsichtig: »Bis zu einem gewissen Grade ja.« Aber ich erzählte ihr auch, dass die meisten unserer Spiele sehr alt sind, von einer Generation an die nächste weitergegeben werden und das seit frühester Zeit durch die Jahrhunderte hindurch.

»Und welche Wirkung haben sie?«, fragte Somel. »Entwickeln sie die Fähigkeiten, die ihr fördern wollt?«

Hierzu fiel mir ein, was bei uns zugunsten des Schulsports angeführt wird, und ich sagte wiederum etwas vorsichtig, dass dies schon teilweise unserer Erziehungstheorie entspräche.

»Aber *gefällt* es den Kindern«, fragte ich, »wenn ihr euch diese Dinge für sie ausdenkt und ihnen einfach vorsetzt? Wollen sie nicht bei den alten Spielen bleiben?«

»Du kannst die Kinder doch sehen«, antwortete sie. »Sind eure Kinder denn zufriedener, interessierter oder glücklicher?«

Und dann fielen mir Dinge ein, die mir früher nie bewusst geworden waren, denn ich dachte an die lustlosen, gelangweilten Kinder, die ich gesehen hatte und die oft jammerten: »Was soll ich denn jetzt mal tun?«, an die kleinen Gruppen und Banden, die draußen herumlungerten, an die steifen Kindergeburtstage und die lästige Pflicht von Erwachsenen, die Kinder »zu amüsieren«, auch an die traurigen Konsequenzen fehlgeleiteter Aktivitäten, die wir »Streiche« nennen, die dummen, zerstörerischen und oft bösen Dinge, die unbeschäftigte Kinder anrichten.

»Nein«, sagte ich bitter. »Ich glaube nicht.«

Das Kind in Frauenland wurde nicht nur in eine sorgfältig vorbereitete Welt hineingeboren, sondern auch in eine Gesellschaft mit zahlreichen Lehrern, die sich dazu berufen fühlten, die gut ausgebildet waren und deren Aufgabe es war, die Kinder bei einem lebenslangen Lernprozess zu begleiten, eine für uns unvorstellbare Sache.

An ihren Methoden war nichts geheimnisvoll. Zumindest für alle Erwachsenen waren sie völlig verständlich. Ich verbrachte viele Tage bei den Kindern, manchmal zusammen mit Ellador, manchmal ohne sie, und ich fing an, meine eigene Kindheit und die aller Bekannten tief zu beklagen.

In den Häusern und Gärten, die für die Babys geplant waren, gab es nichts, woran sich Kinder verletzen konnten, keine Treppen, keine Ecken, keine kleinen losen Dinge, die sie hätten schlucken können, und kein Feuer; es waren Kinderparadiese. So schnell wie möglich wurde ihnen beigebracht, ihren Körper zu benutzen und zu kontrollieren, und ich habe niemals Kinder gesehen, die so früh sicher auf den Füßen standen, ihre Hände so gut zu gebrauchen wussten und schon so frei und klar dachten. Es war schon eine Freude, einer Reihe Kleinkindern beim Laufenlernen zuzuschauen. Sie gingen nicht nur auf ebener Erde, sondern ein wenig später auch auf einer Art Gummischiene, die etwas erhöht über dem weichen Rasen oder über dicken Teppichen aufgestellt war. Krähend vor Begeisterung fielen sie hinunter und rannten dann zum Ende der Reihe, um es noch einmal zu probieren. Natürlich ist uns auch schon aufgefallen, dass Kinder gern irgendwo hinaufklettern und darauf herumbalancieren. Aber es ist uns nie in den Sinn gekommen, dieses einfache und unerschöpfliche Spiel, das Spaß macht und die Geschicklichkeit fördert, bei der Kindererziehung einzusetzen.

Natürlich waren auch Wasserbecken vorhanden, und die Kleinen konnten schon schwimmen, bevor sie laufen lernten. Zuerst fürchtete ich, dass ein so intensives Erziehungssystem negative Auswirkungen haben könnte, doch diese Furcht zerstreute sich schnell, als ich sah, wie die Kinder in den ersten Lebensjahren lange, sonnige Tage in purer körperlicher Ausgelassenheit verbrachten und wie natürlich und fest sie schliefen. Es war ihnen niemals bewusst, dass sie erzogen wurden. Sie wussten nicht, dass sie mit ihren fröhlichen Experimenten und Leistungen den Grundstein für das herrliche Zusammengehörigkeitsgefühl legten, in das sie im Laufe der Jahre so fest hineinwuchsen. Dies war wirklich eine Erziehung zum Staatsbürger.

10

Ihre Religion und unsere Heirat

Ich, ein Mann, ein Fremder und – wenngleich recht lascher – Christ, brauchte ziemlich viel Zeit, um die Religion im Frauenland zu verstehen.

Die Vergötterung der Mutterschaft war offensichtlich genug, aber da war noch mehr, zumindest mehr, als ich auf den ersten Blick erkannt hatte.

Ich glaube, erst durch die immer stärker werdende Beziehung zu Ellador, die ich so liebte, wie ich nie einen Menschen geliebt hatte, und deren innere Haltung ich achten lernte, bekam ich eine erste Ahnung von ihrem Glauben.

Als ich sie danach fragte, versuchte sie zuerst, mir einige Erklärungen zu geben, doch als sie meine Unsicherheit spürte, wollte sie mehr über unsere Religion wissen. Sie fand schnell heraus, dass es bei uns mehrere gibt, dass sie sehr unterschiedlich sind, aber trotzdem einige Berührungspunkte haben.

Sie machte eine Art Tabelle, wo sie oben die Namen der einzelnen Religionen aufschrieb, die ich ihr nannte. Alle hatten eine gemeinsame Basis, die sie herrschende Kraft oder Kräfte nannte, dann einige spezielle Verhaltensregeln, meist auf Tabus beruhend, deren Einhaltung die herrschende Kraft besänftigen soll. Es gab auch sonstige Gemeinsamkeiten, die manchen Religionsgruppen eigen waren, doch immer war diese herrschende Kraft vorhanden, die bestimmte, welche Dinge man tun durfte und welche zu unterlassen waren. Es war für sie nicht schwer, unsere menschliche Vorstellung von einer göttlichen Kraft durch die Geschichte zu verfolgen, angefangen mit der frühen Vorstellung von blutrünstigen, ausschweifenden, stolzen und grausamen Göttern, bis zum Bild des alleinigen Vaters und der daraus abgeleiteten Bruderschaft aller Menschen.

Das gefiel ihr sehr, und als ich mich über die Allwissenheit, die Allmacht und die Allgegenwart unseres Gottes ausließ und über die Liebe und Freundlichkeit, die sein Sohn gelehrt hat, war sie sehr beeindruckt.

Die Geschichte von der jungfräulichen Geburt erstaunte sie natürlich nicht, doch über das Opfer von Jesus war sie sehr verwundert, und mehr noch über den Teufel und die Theorie der Verdammnis.

Als ich ihr in einem unachtsamen Moment sagte, dass gewisse Sekten an die Verdammnis von Kindern geglaubt hätten, und ihr das erklärte, saß sie ganz starr da.

»Sie glaubten, dass Gott Liebe, Weisheit und Kraft war?«

»Ja, daran glaubten sie.«

Ihre Augen wurden größer und ihr Gesicht gespenstisch blass.

»Und dass dieser Gott forderte, kleine, neugeborene Babys zu verbrennen – für die Ewigkeit?« Plötzlich lief ein Schauer über ihren Körper, sie ließ mich stehen und rannte schnell in den nächsten Tempel.

Auch das kleinste Dorf hatte seinen Tempel. In diesen freundlichen Zufluchtsorten saßen edle, weise Frauen, die still mit irgendeiner Arbeit beschäftigt waren, bis jemand ihre Hilfe benötigte. Sie waren immer bereit, jedem, der darum bat, Trost, Rat und Verständnis zu geben.

Später erzählte mir Ellador, wie leicht ihr Schmerz gelindert worden war, und sie schien sich zu schämen, dass sie sich nicht hatte selbst helfen können.

»Weißt du, wir sind an so schreckliche Vorstellungen einfach nicht gewöhnt«, sagte sie etwas entschuldigend, als sie zu mir zurückkam. »So etwas gibt es bei uns nicht. Und wenn wir von derartigen Dingen hören, dann ist das, als ob euch jemand roten Pfeffer in die Augen streuen würde. Da rannte ich einfach zu ihr. Sie hat mich schnell beruhigt, und so leicht.«

»Wie?«, fragte ich sehr neugierig.

»›Es ist gut, liebes Kind‹, sagte sie, ›was du denkst, ist vollkommen falsch. Du musst nicht denken, dass es jemals einen solchen Gott gegeben hat, denn das stimmt nicht. Oder solch einen Vorfall, auch das stimmt nicht. Glaube auch nicht, dass irgendein Mensch jemals an solch eine abscheuliche, falsche Vorstellung geglaubt hat. Nur Leute, die völlig unwissend sind, glauben an alles, aber das hast du sicherlich auch schon vorher gewusst.‹

Trotzdem«, fuhr Ellador fort, »war sie nach meinem ersten Satz eine Minute lang blass.«

Das war mir eine Lehre. Kein Wunder, dass diese ganze Nation von Frauen so friedlich war und ihnen kein böses Wort über die Lippen kam – sie kannten keine schrecklichen Vorstellungen.

»Aber am Anfang eurer Geschichte habt ihr doch bestimmt noch welche gehabt«, meinte ich.

»Ja, zweifellos. Aber sobald sich unsere Religion zu einer gewissen Höhe entwickelt hatte, haben wir sie natürlich fallen gelassen.«

Aus dieser Antwort und auch aus vielen anderen Dingen erriet ich etwas, das ich schließlich auch in Worte fasste.

»Habt ihr gar keinen Respekt vor der Vergangenheit? Für das, was eure Mütter dachten und glaubten?«

»Nein«, sagte sie. »Warum sollten wir? Sie leben doch alle nicht mehr. Sie wussten weniger als wir. Wenn wir heute nicht weiter wären als sie, dann wären wir ihrer unwürdig – und unwürdig der Kinder, die sich über uns hinausentwickeln müssen.«

Das stimmte mich sehr nachdenklich. Ich hatte immer gedacht – ich nehme an, einfach nur, weil ich es so gehört hatte – Frauen seien von Natur aus konservativ. Und doch hatten sich diese Frauen, denen kein männlicher Unternehmungsgeist geholfen hatte, sich einfach über ihre Vergangenheit hinweggesetzt und wagemutig nur für die Zukunft gearbeitet.

Ellador beobachtete mich, als mir diese Gedanken durch den Kopf gingen. Sie schien ziemlich genau zu wissen, was in mir ablief.

»Ich glaube es liegt daran, dass wir so plötzlich von vorne beginnen mussten. Fast unser gesamtes Volk war auf einmal umgekommen, und dann, nach dieser Zeit der Verzweiflung, kamen diese wunderbaren Kinder – die ersten. Und dann war unsere atemlose Hoffnung nur auf *deren* Kinder gerichtet. Dann kam eine Zeit des Stolzes und Triumphes, bis wir zu zahlreich wurden. Und als wir dann alle nur noch ein Kind haben konnten, fingen wir an, wirklich zu arbeiten – unsere Kinder einfach besser zu erziehen.«

»Aber inwiefern erklärt das den tiefgreifenden Unterschied zwischen unseren Religionen?«, fragte ich weiter.

Sie sagte, dass sie über den Unterschied nicht sprechen könne, da sie unsere Religionen nicht kenne, aber dass ihre Religion gar nicht schwer zu verstehen sei. Ihr großer Mütterlicher Geist war für sie dasselbe wie ihre eigene Mutterschaft – nur ins Übermenschliche vergrößert. Das bedeutete, sie fühlten unter sich und hinter sich eine unterstützende, unfehlbar verlässliche Liebe – vielleicht nur die vereinte mütterliche Liebe des gesamten Volkes. Es war in jedem Falle eine große Kraft.

»Wie verehrt ihr diese Mutter denn?«, fragte ich sie.

»Verehren? Wie meinst du das?«

Das war für mich außerordentlich schwierig zu erklären. Diese göttliche Liebe, die sie so stark empfanden, schien überhaupt nichts von ihnen zu verlangen – »nicht mehr, als unsere Mütter von uns verlangen«, sagte sie.

»Aber eure Mütter erwarten doch sicherlich Hochachtung, Verehrung und Gehorsam von euch. Ihr müsst doch bestimmt gewisse Dinge für eure Mütter tun?«

»Nein«, sagte sie lächelnd und schüttelte ihre weichen, braunen Haare. »Wir *nehmen* unserer Mutter höchstens noch gewisse Dinge, aber wir tun nichts *für* sie. Wir müssen nichts *für* sie tun, weil sie es nicht brauchen. Aber wir müssen weiterleben – großartig weiterleben – gerade wegen ihnen. Und so empfinden wir auch Gott gegenüber.

Ich dachte wieder nach. Mir kam unser Gott der Schlachten in den Sinn, der eifersüchtige Gott, der »Die-Rache-ist-mein-Gott«. Ich dachte an unseren weltumspannenden Alptraum – die Hölle.

»Wenn ich richtig verstehe, kennt ihr auch keine ewige Strafe?«

Ellador lachte. Ihre Augen leuchteten wie Sterne, aber es waren auch Tränen darin. So leid tat ich ihr.

»Wie wäre das denn möglich?«, fragte sie noch sehr verständnisvoll. »Bei uns gibt es keine Strafen im Leben, also glauben wir auch nicht, dass es nach dem Tode so etwas gibt.«

»Habt ihr denn *überhaupt* keine Strafen? Weder für Kinder noch für Kriminelle – ich meine, für so leichte Kriminelle, wie ihr sie habt«, wollte ich wissen.

»Straft ihr eine Person für ein gebrochenes Bein oder Fieber? Wir haben vorbeugende Maßnahmen und Heilmittel. Manchmal müssen wir ›den Patienten zu Bett schicken‹, aber das ist keine Strafe, sondern ein Teil der Behandlung«, erklärte sie.

Als sie weiter über meinen Einwand nachdachte, fügte sie noch hinzu: »Weißt du, wir erkennen in unserer Mutterschaft eine große, zärtliche, grenzenlose und erhebende Kraft, Geduld, Weisheit und die Fähigkeit zum sanften, einfühlsamen Umgang mit Menschen. All diese Eigenschaften und noch vieles mehr sprechen wir Gott zu – unserer Vorstellung von Gott. Unsere Mütter sind nie böse auf uns – warum sollte Gott denn böse auf uns sein?«

»Ist Gott für euch eine Person?«

Darüber dachte sie eine Weile nach. »Um dies alles zu begreifen, personifizieren wir wohl diese Idee in unserem Kopf, aber selbstverständlich nehmen wir nicht an, dass es irgendwo eine große Frau gibt, die Gott ist. Was wir Gott nennen, ist eine allgegenwärtige Kraft, ein uns innewohnender Geist, irgendetwas in uns, von dem wir mehr haben wollen. Ist bei euch Gott ein großer Mann?«, fragte sie unschuldig.

»Äh, ja, für die meisten von uns, glaube ich. Natürlich nennen wir ihn auch einen innewohnenden Geist, genau wie ihr, aber wir bestehen darauf, dass es ›Er‹ ist, eine Person und ein Mann – mit einem Bart.«

»Bart? Ach ja, weil ihr auch einen habt. Oder tragt ihr ihn, weil Er einen hat?«

»Im Gegenteil, wir rasieren ihn, weil das sauberer und bequemer ist.«

»Trägt Er auch Kleider – in eurer Vorstellung, meine ich?«

Ich dachte zurück an die Bilder von Gott, die ich gesehen hatte – eilfertige Annäherungsversuche von Frommen, die eine allmächtige Gottheit als alten Mann in wallendem Gewand, mit wallendem Haar und wallendem Bart dargestellt haben, und im Licht ihrer völlig offenherzigen, unschuldigen Frage erschien mir diese Abbildungsweise ziemlich unbefriedigend.

Ich erklärte ihr, dass der Gott der Christen ursprünglich der alte hebräische Gott war und dass wir die patriarchalische Idee einfach übernommen hätten, gemäß der Gott notwendigerweise mit den Attributen des patriarchalischen Herrschers, des Großvaters, ausgestattet ist.

»Ich verstehe«, sagte sie eifrig, nachdem ich ihr den Ursprung und die Entwicklung unserer religiösen Ideale erklärt hatte. »Sie lebten in getrennten Gruppen mit einem männlichen Anführer, der wahrscheinlich ein wenig – herrschsüchtig war?«

»Zweifellos«, stimmte ich ihr zu.

»Und wir leben zusammen ohne eine ›Anführerin‹ in diesem Sinne – wir haben nur unsere gewählten Führerinnen, das *ist* ein Unterschied.«

»Der Unterschied ist noch größer«, versicherte ich ihr. »Er liegt in eurer allgemeinen Mutterschaft. Eure Kinder wachsen in einer Welt auf, in der sie von allen geliebt werden. Sie sehen, dass die sich überall manifestierende Liebe und Weisheit aller Mütter ihr Leben reich und glücklich macht. So ist es für euch leicht, von Gott dieselbe sich überall manifestierende und wissende Liebe anzunehmen. Ich finde eure Vorstellung weit überzeugender als unsere.«

»Ich kann nicht verstehen«, fuhr sie vorsichtig fort, »dass ihr eine uralte Denkweise beibehaltet. Hast du nicht gesagt, dass diese patriarchalische Vorstellung Tausende von Jahren alt ist?«

»Ja, vier, fünf, sechstausend Jahre – so alt.«

»Und in anderen Bereichen habt ihr seitdem wunderbare Fortschritte gemacht?«

»Ja, das haben wir sicher. Aber mit der Religion ist das was anderes. Der Anfang der Religionen liegt so weit vor unserer Zeit, und sie sind von einem großen Lehrer eingeführt worden, der schon lange tot ist. Wir nehmen an, dass er alles wusste und das Richtige lehrte. Wir brauchen nur noch zu glauben – und zu gehorchen.«

»Wer war dieser große hebräische Lehrer?«

»Oh – damals war es anders. Die hebräische Religion ist eine Ansammlung sehr alter Traditionen, einige viel älter als das hebräische Volk und durch Hinzufügungen während vieler Jahre gewachsen. Wir glauben, der Ursprung ist eine Erleuchtung – ›das Wort Gottes‹.«

»Woher wisst ihr, dass es so ist?«

»Weil die Überlieferung selbst es so sagt.«

»Sagt sie wirklich so viel darüber aus? Wer hat sie denn geschrieben?«

Ich versuchte, mich an entsprechende Textstellen zu erinnern, in denen davon die Rede ist, aber sie fielen mir nicht ein.

»Abgesehen davon«, fuhr sie fort, »kann ich nicht verstehen, warum ihr diese frühen religiösen Traditionen so lange aufrechterhaltet. Alle anderen Traditionen habt ihr doch abgeändert, oder nicht?«

»So ziemlich alle«, stimmte ich ihr zu. »Aber wir nennen das ›Offenbarungsreligion‹ und glauben, dass sie endgültig ist. Aber erzähle mir doch mehr von euren kleinen Tempeln«, drängte ich sie. »Und von diesen Tempelmüttern, zu denen ihr geht.«

Daraufhin gab sie mir eine ausführliche Lektion in angewandter Religion, von der ich hier das Wesentliche wiedergeben möchte.

Sie hatten die zentrale Idee von einer liebenden Kraft entwickelt und nahmen an, dass deren Beziehung zu ihnen eine mütterliche sei, dass diese Kraft ihr Wohlergehen und vor allem ihre Weiterentwicklung wünsche. Sie sahen sich in einer Tochterbeziehung zu dieser Kraft, was ihnen die liebende Anerkennung und frohe Erfüllung deren hoher Ziele auferlegte. Da diese Frauen durch und durch praktisch waren, setzten sie alles daran, die Verhaltensweisen zu ergründen, die von ihnen erwünscht wurden. Daraus entstand ein höchst bewundernswertes moralisches System. Das Prinzip der Liebe wurde von allen anerkannt – und gelebt.

Geduld, Sanftmut, Höflichkeit, alles, was wir »gute Erziehung« nennen, war Teil ihrer Verhaltensregeln. Aber in der praktischen Umsetzung ihres religiösen Gefühls in jedem Bereich des Lebens waren sie uns weit überlegen. Sie kannten kein religiöses Ritual, keine Gottesdienste, abgesehen von jenen prächtigen Umzügen, von denen ich schon gesprochen habe, die jedoch ebenso sehr kulturelle wie religiöse Ereignisse waren und gesellschaftliche obendrein. Aber zwischen allem, was sie taten, und Gott gab es eine klare Beziehung. Sauberkeit, Gesundheit, die sorgfältige Ordnung, die reiche und friedliche Schönheit des ganzen Landes, das Glück der Kinder und vor allem der ständige Fortschritt – all das war ihre Religion.

Sie hatten sich intensiv mit Gott beschäftigt und waren zu der Theorie gelangt, dass diese innere Kraft einen Ausdruck in der Außenwelt brauchte. Sie lebten so, als sei Gott real vorhanden und in ihnen am Wirken.

Was aber diese kleinen Tempel überall betrifft – einige der Frauen waren in dieser Richtung gebildeter und vom Temperament her geeigneter als andere. Diese Frauen widmeten – gleichgültig, welcher Arbeit sie sonst nachgingen – gewisse Stunden dem Tempeldienst. Das bedeutete, dass sie dort bereit waren, mit ihrer Liebe, ihrer Weisheit und ihrem geschulten Geist jeder zu helfen, die seelischen Beistand brauchte. Manchmal war es ein wirklicher Schmerz, sehr selten ein Streit, meistens eine Verwirrung, denn auch im Frauenland hatte die menschliche Seele ihre düsteren Stunden. Aber im ganzen Land waren die besten und weisesten Frauen bereit zu helfen.

Wenn die Schwierigkeit ungewöhnlich kompliziert war, wurde die Hilfesuchende zu einer Frau geschickt, die auf dem jeweiligen Gebiet mehr Erfahrung hatte.

Hier gab es eine Religion, die dem suchenden Geist eine rationale Lebensbasis bot, das Konzept einer unermesslich großen, liebenden Kraft, die sich beständig durch sie selbst verwirklichte und für das Gute arbeitete. Es gab klare, vernünftige Anleitungen, wie sie leben sollten – und warum. Das Ritual bestand in jenen Triumphzügen, an denen alle Künste mitwirkten. Eine große Menge bewegte sich rhythmisch, sie sangen und musizierten, umgeben einmal von ihren edelsten künstlerischen Werken und zum anderen von der offenen Schönheit ihrer Haine und Hügel. Und dann waren da noch die zahllosen kleinen Stätten der Weisheit, wo die weniger Weisen von den sehr weisen Frauen Hilfe bekamen.

»Es ist alles so schön«, sagte ich begeistert. »Das ist die praktischste, tröstlichste und fortschrittlichste Religion, von der ich je gehört habe. Hier liebt *wirklich* jeder seinen Nächsten – hier trägt *wirklich* jeder die Last des anderen – hier erkennt ihr *wirklich*, dass ein kleines Kind ein Symbol des himmlischen Königreiches ist. Ihr seid christlicher als jedes andere Volk, das ich kenne. Aber was ist mit dem Tod? Und dem ewigen Leben? Was sagt eure Religion über die Ewigkeit?«

»Nichts«, sagte Ellador. »Was ist eigentlich Ewigkeit?«

Zum ersten Mal in meinem Leben versuchte ich, diese Vorstellung wirklich zu begreifen.

»Es bedeutet – ohne Ende.«

»Ohne Ende?« Sie sah verwirrt aus.

»Ja, das Leben, es geht immer weiter.«

»Oh ja, das sehen wir natürlich auch. Das Leben um uns herum geht immer weiter.«

»Aber das ewige Leben geht weiter, *ohne dass man stirbt.*«

»Als dieselbe Person?«

»Ja, als dieselbe Person, unendlich, unsterblich.« Es gefiel mir gut, dass ich von unserer Religion etwas erzählen konnte, was ihre Religion nicht enthielt.

»Hier?«, fragte sie. »Hier niemals sterben?« Ich merkte, wie meine praktische Ellador schon die unzähligen Menschen vor sich sah und beeilte mich, sie zu beschwichtigen.

»Aber nein, auf gar keinen Fall hier – danach. Wir müssen hier natürlich sterben, aber dann ›gehen wir ein ins ewige Leben‹. Die Seele lebt ewig.«

»Woher wisst ihr das?«, fragte sie.

»Ich kann mir kaum anmaßen, dir das zu beweisen«, fuhr ich schnell fort. »Lass uns einfach annehmen, es sei so. Wie denkst du über diese Vorstellung?«

Wieder lächelte sie mich an und hatte Grübchen im Gesicht. Ihr Lächeln war strahlend, zärtlich, spitzbübisch und mütterlich zugleich. »Soll ich ganz, ganz ehrlich sein?«

»Etwas anderes kannst du doch gar nicht«, sagte ich, teils froh, teils ein wenig enttäuscht. Die glasklare Ehrlichkeit dieser Frauen hörte nie auf, mich zu erstaunen.

»Ich halte das für eine unglaublich dumme Idee«, sagte sie ganz ruhig. »Und wenn sie wahr wäre, fände ich sie äußerst unangenehm.«

Bis dahin hatte ich die Lehre von der persönlichen Unsterblichkeit immer als allgemein anerkannte Tatsache hingenommen. Ich will damit nicht sagen, dass ich über das Problem der Unsterblichkeit jemals ernsthaft und bewusst nachgedacht hatte. Und hier war nun das Mädchen, das ich liebte, in dessen Charakter ich immer wieder neue Bereiche entdeckte, in denen sie mir überlegen war. Diese einzigartige Frau aus einem einzigartigen Land sagte also zu mir, sie finde Unsterblichkeit dumm. Und das meinte sie auch so.

»Wozu *wollt* ihr das denn?«, fragte sie.

»Wie kann man das *nicht* wollen!«, sagte ich schon ganz aufgebracht. »Möchtest du ausgehen wie eine

Kerze? Möchtest du nicht immer weiterleben – weiterwachsen und – und – glücklich sein, für immer?«

»Nein«, sagte sie. »Überhaupt nicht. Ich möchte, dass mein Kind und das Kind meines Kindes weiterleben, und das werden sie auch. Warum sollte *ich* denn weiterleben wollen?«

»Aber es bedeutet das Himmelreich!«, entgegnete ich. »Friede und Schönheit und Wohlergehen und Liebe – mit Gott.« Ich hatte noch nie so viel Worte um Religion gemacht. Sie durfte über die Verdammnis entsetzt sein und die Gerechtigkeit der Heilslehre bezweifeln, aber die Unsterblichkeit – das war doch nun wahrhaftig eine edle Vorstellung.

»Wie schön, Van«, sagte sie und streckte mir ihre Hände entgegen. »Wie schön, Van, mein Liebling. Es ist wunderbar, dass du es so stark empfindest. Das ist natürlich genau das, was wir alle wollen – Friede und Schönheit und Wohlergehen und Liebe – mit Gott. Und auch Fortschritt, wenn du dich erinnerst, und immer und immer wieder Wachstum. Das ist es, was unsere Religion uns zu wollen lehrt und wofür wir arbeiten sollen, und was wir auch tun.«

»Ja, aber *hier*«, sagte ich, »nur in diesem Leben, hier auf der Erde.«

»Ja und? Habt ihr in eurem Land eure schöne Religion der Liebe und des Dienstes am Nächsten nicht auch für dieses Leben dieser Erde?«

Keiner von uns war gewillt, den Frauen von den schlechten Seiten unseres eigenen geliebten Landes zu erzählen. Auch wenn wir manche dieser Fehler als unvermeidbar oder notwendig ansahen und – allerdings nur unter uns – die allzu perfekte Zivilisation im Frauenland kritisierten, brachten wir es niemals fertig, ihnen von den Versäumnissen und Verschwendungen in unserem Land zu erzählen.

Außerdem wollten wir uns mit ihnen lieber über die bevorstehende Heirat unterhalten.

Jeff war der Entschlossenste in dieser Angelegenheit.

»Natürlich haben sie keine Hochzeitszeremonie oder einen entsprechenden Gottesdienst, aber wir können es ja ungefähr so machen wie bei uns, ihre Tempel sind ganz gut geeignet. Das ist wohl das Mindeste, was wir für sie tun können.«

Damit hatte er sehr recht. Schließlich gab es so wenig, was wir für sie tun konnten. Wir waren hier Gäste und Fremde, ohne einen Pfennig und ohne die Möglichkeit, wenigstens unsere Stärke und unseren Mut zu beweisen.

»Wir können ihnen zumindest unsere Namen geben«, meinte Jeff dann.

Sie waren wirklich sehr nett zu uns und auch gewillt, alles zu tun, worum wir sie baten, um uns gefällig zu sein. Doch was die Namen betraf, fragte Alima, unverblümt wie stets, wozu das denn gut sei.

Terry, der sie immer reizen musste, meinte, es sei ein Zeichen des Besitzes. »Bald wirst du Mrs. Nicholson sein«, sagte er, »Mrs. T. O. Nicholson. Dadurch erkennt jeder sofort, dass du meine Ehefrau bist.«

»›Ehefrau‹, was bedeutet das eigentlich genau?«, fragte sie mit einem gefährlichen Glitzern in ihren Augen.

»Eine Ehefrau ist eine Frau, die einem Mann gehört«, fing er an.

Aber Jeff fuhr schnell dazwischen: »Und ein Ehemann ist ein Mann, der einer Frau gehört. Das ist so, weil wir monogam sind. Und die Hochzeit ist die Zeremonie, einmal zivil und einmal kirchlich. Dadurch werden die beiden Partner vereint – ›bis dass der Tod uns scheidet‹ «, meinte er schließlich und sah Celis mit einem Blick grenzenloser Verehrung an.

»Wir kommen uns alle etwas dumm vor«, erklärte ich den Mädchen, »weil wir euch überhaupt nichts geben können, außer natürlich unseren Namen.«

»Haben bei euch die Frauen vor der Hochzeit keinen Namen?«, fragte Celis plötzlich.

»Doch, natürlich«, erklärte Jeff. »Sie haben ihren Mädchennamen, das heißt den Namen ihres Vaters.«

»Und was passiert damit?«, fragte Alima.

»Sie nehmen stattdessen den Namen ihres Ehemannes an, mein Liebes«, antwortete Terry.

»Nehmen ihn an? Dann nimmt der Ehemann also auch den ›Mädchennamen‹ seiner Frau an?«

»Aber nein«, lachte er. »Der Mann behält seinen Namen und gibt ihn auch der Frau.«

»Dann läuft es ja nur darauf hinaus, dass sie ihren Namen verliert und dafür einen neuen bekommt – wie unangenehm. Das tun wir nicht!«

Aber Terry blieb gelassen. »Wenn ich weiß, dass wir sehr bald heiraten, dann kümmert mich wenig, was ihr tut oder nicht tut«, sagte er und streckte seine kräftige braune Hand nach der von Alima aus, die ebenso braun und fast genauso kräftig war.

»Also was die Geschenke betrifft – natürlich verstehen wir, dass ihr uns etwas geben wollt, aber wir sind froh, dass ihr es nicht könnt«, fuhr Celis fort. »Wisst ihr, wir lieben euch nur um eurer selbst willen, wir wollen nicht, dass ihr irgendetwas bezahlt. Reicht es euch nicht zu wissen, dass ihr um eurer Person willen geliebt werdet – einfach als Menschen?«

Ob es reichte oder nicht, unter diesen Vorzeichen fand unsere Hochzeit dann statt. Es war eine große, dreifache Hochzeit im größten aller Tempel, und es sah aus, als sei der größte Teil der Nation anwesend. Es war sehr feierlich und sehr schön. Irgendjemand hatte speziell für die Gelegenheit ein herrliches Lied geschrieben, über die neue Hoffnung für ihr Volk, das neue Band mit anderen Ländern, über Brüderlichkeit und Schwesterlichkeit und, mit offensichtlicher Ehrfurcht, auch über Vaterschaft.

Terry wurde immer unruhig, wenn sie von Vaterschaft sprachen. »Jeder würde denken, wir wären Hohe Priester der Fruchtbarkeit!«, rief er. »Ich habe das Gefühl, diese Frauen denken an nichts anderes als an Kinder. Wir werden ihnen auch noch was anderes beibringen.«

Er war sich so sicher, was er Alima beibringen wollte und deren Lernbereitschaft so ungewiss, dass Jeff und ich das Schlimmste befürchteten. Wir versuchten, ihn zu warnen – erfolglos. Der große, kräftige Kerl reckte sich zu voller Höhe, warf sich in die Brust und lachte.

»Es gibt drei getrennte Hochzeiten«, sagte er. »Ich mische mich nicht in eure ein – also ihr bitte auch nicht in meine.«

Dann kam endlich der große Tag. Unzählig viele Frauen waren anwesend, und wir drei Bräutigame kamen uns ohne die Unterstützung eines Trauzeugen oder irgendeines anderen Mannes seltsam klein und unbedeutend vor, als wir durch die Menge gingen.

Somel, Zava und Moadine blieben in unserer Nähe. Wir waren sehr dankbar dafür, dass sie dabei waren, sie kamen uns schon fast wie Verwandte vor.

Es gab eine außerordentlich schöne Prozession mit verschlungenen Tänzen und der neuen Hymne. Alle waren von Gefühlen bewegt – einer tiefen Ehrfurcht, großer Hoffnung und der gespannten Erwartung eines neuen Wunders.

»Seit dem Beginn unserer Mutterschaft hat es in unserem Land so etwas nicht mehr gegeben«, sagte Somel sehr weich zu mir, als wir den symbolischen Tänzen zusahen. »Weißt du, für uns beginnt ein neues Zeitalter. Du ahnst nicht, wie viel ihr uns bedeutet. Es ist nicht nur die Vaterschaft, diese herrliche zweiseitige Elternschaft, die wir nicht kennen, die Leben schaffende Einheit zweier Teile, sondern es bedeutet vor allem auch Brüderschaft. Ihr seid der Rest der Welt. Ihr verbindet uns mit unseren Mitmenschen, mit all den unbekannten Ländern und Leuten, die wir nie gesehen haben. Wir hoffen, sie kennenzulernen, sie zu lieben und ihnen zu helfen und von ihnen zu lernen. Ach, ihr könnt das gar nicht verstehen.«

Tausende von Stimmen sangen die letzte Strophe der großen »Hymne auf das kommende Leben«. Auf dem großen Altar der Mutterschaft stand neben der Krone aus Früchten und Blumen noch eine neue Krone, die völlig gleich gestaltet war. Vor den Augen der großen Übermutter des Landes, umgeben von den Mitgliedern des Hohen Tempelrats, vor den Augen der unübersehbaren Menge ruhiger Mütter und andächtiger Mädchen traten unsere drei aus der Menge heraus und wir, die drei einzigen Männer in diesem ganzen Land, gaben ihnen unsere Hände und sprachen das Ehegelöbnis.

11

Unsere Schwierigkeiten

Bei uns heißt es: »Heirat ist ein Glücksspiel«, aber auch: »Hochzeiten werden im Himmel gemacht«, doch an das Letztere glaubt man wohl etwas weniger.

Wir haben die wohlbegründete Theorie, dass es das Beste sei, »innerhalb der eigenen Klasse« zu heiraten und ein vielleicht ebenso wohlbegründetes Misstrauen gegen internationale Ehen, die wohl mehr dem sozialen Fortschritt als dem Interesse der betroffenen Parteien zuträglich sind.

Aber keine Verbindung zwischen Angehörigen unterschiedlicher Rassen, Hautfarben, Kasten oder Glaubensbekenntnisse kann jemals so schwierig zu gestalten gewesen sein wie die zwischen uns, drei modernen amerikanischen Männern und diesen drei Einwohnerinnen von Frauenland.

Es ist ja ganz gut und schön zu sagen, wir hätten vorher darüber reden müssen. Wir hatten offen darüber geredet. Zumindest Ellador und ich hatten die Voraussetzungen dieses großen Abenteuers besprochen und nahmen beide an, wir wüssten, welcher Weg vor uns lag. Aber es gibt gewisse Dinge, die man einfach als gegeben ansieht, von denen man annimmt, dass sie von beiden Seiten gleichermaßen verstanden werden, und auf die sich doch beide Parteien wiederholt beziehen können, ohne jemals wirklich dasselbe zu meinen.

Die Erziehungsunterschiede zwischen einem Durchschnittsmann und einer Durchschnittsfrau sind groß genug, aber die Schwierigkeiten, die sich daraus ergeben, bekommt selten der Mann zu spüren, denn der setzt sich meist durch. Es kann gut sein, dass sich die Frau die Umstände des Ehelebens ganz anders vorgestellt hat, aber was sie sich vorgestellt hat, was sie nicht gewusst hat oder was ihr besser gefallen würde, das zählt nicht im Geringsten.

Heute sehe ich das alles sehr genau und kann auch ganz ruhig darüber sprechen, denn jetzt, wo ich dies schreibe, sind Jahre vergangen, in denen ich gelernt und mich weiterentwickelt habe, aber damals war die Situation für uns ganz schön hart, vor allem für Terry. Armer Terry! Sehen Sie, bei jeder nur vorstellbaren Heirat zwischen den Völkern dieser Erde, mag die Frau nun schwarz, rot, gelb, braun oder weiß sein, mag sie gebildet oder ungebildet sein, unterwürfig oder sich auflehnen, hat sie doch immer die Ehe im Kopf, die in unserer Welt Tradition ist. Nach dieser Tradition gehört die Frau dem Mann an. Er führt seine Geschäfte weiter, und sie passt sich ihm und seinen Geschäften an. Selbst wenn es um die Staatsbürgerschaft geht, werden die Umstände der Geburt und der Geografie durch irgendeinen seltsamen Hokuspokus einfach hinweggewischt und die Frau erhält automatisch die Nationalität ihres Ehemannes.

Ja, und hier waren wir, drei Fremde in einem Land voller Frauen. Es war ein kleines Gebiet, und die landschaftlichen Unterschiede waren für uns nicht überraschend groß. Die Unterschiede zwischen unserem und ihrem Nationalcharakter konnten wir damals noch nicht ermessen.

Aber diese Frauen waren seit zweitausend Jahren eine »reine Rasse« und keinerlei Fremdeinflüssen ausgesetzt gewesen. Während wir immer dem Einfluss vieler Denk- und Gefühlstraditionen ausgesetzt waren, die sehr unterschiedlich und oft miteinander unvereinbar sind, waren die Menschen hier sich über die Grundprinzipien ihres Lebens völlig einig und darüber hinaus seit sechzig Generationen daran gewöhnt, nach diesen Prinzipien zu handeln.

Das war etwas, was wir nicht einkalkuliert hatten. Wenn in den Gesprächen vor unserer Heirat eines der Mädchen sagte: »Wir verstehen das so und so«, oder: »Wir glauben, dass dieses und jenes wahr ist«, dann hatten wir Männer mit unserer tief verwurzelten Überzeugung von der Kraft der Liebe und unserer oberflächlichen Einstellung zu Glauben und Prinzipien leichten Herzens angenommen, wir könnten sie schon umstimmen. Doch wir mussten feststellen, dass wir uns geirrt hatten.

Es war nicht so, dass sie uns nicht liebten. Im Gegenteil, sie liebten uns tief und warmherzig. Aber da haben wir es schon wieder – was sie unter »Liebe« verstanden und was wir unter »Liebe« verstanden, hatte wenig miteinander gemein.

Vielleicht klingt es ziemlich kaltschnäuzig, wenn ich immer »wir« und »sie« sage, so als ob wir nicht drei unabhängige Paare gewesen wären, mit verschiedenen Freuden und Sorgen, aber unsere Außenseitersituation führte uns drei Männer dauernd wieder zusammen. Die außergewöhnlichen Erfahrungen hatten unsere Freundschaft enger und vertrauter gemacht, als sie es im eigenen Lande je geworden wäre. Zudem bildeten wir auch durch eine weit über zweitausendjährige männliche Tradition eine kleine, aber feste Einheit, die dieser viel größeren Einheit weiblicher Tradition gegenüberstand.

Ich glaube, dass ich die Unterschiede deutlich machen kann, ohne zu sehr in die Einzelheiten gehen zu müssen. Eine mehr äußerliche Meinungsverschiedenheit betraf »das Heim«, denn wir gingen davon aus, dass die Haushaltspflichten und -freuden durch Instinkt und lange Erziehungstradition für Frauen bestimmt waren.

Stellen Sie sich einen hingebungsvoll und leidenschaftlich liebenden Mann vor, der versucht, mit einem weiblichen Engel einen Haushalt aufzubauen, einem richtigen Engel mit Flügeln, Harfe und Heiligenschein, der zwischen den Sternen göttliche Botschaften überbringt. Dieser Engel liebt den Mann mit einer Zuneigung, die er überhaupt nicht erwidern oder auch nur würdigen kann, aber ihre Vorstellungen von Nützlichkeit und Pflicht sind sehr verschieden von seinen. Wenn sie ein streunender Engel in einem Land voller Männer wäre, würde er natürlich mit ihr machen können, was er will, da er aber ein streunender Mann inmitten von Engeln ist …

Terry war oft außer sich vor Wut, die ich als Mann, muss ich sagen, durchaus nachfühlen konnte. Doch von Terry und seinem Ärger später.

Jeff, ja Jeff hatte schon immer etwas an sich, das zu gut war für diese Welt. Er ist der Typ, aus dem in früheren Zeiten ein Priester oder Heiliger geworden wäre. Er betete Celis wirklich an, aber nicht nur Celis, sondern was sie darstellte. Er war mittlerweile so tief von den beinahe übernatürlichen Vorteilen dieses Landes und seiner Leute überzeugt, dass er alles hinnahm wie ein – ich kann nicht sagen »wie ein Mann«, sondern mehr so, als ob er gar keiner wäre.

Bitte verstehen Sie mich nicht falsch. Der gute alte Jeff war bestimmt kein Weichling oder Muttersöhnchen. Er war stark, mutig und fähig und ein ausgezeichneter Kämpfer, wenn es nötig war. Aber er hatte immer auch diese engelhafte Seite. Es war eigentlich ein Wunder, dass Terry Jeff so gerne hatte, obwohl sie derartig unterschiedlich waren.

Was mich angeht, so stand ich irgendwo zwischen ihnen. Ich war weder ein Schürzenjäger wie Terry noch ein solcher Idealist wie Jeff. Aber trotz aller meiner Fehler und Nachteile glaube ich, dass ich bei der Beurteilung des Verhaltens der Frauen mein Hirn etwas häufiger gebrauchte als die beiden anderen. Und ich hatte meinen Verstand bitter nötig, das kann ich Ihnen sagen.

Der größte Konfliktpunkt zwischen uns und unseren Frauen war, wie man sich leicht vorstellen kann, die Art der Beziehung selbst.

»Ehefrauen! Rede bloß nicht von Ehefrauen!«, brüllte Terry. »Die wissen überhaupt nicht, was das Wort bedeutet.«

Das war genau der Punkt – sie wussten es wirklich nicht. Wie konnten sie auch? In ihren geschichtlichen Aufzeichnungen war nur die Rede von Polygamie und Sklaverei.

»Das Einzige, woran sie bei einem Mann denken können, ist *Vaterschaft*!«, sagte Terry in höchstem Zorn. »*Vaterschaft*! Als ob ein Mann immer nur *Vater* sein will.«

Das war auch völlig richtig. Sie hatten ihre lange, reiche Erfahrung mit der Mutterschaft, und so war ihr einziger Maßstab für den Wert eines männlichen Wesens die Vaterschaft.

Daneben gab es natürlich noch die ganze Breite einer nur auf uns als Personen gerichteten Liebe. Ich kann auch heute, nach einer langen und glücklichen Erfahrung mit dieser Liebe, die mir damals nur wie ein maßloses Wunder vorkam, keinen Eindruck von ihrer Schönheit und Kraft vermitteln.

Sogar Alima, die ein viel stürmischeres Temperament als die beiden anderen besaß und weiß Gott wesentlich reizbarer war, erwies sich dem Mann gegenüber, den sie liebte, als die personifizierte Geduld, Zärtlichkeit und Weisheit, bis er – aber so weit bin ich noch nicht.

Unsere – wie Terry es nannte – »sogenannten« Ehefrauen arbeiteten sofort nach der Hochzeit weiter als Försterinnen. Da wir keine spezielle Ausbildung hatten, waren wir schon längst zu ihren Assistenten geworden. Wenigstens hatten wir jetzt etwas zu tun, und sei es auch nur, um die Zeit totzuschlagen. Wir brauchten eine nützliche Arbeit, wir konnten uns ja nicht ewig nur vergnügen.

Dadurch waren wir immer mit den Frauen draußen und eigentlich auch immer zusammen – manchmal sogar zu viel zusammen.

Es wurde uns klar, dass diese Leute einen äußerst feinen Sinn für den privaten Bereich des Einzelnen hatten, aber nicht die geringste Vorstellung von einer *solitude à deux*, wie wir sie so schätzen. Von frühester Kindheit an hatte jede Einwohnerin ein eigenes Schlafzimmer mit Badezimmer, und wenn sie älter wurden, bekamen sie noch einen zweiten Raum hinzu, in dem sie ihre Freunde empfangen konnten.

Wir hatten jeder schon lange unsere zwei Räume, und da wir von anderem Geschlecht und anderer Herkunft waren, lagen diese in einem gesonderten Haus. Sie schienen davon auszugehen, dass wir in wirklicher Abgeschiedenheit freier atmen und besser denken konnten.

Zum Essen gingen wir in irgendein nahegelegenes Speisehaus und bestellten ein Essen, das man dann zu uns brachte, oder wir nahmen das Essen mit in den Wald. Die Gerichte waren immer gleichbleibend gut. An all das hatten wir uns gewöhnt und genossen es – in den Tagen vor unserer Hochzeit.

Danach erwachte aber in uns der etwas unerwartete Wunsch nach einem gesonderten Haus, doch dieser

Wunsch wurde von unseren drei liebenswerten Frauen überhaupt nicht geteilt.

»Wir *sind* doch alleine, Liebling«, erklärte mir Ellador mit sanfter Geduld. »Wir sind alleine in diesen großen Wäldern, wir können in jedem kleinen Sommerhaus zusammen essen, nur wir zwei, oder können auch irgendwo anders einen Tisch für uns allein haben. Oder wir können ganz alleine in unseren eigenen Räumen essen. Wie könnten wir denn mehr alleine sein?«

Das war natürlich alles wahr. Während der Arbeit waren wir alleine und während der interessanten Gespräche abends in ihren oder unseren Wohnungen. Wir hatten also weiterhin alle Annehmlichkeiten der vorehelichen Zeit, aber wir hatten nicht das Gefühl, ja vielleicht kann man sagen, sie zu besitzen.

»Wir könnten genauso gut überhaupt nicht verheiratet sein«, murrte Terry. »Mit der Heirat selbst wollten sie uns nur einen Gefallen tun – vor allem Jeff. Sie wissen nicht, was verheiratet sein eigentlich bedeutet.«

Ich versuchte mein Bestes, Elladors Standpunkt zu verstehen, und natürlich versuchte ich auch, ihr meinen verständlich zu machen. Wir als Männer wollten ihnen natürlich beibringen, dass es auch noch einen, wie wir stolz sagten, »höheren Sinn der Ehe« gibt als das, was Terry »reine Brutpflege« nannte. Das versuchte ich Ellador in den zartesten Worten zu erklären.

»Gibt es denn ein höheres Ziel gegenseitiger Liebe als die Hoffnung, neues Leben zu schenken, wie wir es uns vorgestellt haben?«, sagte sie. »Was kann denn noch höher sein?«

»Die Liebe selbst entwickelt sich weiter«, erklärte ich. »Gerade das gibt einer schönen, anhaltenden Liebe zwischen Eheleuten die Kraft.«

»Bist du sicher?«, fragte sie sanft. »Es gibt Vögel, die ganz apathisch werden und vor Kummer sterben, wenn sie getrennt sind, und wenn einer stirbt, bleiben sie für immer allein, aber auch diese Vögel paaren sich nur in der Paarungszeit. Findet man in deinem Volk andauernde, tiefe Zuneigung genauso häufig wie diese Schwäche?«

Manchmal ist ein logischer Verstand schon lästig.

Natürlich wusste ich von diesen monogam lebenden Vögeln und anderen Tieren, die sich auf Lebenszeit miteinander verbinden und alle Anzeichen gegenseitiger Zuneigung aufweisen, die jedoch geschlechtliche Beziehungen niemals über ihre ursprüngliche Bestimmung hinaus ausdehnen. Aber was sollte das?

»Das sind niedrige Lebensformen!«, protestierte ich. »Mein Schatz! Was können diese Tiere von einer Liebe wissen, wie sie uns aneinander bindet? Dich zu berühren – dir nahe zu sein – dir immer näher zu kommen – mich in dir zu verlieren – du fühlst das doch sicher auch, oder nicht?«

Ich trat näher zu ihr und nahm ihre Hände.

Sie schaute mich an und ihr Blick war zärtlich, aber auch fest und stark. In ihr war etwas so Starkes, Unveränderbares, dass ich sie durch meine eigenen Gefühle nicht einfach mitreißen konnte, wie ich es unbewusst angenommen hatte.

Man kann sich vielleicht vorstellen, dass ich mich fühlte wie ein Mann, der eine Göttin liebt – aber bestimmt nicht die Venus! Sie nahm mir mein Drängen nicht übel, wies mich auch nicht zurück und hatte offensichtlich auch überhaupt keine Angst davor. Es gab bei ihr keine Spur von keuscher Scheu oder mädchenhaftem Sträuben, die so aufreizend sind.

»Liebling, du siehst«, sagte sie, »dass du Geduld mit uns haben musst. Wir sind nicht wie die Frauen in eurem Land. Wir sind Mütter und wir sind Menschen, aber auf dieses Gebiet haben wir uns nicht spezialisiert.«

»Wir« und »wir« und immer wieder »wir« – es war so schwer, sie zu bewegen, einmal persönlich zu sprechen. Und als ich darüber nachdachte, fiel mir plötzlich ein, dass wir an *unseren* Frauen immer kritisieren, dass sie alles so *persönlich* sehen.

Dann versuchte ich ganz ernsthaft mein Bestes, ihr das schöne Glück verheirateter Liebender zu schildern, das zu kreativer Tätigkeit beflügelt.

»Meinst du damit«, fragte sie ganz ruhig, als würde ich ihre kühlen, festen Hände keineswegs in meinen heißen und bebenden halten, »dass bei euch die Leute, wenn sie geheiratet haben, das immer tun, egal ob es eine fruchtbare oder eine unfruchtbare Phase ist, und völlig ohne den Gedanken an Kinder?«

»Ja, das tun sie«, sagte ich etwas bitter. »Sie sind nicht nur Eltern. Sie sind auch Mann und Frau, und sie lieben sich.«

»Wie lange denn?«, fragte Ellador ziemlich unerwartet.

»Wie lange?«, fragte ich ziemlich fassungslos. »Solange sie leben.«

»Es ist etwas sehr Schönes an dieser Vorstellung«, gab sie zu, aber es klang immer noch, als würden wir das Leben auf dem Mars diskutieren. »Dieses sich steigernde Gefühl, das bei allen anderen Lebensformen nur einem Zweck dient, wird bei euch noch für viel höhere, edlere Dinge gebraucht. Aus dem, was du sagst, entnehme ich, dass es einen veredelnden Einfluss auf den Charakter hat. Die Leute heiraten also nicht nur, um Eltern zu werden, sondern wegen dieses beflügelnden Austausches, und als Ergebnis habt ihr eine Welt voller Liebender, glücklich und einander zugetan, die beständig in einer Flut allerhöchster Gefühle leben, von denen wir dachten, dass sie nur zu einem Zweck und nur zu bestimmten Zeiten existieren würden. Und du sagst, dass es auch noch andere Auswirkungen hat, zum Beispiel die Kreativität anregt. Das muss bedeuten, dass es Fluten, Meere von Kreativität gibt, gespeist vom intensiven Glück aller verheirateten Paare. Es ist wirklich eine schöne Vorstellung!«

Sie war still und dachte nach.

Ich auch.

Sie entzog mir eine Hand und strich mir auf sanfte mütterliche Art über das Haar. Ich legte meinen heißen Kopf auf ihre Schulter und verspürte Frieden, eine Ruhe, die sehr angenehm war.

»Du musst mich irgendwann mit dorthin nehmen, Liebling«, sagte sie. »Nicht nur, weil ich dich so sehr liebe, aber ich möchte auch dein Land sehen – deine Landsleute – deine Mutter …«, meinte sie ganz andächtig. »Oh, wie ich deine Mutter lieben werde!«

Ich war nicht oft verliebt gewesen – mit Terry konnte ich mich bestimmt nicht vergleichen. Aber diese Liebe hier war so andersartig, dass ich ratlos und voll gemischter Gefühle war: Einerseits wachsende Verbundenheit mit Ellador, eine wundervolle, angenehme Ruhe, von der ich angenommen hatte, man könne sie nur auf eine Art erreichen, und andererseits Verwirrung und Unmut, weil das, was ich bekam, nicht das war, was ich erwartet hatte.

Es lag an ihrer verfluchten Psychologie! Sie hatten ihr gründlich durchdachtes Erziehungssystem so verinnerlicht, dass sie, selbst wenn sie nicht Lehrerinnen waren, pädagogisch dachten – es war ihre zweite Natur.

Und kein Kind, das stürmisch »zwischen zwei Mahlzeiten« ein Bonbon verlangte, wurde jemals raffinierter abgelenkt als ich, der ich einmal verblüfft feststellte, wie ein scheinbar nicht zu überhörender Wunsch von mir sich in nichts aufgelöst hatte, ohne dass ich es bemerkte.

Und immer schaute sie mich mit diesen zärtlichen Mutteraugen, mit diesem scharfen wissenschaftlichen Blick an, der jeden Umstand und jede Einzelheit sofort wahrnahm. Sie hatten gelernt, alle Dinge schon im Ansatz zu erkennen und Diskussionen zu vermeiden, indem sie den Grund dafür aus der Welt schafften.

Die Auswirkungen davon erstaunten mich. Ich fand heraus, dass vieles, sehr vieles, was ich bisher ganz ehrlich als körperliche Notwendigkeit angesehen hatte, in Wirklichkeit eine psychologische Notwendigkeit ist – wenn überhaupt. Nachdem meine Vorstellungen von dem, was wirklich wesentlich ist, sich geändert hatten, stellte ich fest, dass sich auch meine Gefühle geändert hatten.

Worüber sich Terry anfangs so beklagt hatte, dass sie gar nicht »feminin« und »charmant« seien, das empfand ich mit der Zeit als Wohltat. Ihre lebhafte Schönheit war ein ästhetischer Genuss und kein Reizmittel. Nichts an ihren Kleidern und Ornamenten war kokett. Sogar meine Ellador, die eine Zeit lang ein »richtiges« Frauenherz gezeigt und die ihr fremde, neue Hoffnung und Freude zweiseitiger Elternschaft erlebt hatte, wurde später wieder dieselbe gute Kameradin, die sie zunächst gewesen war. Sie waren Frauen, aber noch so viel mehr, dass man ihre Weiblichkeit nicht erkennen konnte, wenn sie es nicht wollten.

Ich will damit nicht sagen, dass dies alles einfach für mich war, ganz bestimmt nicht. Doch wenn ich an ihr Mitgefühl appellierte, stieß ich gegen eine andere unverrückbare Mauer. Mein Kummer tat ihr aufrichtig leid, und um mich zu trösten, machte sie alle möglichen Vorschläge. Sie waren oft sehr nützlich, aber ihr Mitgefühl beeinflusste nicht ihre Überzeugungen.

»Wenn ich wüsste, dass es wirklich richtig und nützlich wäre, könnte ich mich vielleicht deinetwillen dazu durchringen, Liebling. Aber ich will nicht, ich will überhaupt nicht. Du möchtest doch bestimmt nicht, dass ich mich nur unterwerfe, nicht wahr? Das ist doch sicherlich nicht diese Art hoher, romantischer Liebe, von der du gesprochen hast? Es ist natürlich furchtbar schade, dass du deine hochspezialisierten Fähigkeiten unseren geringen Fähigkeiten anpassen musst.«

Verdammt! Ich hatte doch nicht die ganze Nation geheiratet, und das sagte ich ihr auch. Aber sie lächelte nur über ihre eigene Beschränktheit und erklärte mir, sie könne nur in Wir-Kategorien denken.

Aber Sie müssen sich nicht vorstellen, dass sie mich nur zurückstieß, ignorierte und meinem Kummer überließ. Ganz bestimmt nicht. Es war, als ob ich mit dem Wunsch, andauernd zu essen und ansonsten interessenlos in ein unbekanntes Land, zu einem unbekannten Volk gekommen wäre, und als hätten meine Gastgeber, statt nur zu sagen: »Du sollst nicht essen«, augenblicklich in mir ein lebhaftes Interesse für Musik, Bilder, Spiele erweckt, für Sport und die Funktionsweise einer komplizierten Maschine. Und über die Vielzahl meiner Befriedigungen vergaß ich den einen Punkt, in dem ich nicht befriedigt wurde.

Einer der genialsten dieser Tricks wurde mir erst viele Jahre später klar, als Ellador und ich mittlerweile in diesen Dingen so voll übereinstimmten, dass ich über meine missliche Lage damals lachen konnte. Es war Folgendes: Bei uns werden die Frauen so unterschiedlich wie möglich und so weiblich wie möglich erzogen. Wir Männer haben unsere eigene Welt, in der nur Männer sind. Unsere Super-Männlichkeit ermüdet uns, und wir wenden uns liebend gerne der Super-Weiblichkeit zu. Und dass wir unsere Frauen so weiblich wie möglich halten, liegt nur daran, dass wir diese Eigenschaft immer deutlich vorfinden wollen, wenn wir uns den Frauen gerade einmal zuwenden. Die Atmosphäre in Frauenland war alles andere als verführerisch. Das bewirkte schon allein die Anzahl dieser menschlichen Frauen mit ihren menschlichen Beziehungen zueinander. Als ich aber aufgrund meiner ererbten Instinkte und meines kulturellen Erbes dennoch sehnsüchtig weibliche Reaktionen von Ellador erwartete, zog sie sich keineswegs von mir zurück, um meine Begierde nach ihr noch zu verstärken, sondern sie war absichtlich sogar fast zu häufig mit mir zusammen, natürlich immer nur auf ihre neutrale Art. Es war wirklich schon sehr komisch.

Da stand ich mit einem Ideal vor Augen, das ich heiß ersehnte, doch hier war sie, die mir bewusst Tatsachen an die Oberfläche meines Bewusstseins holte, die ich zwar rational billigte, sich aber nicht mit dem vertrugen, was ich wollte. Ich kann nun sehr gut verstehen, warum eine bestimmte Sorte von Männern die berufliche Entwicklung der Frauen ablehnt. Sie zerstört das Ideal vom weiblichen Geschlecht, sie verdeckt zeitweilig die Weiblichkeit oder schließt sie aus.

Damals hatte ich Ellador als meine Freundin und berufliche Kameradin so gern, dass ich ihre Gesellschaft unter jeder Bedingung genossen hätte. Nur – wenn sie sechzehn Stunden am Tag in dieser »entweiblichten« Art mit mir zusammen war, konnte ich abends in mein Zimmer gehen und einschlafen, ohne von ihr zu träumen.

Diese Hexe! Wenn jemand wirklich bemüht um den anderen war und versuchte, seine Seele zu gewinnen und zu halten, dann war sie es. Damals konnte ich ihre Fähigkeiten und die Rätsel ihres Verhaltens nicht halbwegs verstehen. Aber eines stellte ich bald fest: dass sich nämlich unter unserer kulturbedingten Einstellung Frauen gegenüber ein älteres, tieferes und »natürlicheres« Gefühl verbirgt, eine ruhige Verehrung des Mutter-Geschlechts.

So wuchsen wir in Freundschaft und Glück immer enger zusammen, genau wie Jeff und Celis.

Aber wenn ich nun zu Terrys und Alimas Geschichte komme, dann muss ich sagen, es tut mir leid und ich schäme mich. Natürlich trifft sie auch ein Teil der Schuld. Sie war keine feine Psychologin wie Ellador, aber eine größere Rolle spielte meiner Ansicht nach auch ein gewisser atavistischer Zug ausgeprägter Weiblichkeit bei Alima, der nie sichtbar wurde, bis Terry ihn hervorlockte. Aber letztlich ist sein Verhalten nicht zu entschuldigen. Ich hatte Terrys Charakter nie voll erkannt – als Mann konnte ich das auch nicht.

Ihre Situation war eigentlich die gleiche wie die von uns anderen, nur mit folgenden Unterschieden: Alima war eine Nuance aufreizender und eine etwas schlechtere praktische Psychologin. Terry war hundertfach fordernder als Jeff oder ich – und dementsprechend unvernünftiger.

Die Spannungen zwischen ihnen verschärften sich sehr schnell. Ich glaube, dass Terry schon zu Anfang, als sie noch von der großen Hoffnung auf Elternschaft bewegt war und er von seiner Eroberungslust, rücksichtslos gewesen ist; das entnahm ich seinen Äußerungen.

»Du brauchst mir gar nichts zu erzählen«, fuhr er Jeff einmal kurz vor unserer Hochzeit an. »Es hat noch nie eine Frau gegeben, der es nicht gefallen hätte, *beherrscht* zu werden. Euer ganzes schönes Geschwätz hat überhaupt nichts zu sagen – ich *weiß* das.«

Und er summte dann vor sich hin:

Ich hab mich vergnügt wie ich wollte
Wo immer ich Spaß finden konnt.

und

Und was ich bei den Gelben und Schwarzen gelernt
Das war mir bei den Weißen g'rad recht.

Jeff drehte sich auf dem Absatz um und ging weg. Ich selbst war ein bisschen beunruhigt.

Armer alter Terry! Was er gelernt hatte, war hier in Frauenland gerade nicht recht. Er hatte vor, sich einfach alles zu nehmen – er dachte, das ginge so einfach. Er meinte ehrlich, dass Frauen das gefällt. Aber nicht in Frauenland! Und bestimmt nicht Alima!

Ich sehe sie heute noch vor mir, wie sie an einem Tag in der ersten Woche nach ihrer Hochzeit mit langen, energischen Schritten und verkniffenem Mund zur Arbeit hinausging. Dabei blieb sie immer dicht neben Ellador. Sie wollte nicht mit Terry alleine sein, das konnte man sehen.

Aber je weiter sie sich von ihm entfernt hielt, desto heftiger begehrte er sie – natürlich.

Er machte einen schrecklichen Krach wegen ihrer getrennten Wohnungen, versuchte, sie bei sich zu behalten oder bei ihr zu bleiben. Aber da ließ sie sich auf nichts ein.

Eines Nachts lief er hinaus und stapfte die mondbeschienene Straße auf und ab, halblaut fluchend. Ich machte in dieser Nacht auch einen Spaziergang, aber ich war nicht in einer solchen Stimmung. Wenn man ihn toben hörte, konnte man nicht glauben, dass er Alima überhaupt liebte. Man hätte denken müssen, sie sei irgendeine Beute, die er verfolgte, etwas, das er fangen und besiegen musste.

Ich glaube, dass die beiden aufgrund all der Unterschiede, von denen ich schon gesprochen habe, sehr schnell die gemeinsame Basis verloren hatten, die zuerst da gewesen war, und sich nun nicht mehr ruhig und leidenschaftslos gegenübertreten konnten. Ich glaube auch – aber das ist reine Vermutung –, dass er Alima so weit gebracht hatte, Dinge zu tun, die ihren Überzeugungen zuwiderliefen und dass sie aus Scham darüber bitter geworden war.

Es gab schlimmen Streit zwischen ihnen, und nachdem sie sich noch ein- oder zweimal versöhnt hatten, schien nun der endgültige Bruch gekommen zu sein – sie wollte überhaupt nicht mehr mit ihm alleine sein. Vielleicht war sie auch ein bisschen nervös, das weiß ich nicht so genau, aber sie bat Moadine, zu ihr zu ziehen und im Zimmer nebenan zu wohnen. Außerdem hatte sie sich eine kräftige Assistentin zuteilen lassen, die sie bei der Arbeit begleitete.

Terry hatte seine eigenen Vorstellungen, die ich schon versucht habe darzulegen. Ich möchte annehmen, dass er durchaus glaubte, das Recht zu haben, sich so zu verhalten, wie er es getan hat. Vielleicht hat er sich sogar eingeredet, es sei für Alima das Beste. Wie auch immer, jedenfalls schlich er sich eines Nachts in ihr Schlafzimmer …

Terry handelte ganz nach seiner Lieblingsüberzeugung, dass eine Frau es liebt, gezähmt zu werden, und in seiner starken männlichen Leidenschaft versuchte er, diese Frau durch reine brutale Kraft zu überwältigen.

Aber es gelang ihm nicht. Ellador berichtete mir später ziemlich detailliert über den Vorfall, aber in jener Nacht hörten wir nur den Lärm eines ungeheuerlichen Kampfes und Alima, die nach Moadine rief. Moadine war ganz in der Nähe und kam sofort hereingelaufen, gefolgt von zwei weiteren starken, streng dreinblickenden Frauen.

Terry schlug um sich wie ein Wahnsinniger. Er hätte die Frauen liebend gerne umgebracht – wie er mir später selbst erzählte – doch das konnte er nicht. Als er einen Stuhl über dem Kopf schwang, sprang eine in die Luft und packte ihn, und zwei andere warfen sich mit ihrer gesamten Körperkraft auf ihn und schmissen ihn zu Boden. Sie brauchten nur einige Augenblicke, um ihn an Händen und Füßen zu fesseln und ihn dann aus reinem Mitleid zu betäuben.

Alima war starr vor Hass. Sie wollte tatsächlich, dass er getötet wurde.

Es gab eine Gerichtsverhandlung vor der örtlichen Übermutter, und die Frau, der es nicht gefallen hatte, beherrscht zu werden, machte ihre Aussage.

Ein Gericht in unserem Land hätte ihm sehr wohl zugestanden, dass er nur sein »Recht« als Ehemann ausgeübt hatte. Aber dies war nicht unser Land, es war ihr Land. Es schien, als ob sie die Ungeheuerlichkeit des Angriffs nach seiner Auswirkung auf die mögliche Vaterschaft beurteilten, aber Terry weigerte sich, unter diesem Aspekt überhaupt eine Antwort zu geben.

Einmal ließ er sich doch dazu hinreißen, ihnen unmissverständlich zu erklären, sie seien unfähig, die Bedürfnisse, Wünsche und den Standpunkt eines Mannes zu verstehen. Er nannte sie Neutren, geschlechtslose, blutleere, unattraktive Geschöpfe. Er sagte, dass sie ihn natürlich töten könnten – wie das so viele Insekten auch tun würden – dass er sie aber nichtsdestoweniger verachte.

Und all diesen entschlossenen, ernsthaften Müttern schien es völlig egal zu sein, ob er sie verachtete.

Es war eine lange Verhandlung, in deren Verlauf viele interessante Dinge gesagt wurden, die ihre Beurteilung unserer Gewohnheiten verdeutlichten. Nach einer Weile erfuhr Terry das Urteil, das er finster und trotzig erwartete. Es lautete: »Ihr müsst nach Hause gehen!«

12

Verbannt

Wir wollten eigentlich alle wieder nach Hause. Wir hatten unter gar keinen Umständen vorgehabt, so lange zu bleiben. Aber als wir dann hinausgeschmissen, verstoßen, wegen schlechten Benehmens weggeschickt wurden, gefiel das keinem von uns so recht.

Terry behauptete, ihm gefalle es sehr wohl. Er erklärte seine Verachtung für die Strafe, das Gerichtsverfahren und für alles Charakteristische in diesem »erbärmlichen Halbland«. Aber er wusste genauso gut wie Jeff und ich, dass wir in keinem »ganzen« Land so milde behandelt worden wären wie hier.

»Wenn die Leute uns gemäß den Anweisungen, die wir zurückgelassen haben, gefolgt wären, hätte die Geschichte ein etwas anderes Ende genommen«, sagte Terry. Später fanden wir heraus, warum niemand nach uns gesucht hatte. Unsere Anweisungen hatte ein Brand vernichtet. Wir hätten dort alle sterben können, und niemand zu Hause hätte je davon erfahren.

Terry stand nun unter ständiger Überwachung, da er als unsicher galt und einer für sie unverzeihlichen Sünde überführt worden war.

Er lachte über ihr eisiges Entsetzen. »Ein Haufen alter Jungfern«, nannte er sie. »Sie sind alle alte Jungfern, trotz der Kinder. Sie haben nicht die leiseste Ahnung von Sex.«

Wenn Terry »Sex« sagte, meinte er natürlich nur die männliche Sexualität. Er hielt sie für die »Kraft des Lebens«. Seit ich mit Ellador zusammenlebte, sah ich diese Dinge ganz anders, und Jeff war schon so vollständig von Frauenland eingenommen, dass er zu Terry nicht mehr fair war. Der schäumte vor Wut über seine neue Unfreiheit.

Die ernste, starke Moadine behielt ihn ständig im Auge und war so traurig und geduldig mit ihm, wie eine Mutter mit einem missratenen Kind. Es waren immer genug Frauen in nächster Umgebung, die einen Ausbruchsversuch verhindern konnten. Er hatte keine Waffen und wusste sehr gut, dass ihm all seine Stärke gegen diese entschlossenen, schweigsamen Frauen wenig nutzte.

Wir konnten ihn besuchen, wann immer wir wollten, aber er hatte nur einen Raum und einen kleinen Garten mit hohen Mauern, in dem er spazieren gehen konnte. Unterdessen liefen schon die Vorbereitungen für unsere Abreise.

Drei Leute sollten gehen: Terry, weil er musste. Ich, weil für das Flugzeug und auch für die Bootsfahrt bis zur Küste zwei Mann gebraucht wurden. Ellador, weil sie mich nicht ohne sie gehen lassen wollte.

Wenn Jeff ebenfalls zurückgewollt hätte, wäre Celis mitgekommen, denn die beiden waren völlig versunken in ihre Liebe; aber Jeff hatte nicht die Absicht fortzugehen.

»Warum sollte ich zu all dem Lärm, dem Schmutz, den Lastern, den Verbrechen, den Krankheiten und der ganzen Verkommenheit zurückwollen?«, fragte er mich einmal, als wir allein waren. So sprachen wir niemals in Gegenwart der Frauen. »Um keinen Preis der Welt würde ich Celis mit dorthin nehmen!«, sagte er. »Sie würde sterben! Sie würde vor Entsetzen und vor Scham sterben, wenn sie unsere Slums und unsere Krankenhäuser sähe. Wie kannst du das überhaupt mit Ellador riskieren? An deiner Stelle würde ich ihr schonend ein paar Dinge beibringen, bevor sie sich fest entscheidet.«

Jeff hatte recht. Ich hätte ihr schon früher viel mehr von den negativen Seiten unseres Landes erzählen müssen. Nun versuchte ich es.

»Ich muss dir etwas sagen, Liebling«, sprach ich sie an. »Wenn du wirklich mit mir in unser Land kommen willst, musst du dich auf einige Schocks gefasst machen. Unser Land ist nicht so schön wie eures – ich meine damit die Städte, die zivilisierten Gegenden – das freie Land ist natürlich auch dort schön.«

»Mir wird beides gefallen«, sagte sie, und ihre Augen funkelten vor Erwartung. »Ich habe schon verstanden, dass es nicht so ist wie unser Land. Ich kann mir denken, wie monoton unser kleines Land auf euch wirken muss und wie viel aufregender eures ist. Es muss so sein wie zu der Zeit der biologischen Wandlung, als das zweite Geschlecht auftauchte, wovon du mir erzählt hast – viel mehr Bewegung, andauernde Veränderung mit immer neuen Wachstumsmöglichkeiten.«

Ich hatte ihr von den neueren biologischen Theorien über die Entstehung der Geschlechter erzählt, und sie war zutiefst von den Vorteilen überzeugt, zwei Geschlechter zu haben, von der Überlegenheit einer Welt, in der es auch Männer gibt.

»Wir haben das getan, was wir alleine schaffen konnten. Vielleicht haben wir auf unsere ruhige Art ein paar Dinge besser gemacht, aber ihr habt doch die ganze Welt – die Völker der verschiedenen Nationen, ihr habt eine lange und reiche Geschichte hinter euch – all das wundervolle, neue Wissen. Ich kann es gar nicht erwarten, das alles zu sehen.«

Was sollte ich da machen? Vorsichtig erzählte ich ihr von all unseren ungelösten Problemen, von Unehrlichkeit und Korruption, von Lastern und Verbrechen, von körperlichen und geistigen Krankheiten, von Gefängnissen und Hospitälern, aber das machte ungefähr so viel Eindruck auf sie, als würde man einem Bewohner der Südseeinseln von arktischen Temperaturen berichten. Intellektuell konnte sie durchaus einsehen, dass diese Dinge schlecht waren, aber sie konnte es nicht *fühlen*.

Wir drei hatten das Leben in Frauenland schnell als normal akzeptiert, einfach weil es wirklich normal war – niemand regt sich auf, wenn er überall nur Gesundheit, Frieden und eine funktionierende Wirtschaft sieht. Und das Nichtnormale, an das wir alle uns traurigerweise schon so gewöhnt haben, das hatte sie nie gesehen.

Es gab zwei Dinge, über die sie am meisten wissen und die sie am dringendsten sehen wollte. Das war einmal die schöne Einrichtung der Ehe und die glücklichen

Frauen, die nur Mutter waren und sonst nichts. Zum anderen dürstete ihr Verstand danach, die unterschiedlichen Lebensweisen in anderen Teilen der Welt kennenzulernen.

»Ich bin fast so versessen darauf wie du, hier wegzugehen«, sagte sie, »und du hast bestimmt schon schreckliches Heimweh.«

Ich versicherte ihr, dass in einem solchen Paradies niemand Heimweh bekommen könne, aber davon wollte sie nichts wissen.

»Oh ja, ich weiß. Es ist wie mit den kleinen tropischen Inseln, von denen du mir erzählt hast, die wie Juwelen im großen blauen Meer liegen – ich kann es gar nicht erwarten, dieses Meer zu sehen. Die kleinen Inseln können so wunderschön sein wie ein Garten, aber du willst trotzdem immer wieder zurück in dein eigenes großes Land, nicht? Auch wenn es manche schlechten Eigenschaften hat.«

Ellador war wirklich voll guten Willens. Aber je näher unsere Abreise bevorstand, desto mehr Angst bekam ich davor, sie in unsere »Zivilisation« mitzunehmen, und ich versuchte, ihr einige Dinge konkreter zu erklären.

Natürlich hatte ich zu Anfang Heimweh verspürt, als wir noch Gefangene waren und ich Ellador noch nicht hatte. Natürlich hatte ich zu Anfang unser Land und seine Gewohnheiten idealisiert, wenn ich davon sprach. Gewisse Missstände hatte ich auch immer als integrale Bestandteile unserer Kultur angesehen und überhaupt nicht davon gesprochen. Selbst wenn ich ihr das Schlimmste erzählte, fielen mir doch gewisse Dinge nicht ein. Aber als Ellador sie dann selbst sah, fielen sie ihr sofort auf, auch wenn sie für mich selbstverständlich waren.

Weil es in ihrem Land keine Männer gab, hatten wir den gesamten männlichen Lebensbereich vermisst und unbewusst angenommen, dass sie ihn auch vermissen müssten. Ich hatte sehr lange gebraucht, um mir darüber klar zu werden – Terry wurde es niemals klar – wie wenig den Frauen dieser Lebensbereich bedeutete. Wenn wir von den *Männern*, dem *Mann*, von *männlich* und der *Männlichkeit* sprechen, dann haben wir im Hinterkopf immer das verschwommene Bild einer lebhaften Welt mit all ihren Aktivitäten. Im Hintergrund sehen wir immer marschierende Männerkolonnen, Männer, die ihr Schiff in noch unerforschte Meere lenken, unbekannte Berge ersteigen, Pferde zähmen, Viehherden hüten, die pflügen, säen und ernten, in der Schmiede und am Hochofen schuften, im Bergwerk arbeiten, Straßen, Brücken und gewaltige Dome bauen, große Geschäfte abwickeln, in allen Universitäten unterrichten, in allen Kirchen predigen – überall Männer, die alles tun: »die Welt«.

Und wenn wir von *Frauen* sprechen, dann denken wir direkt an das weibliche *Geschlecht*.

Aber diese Frauen mit ihrer ungebrochenen zweitausendjährigen Frauen-Zivilisation hatten bei dem Wort *Frau* jenen weiten, farbigen Hintergrund vor Augen, und das Wort *Mann* bedeutete für sie nur *männlich* – das männliche *Geschlecht*.

Natürlich konnten wir ihnen *erzählen*, dass in unserer Welt alles von den Männern gemacht wird, aber das änderte nicht ihre Denkweise, ebenso wenig wie die unsere durch die erstaunliche Tatsache verändert worden war, dass in Frauenland die Frauen »die Welt« waren.

Wir hatten über ein Jahr dort gelebt. Wir hatten uns völlig daran gewöhnt, die Frauen nicht als »Weib«, sondern als Menschen zu betrachten, die sehr unterschiedliche Interessen hatten und alle möglichen Arbeiten verrichteten.

Terrys Gefühlsausbruch und die starke Reaktion darauf warf für uns ein neues Licht auf sie. Sie hatten keine Denkkategorien, in die sie ein solches Verhalten einordnen konnten, da sie eben nichts von den ehelichen Gepflogenheiten bei uns wussten. Der eine hohe Sinn der Mutterschaft war für sie schon so lange das herrschende Gesetz ihres Lebens gewesen, und der Beitrag des Vaters, obwohl sie von ihm wussten, war für sie lediglich eine andere Methode zur Erlangung desselben Zieles, dass sie trotz aller Anstrengung ein männliches Wesen nicht verstehen konnten, das an Elternschaft gar nicht denkt und nur das haben will, was wir so wohlklingend »die Freuden der Liebe« nennen.

Als ich Ellador erzählte, dass die Frauen bei uns genauso empfänden, entzog sie sich mir und versuchte das, was sie nicht nachempfinden konnte, zumindest intellektuell zu begreifen.

»Du meinst also, dass sich bei euch die Liebe zwischen Mann und Frau so ausdrückt?«

»Ja, natürlich. Wir denken dabei an Liebe, an die tiefe und schöne Liebe zwischen zwei Menschen. Es ist klar, dass wir auch Kinder haben wollen, und die Kinder kommen schließlich auch. Aber daran denken wir dann nicht.«

»Aber – aber – das kommt mir so widernatürlich vor«, sagte sie. »Kein Tier, das wir kennen, verhält sich so. Machen das denn andere Tiere – in eurem Land?«

»Wir sind keine Tiere!«, antwortete ich ziemlich scharf. »Zumindest sind wir noch etwas mehr – etwas Höheres. Eure Sichtweise kommt uns ziemlich – wie soll ich sagen, praktisch oder prosaisch vor. Nur Mittel zum Zweck! Bei uns – ach mein liebes Mädchen – begreifst du denn gar nichts? Fühlst du es noch nicht einmal? Es ist die letzte, schönste und höchste Erfüllung gegenseitiger Liebe.«

Sie war offensichtlich stark beeindruckt. Sie zitterte in meinen Armen, als ich sie an mich drückte und hungrig küsste. Aber dann tauchte in ihren Augen ein Blick auf, den ich so gut kannte und der so distanziert und klar war, als stünde sie auf einem schneebedeckten Berg und schaue aus der Ferne auf mich.

»Ich fühle es ganz deutlich«, sagte sie zu mir. »Es gibt mir ein tiefes Verständnis für das, was du fühlst, obwohl das ohne Zweifel noch stärker ist. Aber mein Gefühl und sogar auch dein Gefühl überzeugt mich nicht, dass es richtig wäre. Bis ich mir darüber im Klaren bin, kann ich natürlich nicht das tun, was du gerne möchtest.«

In solchen Augenblicken erinnerte mich Ellador immer an Epiktet. »Ich werde dich ins Gefängnis werfen!«, sagte sein Herr. »Du meinst, meinen Körper«, erwiderte Epiktet ruhig. »Ich werde dir den Kopf abschneiden«, sagte sein Herr. »Habe ich jemals behauptet, mein Kopf könne nicht abgeschnitten werden?« Ein schwieriger Mensch, dieser Epiktet.

Durch welches Wunder kann sich eine Frau, selbst wenn sie in deinen Armen ist, so weit zurückziehen, dass sie schließlich völlig verschwindet und das, was du in den Armen hältst, so unerreichbar ist wie ein ferner Berggipfel?

»Habe bitte Geduld mit mir, Liebling«, drängte sie mich sanft. »Ich weiß, dass es schwer für dich ist. Aber ich begreife jetzt ein kleines bisschen, was Terry zu diesem Verbrechen veranlasst hat.«

»Ach, komm, das ist ein ziemlich hartes Wort dafür. Letzten Endes war Alima seine Frau, wie dir wohl bekannt ist«, entgegnete ich ihr, denn ich verspürte in diesem Augenblick plötzlich Sympathie für den armen Terry. Für einen Mann seines Temperaments und seiner Gewohnheiten muss die Situation unerträglich gewesen sein.

Ellador drängte mich, geduldig zu sein, und ich war geduldig. Ich liebte sie so sehr, dass ich trotz der festen Grenzen, die sie unserer Beziehung setzte, noch sehr glücklich war. Wir liebten uns und waren Freunde, und das ist sicherlich schon eine ganze Menge Glück.

Aber bitte glauben Sie nun nicht, dass diese jungen Frauen »die große, neue Hoffnung«, also die zweiseitige Elternschaft, wie sie das bezeichneten, völlig ablehnten. Deshalb hatten sie uns ja geheiratet, obwohl die Hochzeit selbst ein Zugeständnis an unsere Vorurteile war und bestimmt nicht an ihre. Für sie war die Vereinigung die eigentlich heilige Sache – und sie gedachten auch, sie heilig zu halten.

Aber bisher konnte nur Celis mit unbeschreiblicher Freude und höchstem Stolz ankündigen, dass sie bald Mutter sein würde. Ihre blauen Augen schwammen vor Glück in Tränen, und ihr Herz war erfüllt von diesem Gefühl der Landes-Mutterschaft, das ihre größte Leidenschaft war. Sie nannten es »die neue Mutterschaft«, und das ganze Land wusste davon. Die tiefe Ehrfurcht und die heiße Erwartung, mit der die Frauen das neue Wunder der Vereinigung begrüßten, war fast wie die atemlose Ehrerbietung, mit der vor zweitausend Jahren die allmählich schwindende Gruppe von Frauen das Wunder der jungfräulichen Geburt beobachtet hatte.

Für einen kurzen Moment war Ellador zuerst eifersüchtig auf ihre Freundin, doch diesen Gedanken wies sie ganz schnell und für immer von sich.

»Es ist auch viel besser so«, sagte sie zu mir. »Es ist viel besser, dass es bei mir noch nicht eingetreten ist, ich meine natürlich bei uns. Wenn ich wirklich mit dir in dein Land gehe, dann kann es sein, dass wir ›Abenteuer zu Wasser und zu Land‹ haben, wie du dich ausgedrückt hast, und das ist ganz bestimmt nicht gut für das Baby. Also werden wir es auch nicht einmal probieren, mein Schatz, bis wir ganz sicher sind, meinst du nicht auch?«

Das war ein harter Brocken für einen verliebten Mann.

»Das heißt«, fuhr sie fort, »wenn ich nun doch ein Kind bekommen sollte, dann musst du mich hier zurücklassen. Du weißt ja, dass du zurückkommen kannst, und dann habe ich das Kind.«

Da lief ein Schauer der uralten männlichen Eifersucht auf die eigenen Nachkommen durch mein Herz.

»Ellador, ich möchte lieber dich haben als alle Kinder auf dieser Welt. Ich möchte dich lieber mitnehmen und jede Bedingung erfüllen, die du stellst, als dich nicht bei mir haben.«

Ich fühle mich fast außerstande zu beschreiben, was mir diese Frau bedeutete. Wir sagen zwar tausend schöne Dinge über Frauen, aber in unserem Herzen wissen wir, dass die meisten von ihnen sehr beschränkte Persönlichkeiten sind. Wir verehren sie wegen ihrer Funktionen und entehren sie doch gerade durch die Ausnutzung dieser Funktionen. Wir verehren sie wegen der ihnen aufgezwungenen Tugend und machen gleichzeitig durch unser eigenes Verhalten deutlich, wie gering wir diese Tugend in Wahrheit schätzen. Wir achten sie aufrichtig für die pervertierten mütterlichen Aktivitäten, die aus unseren Ehefrauen Dienerinnen machen, die das ganze Leben an uns gebunden sind. Wir sind diejenigen, die ausschließlich über die finanziellen Dinge bestimmen und ihre einzige Aufgabe – abgesehen von den zeitweiligen Pflichten der Mutterschaft, die je nach Kinderzahl unterschiedlich groß sind – besteht darin, sich ganz auf unsere Wünsche und Bedürfnisse einzustellen. Aber diese Kombination von Beschäftigungen, mag sie auch praktisch und auf ihre Art wirtschaftlich sein, erweckt nicht die Gefühle bei einem Mann, die die Bewohnerinnen von Frauenland einfach erwarteten. Die Liebe dieser Frauen musste man sich verdienen, konnte sie sich nicht einfach nehmen. Sie waren keine Schmusetiere. Sie waren auch keine Dienerinnen. Sie waren weder furchtsam noch unerfahren oder schwach.

Nachdem ich meinen männlichen Stolz überwunden hatte (den Jeff, wie ich wirklich glaube, niemals gehabt hat – er war ein geborener Frauenanbeter, und den Terry nie überwunden hat – er hatte feste Vorstellungen von der »Stellung einer Frau«), fand ich heraus, dass sich »die Liebe zu verdienen« nichts Demütigendes hatte. Irgendwo tief in mir regte sich ein uraltes verschwommenes Bewusstsein davon, dass diese Frauen das Recht besaßen, solche Gefühle zu fordern. Es war, als ob man zur Mutter heimkehrt. Ich meine nicht die »Zieh-deine-warmen-Unterhosen-an-« und »Möchtest-du-einen Keks«-Mutter, diese aufgeregte Person, die dich von vorne bis hinten bedient, dich verwöhnt und dich in Wirklichkeit gar nicht kennt. Ich meine das Gefühl eines sehr kleinen Kindes, das sich lange verirrt hat. Es war das Gefühl, nach Hause zu kommen, sauber und ausgeruht zu sein, das Gefühl von Sicherheit und auch von Freiheit, das Gefühl einer Liebe, die warm war wie der Sonnenschein im Mai und nicht so heiß wie ein Ofen oder ein dickes Federbett – eine Liebe, die nicht verwirrte und nicht erdrückte.

Ich sah Ellador an, als hätte ich sie noch nie gesehen. »Wenn du nicht mitkommen willst«, sagte ich, »bringe ich Terry bis zur Küste und komme allein zurück. Du kannst mir dann ein Seil hinunterlassen. Aber wenn du mitkommen willst, meine geliebte wundervolle Frau, dann möchte ich lieber mein ganzes Leben lang auf diese Art und Weise mit dir leben als mit irgendeiner anderen Frau, mit der ich machen könnte, was ich will. Willst du mitkommen?«

Sie war sogar ganz gespannt darauf. Also ging es weiter nach Plan. Sie hätte gerne gewartet, bis Celis niedergekommen war, aber danach stand Terry keinesfalls der Sinn. Er hatte keinen anderen Wunsch, als möglichst bald herauszukommen. Ihm würde bald schlecht, sagte er, *schlecht*, von diesem ewigen Muttergetue.

»Morbide, einseitige Krüppel«, nannte er sie, auch wenn er aus seinem Fenster heraus ihre volle Lebenskraft und Schönheit beobachten konnte, und sogar, wenn Moadine so geduldig und freundlich im Raum saß, als ob sie Alima niemals geholfen hätte, ihn zu fesseln. »Geschlechtslose, verweichlichte, unentwickelte Neutren!«, fuhr er voll Bitterkeit fort.

»Sie hat mich getreten«, gestand mir der verbitterte Gefangene – er musste sich einfach mal aussprechen. »Ich krümmte mich schon vor Schmerz, da ist sie noch auf mich gesprungen und hat nach diesem alten Geier geschrien, und die haben mich dann im Handumdrehen zusammengeschnürt. Ich glaube, Alima hätte das auch alleine geschafft«, meinte er mit widerstrebender Bewunderung. »Sie ist so stark wie ein Pferd. Aber natürlich ist ein Mann auch völlig hilflos, wenn man ihn so tritt. Keine Frau, die auch nur eine Spur von Anstand besitzt …«

Als ich mir das vorstellte, musste ich grinsen. Sogar Terry grinste, wenn auch etwas säuerlich. Er war bestimmt kein sonderlich starker Denker, aber es kam ihm doch auf einmal zu Bewusstsein, dass nach einem Angriff wie dem seinen Anstandsüberlegungen eher fehl am Platze waren.

»Ich würde ein Jahr meines Lebens dafür geben, noch einmal mit ihr alleine zu sein«, sagte er langsam, und seine Hände verkrampften sich ineinander, bis die Knöchel weiß hervortraten.

Aber dazu kam es nie mehr. Sie verließ den Teil des Landes, in dem wir uns befanden, und ging hinauf in die Tannenwälder an den höchsten Berghängen, und dort blieb sie auch. Bevor wir weggingen, sehnte er sich ziemlich verzweifelt danach, sie noch einmal zu sehen, aber sie wollte nicht hinunterkommen, und er konnte nicht zu ihr. Sie beobachteten ihn mit Luchsaugen. (Ich nehme an, dass Luchse noch aufmerksamer sind als Katzen auf Mäusejagd.)

Wir mussten dann das Flugzeug in Ordnung bringen und uns vergewissern, dass auch noch genügend Benzin da war, obwohl Terry sagte, dass wir ganz gut zum See hinunter segeln konnten, wenn wir einmal gestartet waren. Wir wären gern schon nach einer Woche aufgebrochen, aber es gab im ganzen Land ein großes Hin und Her wegen Elladors Abreise. Sie hatte Unterredungen mit einigen der führenden Ethikerinnen, weisen Frauen mit ruhigen Augen, und den besten Lehrerinnen. Überall herrschte Unruhe und Erregung.

Unsere Berichte über den Rest der Welt hatten ihnen ein Gefühl der Isolation gegeben, sie fühlten sich als kleines, abgeschnittenes Völkchen, das von allen anderen Nationen übersehen und vergessen wird. Wir hatten von einer »Familie von Nationen« gesprochen, und dieser Ausdruck gefiel ihnen außerordentlich. Jede von ihnen hätte viel gegeben, in diese fremden, unbekannten Länder zu gehen und das Leben dort kennenzulernen. Aber wir konnten nur eine mitnehmen, und das war natürlich Ellador.

Wir machten großartige Pläne für unsere Rückkehr, für die Schaffung eines Verbindungskanals, für eine Zugangsstraße durch die riesigen Wälder und für die Zivilisierung – oder Auslöschung – der gefährlichen Wilden. Das heißt, über das Letzte sprachen nur wir Männer unter uns. Das Töten lehnten sie eindeutig ab.

In der Zwischenzeit gab es wichtige Beratungen der weisesten Frauen. Die Studentinnen und Denkerinnen, die während der ganzen Zeit von uns Fakten erfragt hatten, diese überprüft und zueinander in Beziehung gesetzt und dann ihre Schlussfolgerungen daraus gezogen hatten, legten diesem Rat das Ergebnis ihrer Arbeit vor.

Wir hatten uns nicht träumen lassen, dass sie unsere sorgfältigen Verschweigungsversuche so leicht durchschaut hatten, denn sie hatten niemals zu erkennen gegeben, dass sie es bemerkt hatten. Sie hatten zum Beispiel unsere Bemerkungen über die Optik genau registriert, unschuldige Fragen nach Brillen und anderen Dingen gestellt und wussten nun über die Verbreitung von Sehstörungen bei uns ganz genau Bescheid.

Dadurch, dass verschiedene Frauen zu verschiedenen Zeiten verschiedene Fragen gestellt und dann unsere

Antworten wie ein Puzzle zusammengesetzt hatten, wussten sie nun alles über die weite Verbreitung von Krankheiten bei uns. Noch vorsichtiger und ohne Entsetzen oder Verachtung zu zeigen, hatten sie sich langsam ein zwar noch lange nicht der Wahrheit entsprechendes, aber doch ziemlich klares Bild von Armut, Lastern und Verbrechen bei uns erfragt.

Sie waren gut informiert über die verschiedenen Menschenrassen, angefangen von den mit vergifteten Pfeilen schießenden Wilden im Land unter ihnen. Sie hatten die ganze Zeit Wahrheiten über unsere Gesellschaft aus uns herausgezogen, ohne dass wir es bemerkt hatten, und nun berieten sie über den Gesamtbericht.

Das Ergebnis war für uns ziemlich schmerzlich. Zuerst klärten sie Ellador vollständig auf, da sie diejenige war, die den Rest der Welt besuchen wollte. Celis sagten sie nichts. Während die ganze Nation auf ihre »große Tat« wartete, durfte sie in keiner Weise beunruhigt werden.

Zum Schluss wurden Jeff und ich hinzugerufen. Somel und Zava waren anwesend, auch Ellador und noch viele andere, die wir kannten.

Im Raum stand ein großer Globus, den sie sehr korrekt nach den kleinen Landkarten aus unserem Notizbuch hergestellt hatten. Sie hatten Gebiete der verschiedenen Völker grob umrissen eingezeichnet und ihren Zivilisationsstand vermerkt. Sie hatten Listen und Statistiken aufgestellt, die auf Informationen aus meinem verräterischen kleinen Buch und unseren Aussagen beruhten.

Somel erklärte: »Wir stellen fest, dass in eurer so weitläufigen Welt trotz der so viel längeren Geschichte, trotz des Informationsaustausches über Erfindungen und Entdeckungen und trotz des wunderbaren Fortschritts, den wir so bewundern, immer noch viele Krankheiten zu finden sind, sogar ansteckende.«

Das gaben wir sofort zu.

»Auch gibt es bei euch in unterschiedlichem Grade immer noch Unwissenheit, gepaart mit Vorurteilen und ungezügelten Gefühlsausbrüchen.«

Auch das gaben wir zu.

»Weiterhin ist uns aufgefallen, dass es trotz der Verbreitung der Demokratie und trotz wachsenden Wohlstands immer noch viel Unruhe und manchmal auch Krieg gibt.«

Ja, ja, das gaben wir alles zu. Wir waren eben an solche Dinge gewöhnt und sahen keinen Grund für so viel Ernsthaftigkeit.

»Angesichts all dieser Tatsachen«, sagten sie, obwohl sie noch nicht den hundertsten Teil aller ihnen bekannten Tatsachen erwähnt hatten, »sind wir nicht gewillt, unser Land für die freie Kommunikation mit der übrigen Welt zu öffnen – noch nicht. Wenn Ellador zurückkommt und ihr Bericht uns überzeugt, werden wir weitersehen – aber jetzt noch nicht. Das bedeutet, wir müssen Sie fragen, Gentlemen (sie wussten, dass dies bei uns eine ehrenvolle Anrede ist), ob Sie versprechen, in keiner Weise die Lage unseres Landes zu verraten, bis Sie die Erlaubnis dazu haben – nach Elladors Rückkehr.«

Jeff war mit allem völlig einverstanden. Er war der Ansicht, dass sie vollkommen recht hatten. Der Ansicht war er überhaupt immer. Ich habe noch nie einen Fremden gesehen, der sich in einem Land schneller heimisch gefühlt hätte als dieser Mann in Frauenland.

Ich dachte eine Weile über ihre Frage nach. Als ich mir vorstellte, wie es bei ihnen wohl aussehen würde, wenn einige unserer ansteckenden Krankheiten dort ausbrechen würden, kam ich ebenfalls zu dem Schluss, dass sie recht hatten. Also erklärte ich mich damit einverstanden.

Das Hindernis war Terry. »Das werde ich ganz bestimmt nicht für mich behalten!«, rief er. »Ich werde als allererstes eine Expedition zusammenstellen, die sich Zugang zu Muttchen-Land erzwingen wird.«

»Dann«, sagten sie ganz ruhig, »muss er als Gefangener hier bleiben – und zwar für immer.«

»Betäubung wäre menschlicher«, drängte Moadine.

»Und sicherer«, fügte Zava hinzu.

»Ich glaube eigentlich, er gibt sein Versprechen«, sagte Ellador.

Und das tat er auch. Und so verließen wir endlich das Frauenland.